WIZARD
株価指数先物必勝システム

ノイズとチャンスを見極め、優位性のあるバイアスを取り込め

［著　者］**アート・コリンズ　ロバート・パルド**〈まえがき〉
［監修者］**長尾慎太郎**　　［訳　者］**関本博英**

Beating the Financial Futures Market
Combining Small Biases into
Powerful Money Making Strategies
by Art Collins and Robert Pardo

WIZARD
BOOK
SERIES
Vol.137

Beating the Financial Futures Market : Combining Small Biases into Powerful Money Making
Strategies
by Art Collins and Robert Pardo

Copyright © 2006 Art Collins
All Rights Reserved.

Japanese translation published by arrangement with John Wiley & Sons International Rights,
Inc. through The English Agency(Japan)Ltd.

【免責事項】
この本で示してある方法や技術、指標が利益を生む、あるいは損失につながることはないと仮定してはなり
ません。過去の結果は必ずしも将来の結果を示すものではありません。この本の実例は、教育的な目的での
み用いられるものであり、この本に書かれた手法・戦略による売買を勧めるものではありません。

監修者まえがき

　本書は、アート・コリンズが金融先物のシステムトレードについて著した"Beating the Financial Futures Market"の邦訳である。コリンズといえば『マーケットの魔術師【システムトレーダー編】』『マーケットの魔術師【大損失編】』の著者兼インタビュアーとしても知られており、同時にシステムトレードに関して深い造詣を持ち、また自分自身でも多彩なトレードシステムを稼動させてきた実践家でもある。

　さて、一般的にシステムとは「もともとはバラバラであった多くの要素が、効果的に統合され互いに関連を持ちながら、全体として共通の目的を達成するための集合」と定義される。一方、メカニカルトレードとは「個々のトレードの意思決定や執行にトレーダーの裁量を入れず、事前に定められたルールやアルゴリズムに従って機械的に行われる一連のトレード」を指す。そして「システムトレード」とは、一般にこれら二者の概念を組み合わせたものを指すとみてよいだろう。

　だが、一般投資家の方にとっては、後者である「裁量を入れないメカニカルなトレード」という部分に魅力を感じることが多いのか、本来トレードシステムの一部品である「トレードルール」に関心が集中しているようだ。しかし、トレードシステムにおいて、それを旧来のトレード手法と分けているのは、まさにシステム的な構成要件に存在するのである。つまり、ここにおいても、要素の吟味、階層構造の構築、確率モデルの選定、シミュレーションの実施、最適化手法の選択、クリティカルパスの見極めといった一般的にシステム工学で必要とされる概念や行為が不可欠であり、それによって、複雑でランダム見えるマーケットの変化のなかで、多くの説明変数を効率的に使って収益の獲得を図っているのである。

もちろん、トレードシステムの構築に必要な、システム工学的な知識や技術といったものについては、すでに日本人や外国人が書いたものを問わず良書が多く出ているし、インターネットからも有益な情報を入手することができる。その意味では、システムトレードを試みようとする投資家に必要なのは、こうしたシステム工学的な観点を背景に持った「トレードルールやアルゴリズム」の解説書だということになろう。本書にはほかでは得られない新規なアイデアを含め、実践家の著者ならではの、無駄のないしっかりとした「トレードルールやアルゴリズム」が数多く記載されている。読者におかれては一つ一つの章をよく吟味し各々のトレードに役立てていただきたい。

　最後に、本書の出版に当たっては、訳者の関本博英氏、編集者の阿部達郎氏、パンローリング社の社長である後藤康徳氏に感謝の意を表したい。本書は金融先物を中心に据えたトレードシステムの解説がなされているが、それに限らずさまざまなマーケットにおいて、ここに記されているアイデアが役に立つはずである。本書が読者の成功の一助になることができれば、また望外の幸せと言えよう。

2008年3月

長尾慎太郎

愛する妻のパットと娘のマギーに本書を捧げる

◆目次◆

監修者まえがき 1
まえがき　　　　　　　　　　　　　ロバート・パルド 9
序文 15
謝辞 17
本書のトレーディングシステムとスタディについて 19

第1章　裁量トレードの問題点 23
第2章　賭博というゲームを理解する 27
第3章　なぜ裁量トレードはうまくいかないのか 29
第4章　小さなバイアスに目を向けよう 32
第5章　n日間移動平均に基づくトレード 36
第6章　適正な最適化に向けた4つの原則 38
第7章　2日間移動平均と5日間移動平均に
　　　　基づく逆張りトレード 48
第8章　過去50日間の最安値（最高値）日の
　　　　あとの逆張りトレード 52
第9章　3つのルールの統合 54
第10章　過去n日間の平均レンジに基づくトレード 58
第11章　過去15日間の高値・安値の平均値に
　　　　 基づくトレード 61
第12章　5つのルールの統合 62
第13章　5つのルールのいろいろな組み合わせ 66
第14章　前日と過去2日間の陰陽線に
　　　　 基づく逆張りトレード 71

第15章	カップとキャップ	73
第16章	3日間のレンジの20%という支持線・抵抗線に基づくトレード	80
第17章	8つのルールの統合	82
第18章	ストップ注文による仕掛け	89
第19章	指値注文による仕掛け	93
第20章	損切り注文について	96
第21章	利益目標――2回目の新高値や新安値で手仕舞う	100
第22章	2回の高値や安値で手仕舞う	106
第23章	最適化、マーケットの変動、処女データについて	109
第24章	いろいろな変数の最適化	120
第25章	特定セクターのトレード	125
第26章	株価指数のTDWバイアス	131
第27章	株価指数のTDMバイアス	136
第28章	株価指数の月バイアス	140
第29章	株価指数のバイアス――TDWとTDMと8つのルールの統合	144
第30章	S&P500とダウ平均の関係を利用したトレード	147
第31章	30分・60分・135分足トレード	156
第32章	20日間のレンジに基づく大豆のトレード	160
第33章	株価指数のブレイクアウト手法	164
第34章	12:30に仕掛ける5分足トレード	166
第35章	株価指数の5分足トレード	168

第36章	行きすぎの反動──5日順行後の逆張りトレード	173
第37章	3日目の逆張りトレード	176
第38章	過去n日のブレイクアウト手法	178
第39章	よく知られたトレード指標1──RSI	183
第40章	よく知られたトレード指標2──リバーサルデイ	185
第41章	いろいろなトレード手法	187
第42章	6番目のルールとそれらの統合	200
第43章	5本の日足によるトレードルールの統合	202
第44章	6つのルールと5本の日足によるルールの統合	204
第45章	何がメカニカルなトレードなのだろうか	207
第46章	メカニカルなトレードを100％実行しなさい	210
第47章	最後に	214
付録	トレードステーションの参考コード	216

まえがき

　私が最初にアート・コリンズと会ったのは、彼の近著『**マーケットの魔術師【システムトレーダー編】――市場に勝った男たちが明かすメカニカルトレーディングのすべて**』（パンローリング）に登場してくれないかと頼まれたときだった。これまでマスコミには何回も出てきたし、またトレーディングという難しい仕事を成功させるための条件をトレーダーたちに理解させることも意義あることだと思ったのでその要請を受け入れた。それ以降、私はトレーディングシステムのレベルアップという面でコリンズを支援してきたが、それは次のような理由からだった。まず最初に、彼は自分の仕事にいつでも新鮮な気持ちで誠実に取り組んでいるからである。彼は長年にわたる実際のトレーディング、成功した多くのトレーダーたちとのインタビューによる著作活動など広範なキャリアを持っているにもかかわらず、トレーディングシステムのリサーチというものに対して、まるで子供のような好奇心と情熱を失っていない。投資家やトレーダーに情報を提供するというこの業界の知ったかぶりや皮肉屋の連中に比べて、コリンズは客観的で何の偏見も持っていない。とりわけ、彼の勤勉さと辛抱強さには本当に感心しており、そうした美点はこれからも失わないでほしいと思う。

　われわれはこの業界のインチキ野郎やほら吹き連中についてはよく知っているが、実際のトレーディングで長期にわたって利益を上げられるようなトレーディングシステムを提供している誠実なベンダーについてはあまり知られていない。さらにジャック・シュワッガーが書いた『マーケットの魔術師』に登場するような人々――すなわち、優れたトレーディングシステムを開発し、それを実際のトレードで有効に活用して着実に利益を上げているトレーダー――についてはほとん

ど知られていない。その理由のひとつは、彼らが将来の商売敵に対して自らの手の内を見せまいと堅く口を閉ざしているからである。

　私はトレーディングソフトの開発者、トレーディングシステムの専門家、トレーディングコンサルタント兼マネーマネジャーとしてこの業界に長く身を置き、成功した数多くのトレーダー、優れたトレーディングシステムのベンダー、いろいろなマーケットのトレード専門家たちと接してきた。そうした経験を踏まえて言えば、トレーディングで成功するのは簡単ではないが、その原因は成功できるトレード手法を見つけるのが必ずしも難しいからではない。確かにとりわけ投資の初心者にとってそうしたプロセスはかなり厄介なものであるが、トレーディングシステムの開発スキルは一生懸命に取り組みさえすれば習得できるものである。本書にはそのプロセスに関する貴重なヒントが数多く盛り込まれている。

　トレーディングの成功で最も難しいのは、自らのトレーディングシステムに対する全幅の信頼と自信、そして鉄のような規律を維持することである。こうした規律と自信は客観的な自己認識がベースとなるが、この問題についてはまた別の機会に話そう。ここでは成功したトレーダーたちはすべて共通してこのような規律と自信、誠実さと情熱、旺盛な好奇心と客観的な視点を持っているとだけ言っておこう。とりわけ、彼らのマーケットに対する飽くなき好奇心とスキルのレベルアップに対する情熱には本当に驚かされる。

　初心者からベテランまでを含むすべてのトレーダーにとって、自己鍛錬は終わることのない永続的なプロセスである。もちろん、トレーディングに関する書籍からもレベルアップするためのヒントは得られるが、それに値する本はそれほど多くはない。もしも皆さんがいろいろなトレーディングの専門書を読めば、私と同じく単にお金を捨てるだけのくだらない本が何と多いことかがよく分かるだろう。しかし、コリンズの本はそうしたものとは違う。第一、彼の本がそういったた

ぐいのものであれば、私がこの「まえがき」を書くはずがないではないか。もっとも、本書が素晴らしい本であるとは言っても、私がそのすべての内容に同意しているわけではない――しかし、私がこの種の本を著すとすれば、本書の内容とそれほど大差のないものになるだろう。いずれにせよ、皆さんが本書を購入して熟読されるならば、巷にあふれているくだらない本よりもはるかに得をすることだけは請け合う。トレーディングに関するかなりの読書家、トレーディングシステムの開発者、そして成功したトレーダーとして、私は皆さんに対し、トレーディングの初心者や中級者はもとより、ベテラントレーダーでも本書からたくさんの有益なものを吸収できると保証する。本書は一種の推理小説のようなものである。完璧なトレーディングシステムを追求するというコリンズの情熱は皆さんにもひしひしと伝わってくるだろう。

　トレーディングソフトの開発者として、私は投資家――特に初心者――が利益になるトレーディングシステム（１年で１万ドルが100万ドルになるようなシステム）やトレード手法を探し求めているのはよく分かるが、そうしたものを見つけるのは容易なことではない。もっと正確に言うならば、実際にはそうした優れたトレーディングシステムは存在するのだが、彼らの前にそれが現れてもその価値が分からないか、または古くさいなどと言って見向きもしないのである。また優れたトレーディングアイデアに出合っても、彼らにはそれを検証し評価する方法すら分からない。多くのトレーダーやかなりのベテランでさえもトレーディングシステムのシグナルに完全には従わず、勝ちトレードでは欲を出し、負けトレードでは恐怖心に翻弄されているのが実情である。

　「トレーディングシステムはうまく働くのですか」という質問に対し、ラリー・ウィリアムズは「トレーディングシステムはうまく働くのですが、トレーダーがうまく働かないのです」と答えたという。本

書にはいろいろなトレーディングアイデアが盛り込まれているが、トレーディングシステムの開発者兼トレーダーとして、私はそれらを実際に検証してみた。その結果については公表するのを差し控えるが、それは本書を読む意欲がなえたり、自分でその価値を判断するという楽しみを読者から奪ってしまうと思うからだ。コリンズが苦労して提示した貴重なトレーディングアイデアを、どうか自分の目で評価してください。

コリンズはいろいろなトレーディングアイデアをひとつのトレーディングシステムに統合している。すなわち、多様なトレード指標やトリガー、トレーディングアイデアをひとつのルールにまとめている。私もさまざまなトレード指標を新しいひとつのトレーディングシステムに統合しようと努力しているが、それはそうした統合システムがかなり強力なトレーディングツールとなるからだ。それは多くの複雑な情報をひとつのアプローチに統合することでもあり、コリンズは本書のなかでその試みをかなりうまく行っている。本書のおもしろさとユニークさは、読者がここに盛り込まれたいろいろなトレーディングアイデアを参考にして、自らの想像力と工夫をこらして自分流のトレーディングシステムを作り上げられるという点にある。

コリンズはそうしたプロセスに対して適切なアプローチを提示しており、有効なトレーディングシステムを開発したいと思う読者は、本書を熟読してそうした試みにぜひチャレンジしてください。もちろん、コリンズの方法よりも高度なアプローチも存在するが、彼のトレーディングシステムはだれでも応用しやすいという点に大きな特長がある。彼のシステムよりもかなり優れたトレーディングシステムも存在するが、どの専門分野においてもそうであるが、そうしたシステムを開発するには極めて高度なスキルと経験が求められる。

もしもあなたがコリンズが本書に注いだのと同じくらいの努力をトレーディングシステムの開発に振り向ければ、その努力はきっと報わ

れるだろう。優れたトレーディングシステムの開発はトレーディングで成功するための第一歩であり、そのためには多くの汗を流さなければならず、さらに実際のトレードで成功するためには厳しい規律と真摯さ、それに客観的な自己省察も求められる。本書はとても誠実な書籍であるが、だからといって本書を読んですぐに大きな利益を手にできるわけではない。成功できるトレーディングシステムを開発できるかどうかはひとえにあなた次第であるが、その努力はきっと報われると私は信じている。あなたがトレーディングシステムについてそれほど深い知識を持っていなくても、本書を読むことによって新しいトレーディングアイデアについての何らかのヒントは得られるだろう。本書のページをめくるたびに、信頼できる有効なトレーディングシステムを開発しようとするひとりの男の真摯で誠実な努力ぶりがひしひしと伝わってくるに違いない。優れたトレーディングシステムを開発しようというこうした彼の真摯な努力を理解できる人にとって、本書は本当に価値あるものとなるはずだ。私は本書で述べられているトレーディングルールのかなり多くを個人的にリサーチしたが、このようなトレーディングシステムにまとめることはできなかった。その意味では新しい発見もあり、それは読者の皆さんにとっても同じであろう。

　なお、コリンズをサポートしているわがパルドグループはそのウェブサイトを通じて、本書で述べられている多岐にわたるトレーディングアイデアの最新情報を提供しているので、さらに詳しい情報を入手したい方は「http://www.pardocapital.com/」にアクセスしてください。

ロバート・パルド(『トレーディングシステムの開発と検証と最適化』
〔パンローリング〕の著者、パルド・キャピタル社長）

序文

　私はかつてかなりメカニカルなやり方でフットボール賭博をしたことがある。私はプロフットボールのまじめなファンではなく、選手やチームなどについてはほとんど知らなかった。また、お金を賭けないゲームはほとんど見なかったが、その賭け率だけはよく知っていた。そうした賭け率は専門ブックメーカー（賭元会社）の勝敗予想などとは関係がなく、彼らの唯一の目的はギャンブラーたちを別々のチームに賭けさせることである。それがうまくいけば、負けたギャンブラーたちからも賭け金の一定率が入ってくるので、まったくリスクをとらずにお金を稼ぐことができる。選手・コーチやチーム、そのときの天候やプレーするスタジアムなどに関するすべての情報が、フットボール賭博の賭け率に反映される。こうした状況で賭博に勝つただひとつの方法は、マーケットと同じように過去のパフォーマンスを分析することである。どのチームに賭ければ儲けられるのか、そのときにどのような天候であれば勝率が高いのか——など、そうした過去のトレンドは将来にも投影されるはずである。

　私はこのフットボール賭博の経験を通してシンプルさの利点を学んだ。フットボールのファンは頭よりもハートで戦況を分析し、ギャンブラーにとって唯一の関心事である賭け率などには目もくれない。しかし、統計とは魅力的なものであるが、とらえどころのないものでもある。バイアスがかかった統計データを集計するとあまり信頼できない結果が出るし、多くのデータを収集したからといって必ずしも正確な予測値が得られるわけでもない。また、複雑な手法をこらしても必ずしもレベルアップできないところがマーケットと類似している。

　『マーケットの魔術師【システムトレーダー編】』を執筆しているとき、インタビューした13人のメカニカルトレーダーや専門家に、でき

るだけシンプルなメカニカルトレーディングシステムをひとつだけ紹介してくださいとお願いしたが、この要請に応えてくれた人はだれもいなかった。今思うと本当に理不尽な要請をしたものだ。彼らが私のお願いを拒絶した理由のひとつは、どんなに優れたトレーディングシステムでもいったん公表すると、そのパフォーマンスが急低下することがよくあるからだ。もちろん、これについては異論もあるだろうし、優れたトレーディングシステムを入手したからといって完璧なパフォーマンスが期待できるわけでもない。そうしたシステムを生かすも殺すも、それはひとえにマネーマネジメントの成否とトレーダー自身のやり方にかかっている。

　本書のトレーディングアイデアは、フットボール賭博に夢中になっていたときによく読んだアル・オドネル著『ポイント・スプレッド・プレーブック(Point Spread Playbook)』に書かれているように提示されている。すなわち、読者の皆さんがそれらを応用して自分流のトレーディングツールを開発できるように提示したのである。皆さんはマーケットのバイアスを見極めるためにそれらを利用してもよいし、ここに述べられているトレーディングシステムと比較して自分のトレード手法のほうが良いと判断されても結構である。本書のトレーディングアイデアやルールはそれぞれ独立した形で提示されており、そのなかには読者にとってかなり有効なものもあると思われるので、それらを実行するときは本書に書いてあるプロセスを正しく順守してほしい。

謝辞

　本書の執筆に伴う苦労を軽減してくれた以下の方々に感謝の意を表したい。マスコミによる本書の紹介、適切なアドバイス、変わらないサポートを惜しまなかったタイガー・シャーク・トレーディングのダビッド・メクレンバーグ編集長、コンピューター分野で支援してくれた義息のトニー・ブラムバーグ、有益なヒントを与えてくれたビル・チョーの各氏。トレーダー兼著述家という苦労の多い仕事をしている私にときどき息抜きさせてくれたクリーニング・レディーズ（ロックバンド）のメンバーであるジョン、スコット、ダン。また、自分のトレーディングシステムに固執していた私を快く支援してくれたハットマンとランディスの各氏にも深く感謝します。

　さらに、私の著書やオンラインで述べた見解に対してeメールで適切なフィードバックを与えてくれた皆さま、マーケットとはあまり関係を持たないが、私のすべての著書に目を通してくれたいとこのボブ・ゼマン、いつも変わらぬ愛情と支援を惜しまない両親、いろいろな面でサポートしてくれたトレードパートナーのマーク・ラザールにも厚くお礼を申し上げたい。最後に私の著書を購入してくれた日本の読者にも感謝するとともに、お会いできる日を楽しみにしている。

本書のトレーディングシステムとスタディについて

　私がこれまで公表してきたいろいろなトレーディングシステムやスタディは爆薬のようなもので、一歩間違うと自らの資産を吹き飛ばしてしまう。すなわち、ヒストリカルデータの選択や検証、それに基づく売買注文の間違いなどは大きな損失をもたらすことがある。私は今でもときに大きな代償を伴うトレードミスを犯すが、これは私だけに限ったものではない。私のトレードパートナーもプロのコンピュータープログラマーであるが、ときどき注文執行のミスをするし、フロアトレーダーでもトレードミスは避けられない。われわれトレーダーはこうしたミスを犯さないように日々努力を重ねているが、こうした問題はマーケットでは日常的な光景である。

　私のこうしたトレードミスについては弁解の余地がないが、本を著すというのはかなりのプレッシャーである。というのは、トレードミスによる損失はすぐに取り戻せるが、将来にも残る著書での間違いは次の版が出るまでは訂正されず、読者に大きな迷惑をかけるからだ。とは言っても、本書の記述がすべて完璧であるわけではなく、トレードステーションを使った、より優れたトレーディングシステムも数多くあるだろう。読者から反論されたり、賛成できないといった箇所もあるに違いない。しかし、本書はマーケットのひとつの真実をできるだけ正確に伝えようという強い願望を込めて書かれたので、その内容の有効性についてはかなりの自信を持っている。

　ところで、私はヒストリカルデータのリサーチを始めようという人々に対しては、トレードステーションを高く評価して推奨してきたが、残念なことにすべてのトレーディングソフトと同じように、このソフトでも小さな矛盾点は避けられない。同じ手順を踏み、同じチャートや同じ時間枠（タイムフレーム）でデータを検証しても、その結

果にわずかな違いが出てしまう。その原因についてはよく分からないが、おそらくデータストリーム（データの流れ）にアクセスするときに異なるトレードの数字がカウントされてしまうからであろう。一方、同じトレーディングソフトを使って同じマーケットの同じ時間枠のデータを異なる手順で検証しても、例えばパフォーマンス結果と最適化された数字、パフォーマンスサマリーと年次リターンの数値などは完全に一致しない。本来ならばそうしたことは起こらないはずであるが、実際にはそうはならない。もっとも、そうした差異が出ると多少はいら立つが、パニックを起こすほどのものではない。ところで、本書では検証開始日を１月２日ではなく１月４日としているところもあるが、それはパフォーマンスサマリーに適合するために検証期間を調整したためである。トレードステーションにはそうした矛盾点もあるが、そうした問題に対する処理作業や説明はかなり納得のいくものであり、私もそれらを完全に理解するまで何回も再確認するようにしている（そうした経緯があったことから、本書の出版は当初の予定よりも３～４年も遅れてしまった）。

　本書で用いたテストデータはデイセッションのもののみを用い、夜間データは用いなかった。株価指数のトレード時間は午前８時30分～午後３時15分（中部標準時）、その他の金融商品は午前７時20分～午後２時である。その他の注意点は次のとおりである。

1. データ検証に使ったトレードステーションは「Version 8.1/Build 2826」で、アップデートされてもデータ領域にそれほど大きな影響はないと思われる。
2. 検証期間の開始・終了日は常に明記したが、既述したように特に長期スタディのデータについては検証開始日には若干の違いがある。
3. 検証データには売買手数料＋スリッページ（発注価格と約定価格

の差額）は含まれておらず、最大建玉数は1枚となっている。
4．各表の参考コードは巻末の「付録」に掲載した。

　本書では私のスタディの検証プロセスを示すために、トレーディングシステムの開発について言及している箇所もある。一方、アドバイザーの意見をうのみにするだけでは長期にわたって利益を上げ続けることはできず、私もこの世界で最も才能あるトレーダーの何人かに接触して意見を求めたが、いずれも同じような答えが返ってきた。また、読者からの予想される質問に答えるため、本書で述べたトレード手法やトレーディングシステムについては個人的にトレードしたものもあるということをここで報告しておく。

第1章
The Problem with Non-Mechanical Trading

裁量トレードの問題点

利益を上げて破産することはないので、大いに利益を伸ばしなさい。
——裁量博士

　皆さんは「マーケットは良くも悪くもない。トレードで損失を出したとすれば、それはマーケットの言うことに耳を貸さず、マーケットに異議を唱えたからだ」といったような言葉を聞いたことがあるだろう。しかし、メカニカルトレーダーの私としてはそうしたことはまったくナンセンスであると考える。自分の失敗トレードの原因について毎日あれこれと悩んでいるが、いまだにその原因を見つけられないトレーダーを私は何人も知っている。私に言わせると、その原因は彼らが立っているプレーイングフィールド（競技場）の性質そのものにある。つまり、彼らはマーケットとは多くのランダムなノイズに満ちており、トレンドはほんのわずかしか存在しないということがよく分かっていない。メカニカルトレーダーが目をつけるのはそのごく少ないトレンドのある局面であるが、トレードの渦中にあるときはそうした局面に気づくことも難しい。そうしたノイズとチャンスを見分けられるようになるには、数多くのトライアル（データ検証やトレード）を重ねるしかない。

事実に基いて行動しなさい。アイデアだけではダメだ。

――裁量博士

　ガッツのあるトレーダーであれば、「負けトレードを勝ちトレードとするにはどうすればよいのか」「このトレードの利益を最大限に伸ばす方法とは何か」などと考えながらトレードしていることだろう。短い時間枠でトレンドを見極めることはできないが、少数の才能あるトレーダーは次第にマーケットのノイズを選別する目を養っていくはずだ。しかし、多くのトレーダーはマーケットが語ることを聞くこともできず、ただランダムなフィードバックを受け取るだけである。いろいろな調査結果が明らかにするところによれば、修正するのが最も難しい行動パターンのひとつは、ときどき利益が出る裁量トレードである。われわれは自らの人生において繰り返された経験によって学習していくが、ことトレーディングについてはそうしたことは当てはまらない。つまり、悪い決定が損失となることはあっても、良い考えが必ずしも利益につながるとは限らない。われわれは多くの情報を入手してトレードで利益を上げようとしているが、それが木を見て森を見ないという結果になることも少なくない。

　支持線が破られないかぎり、買いポジションを保有しなさい。価格がわずか1ティック割り込んだだけで、買いポジションを手仕舞ってはならない。

――裁量博士

　裁量トレードの世界では、「大豆は天候相場に突入する前に何カ月も底をはっているので、そのときに買いなさい」といった何とも奇妙なジンクスがまかり通っている。相場がトレーディングプランどおりに進んでいるとき、突然頭に血が上って早々とポジションを手仕舞ったり、価格が支持線を割り込んでも買いポジションを保有している経

験も少なくないだろう。その背後にあるのは「今度は間違いない。絶対に逃せないチャンスだ」といった、いわば直感に基づいた自分勝手な論理である。しかし、そうした直感によるトレードが成功することはほとんどない。相場の世界では成功と失敗の確率は半々であるが、現実には90～95％のトレーダーが損をしている。これまで述べてきたことをまとめると次のようになるだろう。

1．ほとんどのトレーダーはメカニカルなトレードやシステムトレードをしていない。
2．彼らはそのときどきの気分でトレードしている。
3．その結果、損失を出す。
4．負けトレーダーから足を洗いたいと思うならば、こうした直感によるトレードを繰り返していてはダメだ。

　多くのシステムトレーダー、そして裁量トレーダーも、最も恐いと思ったトレードが結果的に大きな利益をもたらしたという経験を持っているであろう。その反対に、最も儲かりそうなトレードが実際には損失となりがちである。そして裁量トレーダーのなかには悲惨な損失を繰り返した結果、メカニカルなトレードにたどり着く者もいる。もしもマーケットとトレーダーの直感がうまく調和できるならば、失敗するトレーダーなどいなくなってしまうだろう。このように裁量によってトレードするのは限りなく困難である。そんなことを繰り返していれば、いずれ大衆投資家の仲間入りをすることになる。こうした状況を打破してくれるのが、完全に感情を排したメカニカルなトレードである。

> あなたにはマーケットのセンスというものがないのか。
>
> ──裁量博士

　自分のやり方を変えようとはしない裁量トレーダーは、これからも損失を出し続けていくことだろう。彼らは同じことを何回繰り返しても、自分が間違ったことをしているという自覚がない。400ドルを数十億ドルにした、生ける伝説的トレーダーであるリチャード・デニスは「トレードで成功するためにはやりにくいことをしなければならない」と言ったが、メカニカルなシステムトレードには取り立てて難しいことはない。ヒストリカルなデータで検証されたトレーディングシステムのシグナルに従うだけで、将来の相場の方向を予測する必要もない。十分な投資資金さえあれば、すべきことといえばトレーディングシステムの売買シグナルを素直に実行することだけである。

　もちろん、これは実際には言うは易く行うは難しであるが、それでもすることといえば、常にトレーディングシステムのシグナルに完全に従うことだけである。たった1回のシグナルを無視しただけでパフォーマンスが大きく狂うことがある。最悪の局面のあとには往々にしてパフォーマンスを大きな利益のチャンスが来るものである。われわれの検証済みの運用成績結果は裁量トレーダーの破壊的な衝動を克服するのに十分であり、彼らの矛盾に満ちた不確実な世界に比べるとシステムトレードという世界にははっきりとした1本の道が通っている。人間であるわれわれにとって慣れ親しんだ行動パターンを変えるのは容易なことではないが、それでも不可能なことではない。

第2章
Understanding the Numbers Game
賭博というゲームを理解する

　裁量トレーダーが考えることと言えば、次のようなことである。「今の利益を最大限に伸ばすにはどうすればよいか」「上げ相場の勢いが鈍り、反転するのはいつか」「相場が反転して今の評価損がなくなるのはいつなのか、それとも損失はさらに大きくなっていくのか」「どこで損切りしたらよいのか」……。これに対し、システムトレーダーは長期のヒストリカルデータで検証されたことを実行するだけである。例えば、前日の高値＋前日のレンジのところで買いを入れるというのは、過去5年間のデータ検証で平均3万6000ドルの利益が出ているからである。また、別のトレーディングルールの売買シグナルに従えば勝率は53％、負率が46％、引き分け1％で、平均して486ドルの利益を手にできることが分かっている。さらに別のシグナルに従ってトレードすれば、ホームランのような利益は期待できないが、長期的には5勝1敗のパフォーマンスになることが実証されている。一方、検証済みの別のトレーディングルールは関連するマーケットでも有効であるうえ、相関の低いマーケットでもわずかながら利益が出ることが分かっている。トレーディングソフトを使えば、こうしたパフォーマンス結果を簡単に検証できるし、標準偏差、シャープレシオ、共分散といった複雑な数値も知ることができる。
　私を含むシステムトレーダーの多くは、**シンプルなトレード手法で**

あればあるほど信頼できることを知っている。今の情報化時代にあってはすべての統計データはだれでも簡単に入手できる。これが賭博というゲームの基礎であり、換言すれば、賭博というゲームとは正の期待値の高い試行の継続によって勝敗が決まるとも言える。その好例がラスベガスのカジノであろう。そこでは賭けに勝つ人や負ける人がいるが、最終的に勝つのは常に胴元である。またスロットマシーンでも勝敗は事前にプログラミングされており、最終的に出ていく金額が受け取る金額よりも多くなることは絶対にない。カジノの胴元のひとつひとつのエッジ（優位性）はかなり小さいが、それらを数多く積み上げることによって賭博というゲームで勝利する。

　カジノのゲームは相場の世界のそれよりもはるかに完璧であり、トレーディングでは運の要素を完全に数量化することはできない。ヒストリカルなデータの検証によって偶然やまぐれの要素を軽減することはできるが、それでも絶対的な利益を保証できるほど正確に未来を予測することはできない。ラスベガスのカジノのような利益を何としても保証してほしい人は、トレーディングの世界から足を洗うしかない。ある著名なマーケットのウィザードが語ったように、トレーディングでどれくらいのお金が得られるのかはだれにも分からないのである。

第3章
But Why Doesn't Spontaneous Trading Work?

なぜ裁量トレードはうまくいかないのか

　相場の世界とは、ほかの分野で成功した人々を引きつける磁石のようなものである。そこでゲームをするにはお金が必要であり、またトレードが下手な者はすぐにふるいにかけられる。一方、ほかの分野で成功した人々はそれまでの常識と本能から、相場の世界でもその分野と同じスキルが通用すると考えている。彼らは当初何回かのトレードで損失が出ても自分はまだ初心者であると頑張っているが、まもなく次々と理解できないことが起こり、損失がずっと続くようになる。ときに利益になることがあっても、全体としてかなり損失がかさむと、「なぜなんだ。この世界を解明するコードはないのか」と当惑する。

　そんなことはない。相場の世界も多くの点では日常の世界と同じである。ここも一種のビジネスであり、やはり資金不足は失敗の大きな原因となる。マーケットも商売敵と同じく非情であり、吹き荒れる嵐を乗り切って前進するには十分な当初資金が必要である。ビジネスの世界と同じように、ここでも「損切りは早く」「トレンドは友である」といったことは真実であり、どのような優れたトレード手法を持っていても常識に背く者は退場を余儀なくされる。

　裁量トレーダーは損失の回避法をあれこれと探し求めているが、相場の本やほかの裁量トレーダーに尋ねてもその答えは見つからないだろう。裁量トレードでうまく利益を上げているトレーダーがいるとす

れば、それはその人個人の天賦の才によるところが大きい。もしも遺伝子のなかにそうした才能が組み込まれていなければ、裁量トレードで着実に利益を上げることはできない。マーケットウィザードと呼ばれている人たちはその数少ない例外的な存在である。ある抜け目のないトレーダーはかつて、マーケットは悪い局面を作り出してわれわれを打ちのめそうとするものだと言ったが、確かにそうした面があることも否定できないが、実際にはマーケットがそうした悪意を持っていることはない。マーケットがわれわれの期待を踏みにじるというのは、われわれの心とマーケットが調和していない証拠である。ここでトレードの性質をもう一度確認しておこう。

１．最も恐いトレードが実は最も大きな利益をもたらす。
２．その反対に、最も有利なように見えるトレードが大きな損失となる。

　その一例を挙げると、本書を執筆していた2005年の夏以降にシカゴ商品取引所（CBOT）では四半世紀ぶりの大干ばつが起こったと大騒ぎしていたが、大豆相場はほとんど反応しなかった。指標となる大豆11月限は９月30日に１ブッシェル当たり5.73 1/4ドルで終わったが、これは２月半ばの水準とほぼ同じだった。この間に価格が7.70ドルに急騰する局面もあったが、それは長続きしなかった。この期間中は全体として売り有利だった。一方、アメリカの自然災害史上最悪の被害をもたらした2005年８月末の大型ハリケーン「カトリーナ」は、株式にとって大きな悪材料であると考えられたが、実際にはS&P500先物12月限は８月29日に850ポイント上げたのに続き、９月９日までにさらに2750ポイントも上昇したのである。
　こうしたことは何ら珍しいことではない。ミニS&P500のデイトレーダーは少なくともこの２年間は損失続きに泣かされたし、株価の将

来の方向を予測できる手掛かりなどは何もなかった。大きく値上がりしたかと思えば次の日には下降したり、また日中でも大きく上下に振れることも少なくなかった。また支持線や抵抗線が簡単に破られたと思いきや、その直後に反対方向に大きく進むことも珍しくなくなった。こうした局面を目の当たりにして、私のトレーダー仲間は「裁量でこうしたマーケットをどのようにトレードしろと言うんだ」とよく嘆いていた。私も日中のデータをいろいろとリサーチして次の動きを予測しようとしたこともあったが、裁量トレードではこうした局面には絶対に対処できない。それができれば毎日のトレードは平和そのものであり、大きな損失を被ることもないだろう。

　損失の原因を客観的に追究することがすべての始まりである。私も精巧なトレード手法を開発したつもりでいたが、結局は使い物にならなかったという経験をよくする。裁量でドタバタとデイトレードを繰り返しても、売買手数料をカバーすることもできないだろう。そうしたデイトレードで成功した人もいるだろうが、大成功したという話はとんと聞かない。もちろん、メカニカルなシステムトレードも完全ではないが、それでもトレード手法として最高の部類に入るだろう。もしもあなたが勝率5～10％で損ばかりしているとしたら、そろそろ自分のトレード手法の大きな問題点に目を向けてはどうだろうか。巨大な敗者のプールのなかであえぐのはもうやめにしよう。

第4章
Identifying Simple Biases

小さなバイアスに目を向けよう

　私は最初の著書『マーケット・ラップ――ザ・オデュッセイ・オブ・ア・スティル・ストラグリング・コモディティー・トレーダー（Market Rap：The Odyssey of a Still-Struggling Commodity Trader）』のなかで、先物市場に見られるいくつかのバイアスを紹介した。例えば、前日が安く引けたとき、翌日の相場は前日の地合いを受けた寄り付きよりも高く終わる傾向がある（その反対に前日が高く引ければ、翌日の相場は前日の地合いを受けた寄り付きよりも安く終わることが多い）。こうした傾向は明らかに偶発的なものではなく、1989～1997年の15の主要な先物市場で検証したところ、1万6350回のうち53.7％でこうしたバイアスが確認された。最近ではこのようなバイアスはあまり見られなくなったが、その原因はマーケットが変質したことによるもので、こうした現況下ではトレーディングシステムを定期的に再最適化する必要がある（『**マーケットの魔術師【システムトレーダー編】**』に登場するトレーダーの何人かは、少なくとも1年に1回はシステムを再最適化すると語っていた）。

　私はシンプルなルールに基づくメカニカルなトレードで利益を上げたことがある。その一例を紹介すると、Tボンド（30年債）の値動きのバイアスを利用したトレードである。Tボンドは110 23/32、114ドルなどと変動していくが、私が注目したのは端数の付かない価格

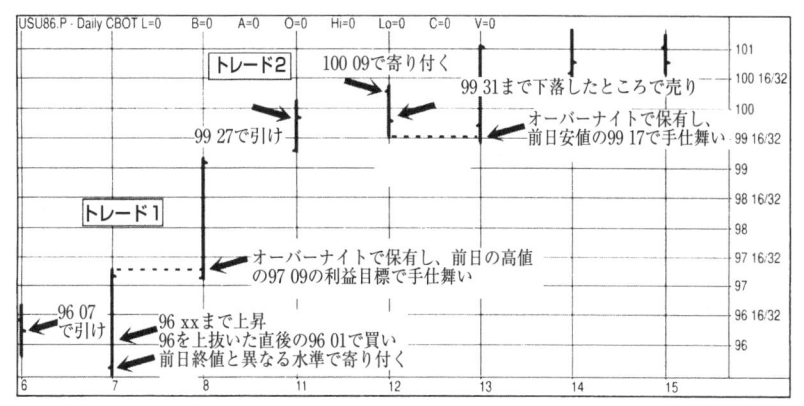

図4.1　Tボンドのバイアスを利用したトレード

```
USU86.P - Daily CBOT  L=0   B=0   A=0   O=0   Hi=0   Lo=0   C=0   V=0
                                                                              101
                          トレード2      100 09で寄り付く                      100 16/32
                                          99 31まで下落したところで売り         100
                                                  オーバーナイトで保有し、
                          99 27で引け              前日安値の99 17で手仕舞い    99 16/32
                                                                              99
                                                                              98 16/32
              トレード1                                                        98
                        オーバーナイトで保有し、前日の高値                       97 16/32
                        の97 09の利益目標で手仕舞い                              97
    96 07                                                                     96 16/32
    で引け   96 xxまで上昇                                                      96
            96を上抜いた直後の96 01で買い
            前日終値と異なる水準で寄り付く
       6        7        8        9       10      11      12      13     14      15
```

出所＝トレードステーション・テクノロジーズ　　　　　　　　　　Created with TradeStation

（113、114……ドル）だった。もしもTボンドが前日の終値と違う水準で寄り付いた場合（前日の終値が111 29/32ドル、今日の始値が112 3/32ドルなど）、相場が端数のない価格を交差するときにストップ注文で仕掛ける（買いのときは、1/32ドル、売りのときは、31/32ドルなど）。ポジションをオーバーナイトで保有したあと、売りのときは前日の安値が利益目標、前日の高値の1ティック上に損切り注文を置く（買いはこの逆）。価格がこのどちらにも引っかからないときは、大引けでポジションを手仕舞う。図4.1はその具体例を示したものである。

　このシンプルなトレーディングルールも説明すると少し複雑になるが、いずれにせよ、このTボンドのトレード手法は心理的な価格帯のモメンタムを利用したものである。この最初のトレードがうまくいったのでさらに大きな成功を手に入れようと、20年以上のヒストリカルなデータを検証するようになった。しかし、うまいことは長くは続か

33

図4.2　大豆の逆張りトレード

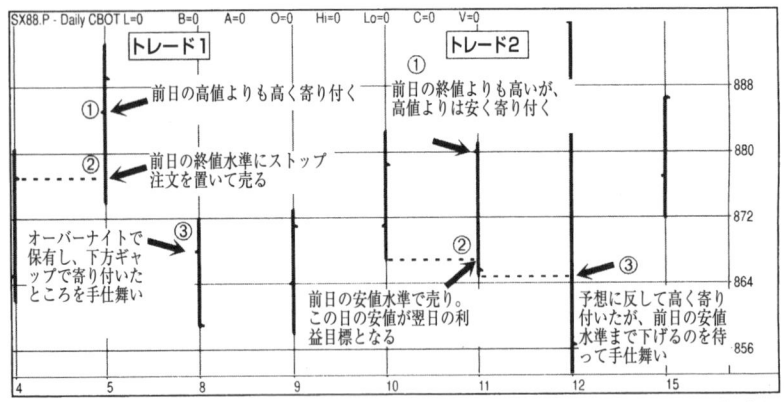

```
SX88.P - Daily CBOT L=0  B=0  A=0  O=0  Hi=0  Lo=0  C=0  V=0
```

[トレード1]
① 前日の高値よりも高く寄り付く
② 前日の終値水準にストップ注文を置いて売る
③ オーバーナイトで保有し、下方ギャップで寄り付いたところを手仕舞い

[トレード2]
① 前日の終値よりも高いが、高値よりは安く寄り付く
② 前日の安値水準で売り。この日の安値が翌日の利益目標となる
③ 予想に反して高く寄り付いたが、前日の安値水準まで下げるのを待って手仕舞い

出所＝トレードステーション・テクノロジーズ
Created with TradeStation

ないもので、まもなくシカゴ商品取引所（CBOT）が債券の取引開始時間を午前8時から7時20分に早めたことから、フロアトレーダーたちは7時30分から始まる政府発表に慌ただしく反応しなければならなくなった。そして前日の終値との価格差を利用するという私のトレード手法のメリットもすべて消滅してしまった。

　私のもうひとつのトレード手法は、大豆の前日の終値のトレンドに逆張りで向かうというものである。例えば、前日が安く引け、さらに前日の安値よりも安く寄り付いたときは、前日の終値にストップ注文を置いて買う。一方、始値が前日の安値よりも高いが、前日の終値よりも安いときは、前日の高値水準に売り注文を出す。これは先のTボンドのトレーディングルールと同じであり、特に1988年に干ばつが発生したときはこの単純なテクニックを使ってかなり儲けさせてもらった。このほか、1987年10月のブラックマンデーのときもS&P500先物の売りで大きく儲けたが、そのときに使ったテクニックは単に、前日

の安値－前日のレンジの水準をストップ注文で売るというものだった。以下では順次こうしたトレーディングルールを紹介していくが、ほぼ毎日出現するこうした買い・売りのシグナルを＋1、－1と数値化し、複数のトレーディングルールのその単純多数を見ることによって、もっと大きなトレンドの流れもつかむことができるだろう。

第5章
Close versus Closing Averages

n日間移動平均に基づくトレード

　もしも終値がn日間移動平均よりも高い（安い）ときは、そのマーケットでは上方（下方）バイアスがかかっている。こうしたマーケットのバイアスを利用したひとつのトレーディングルールが次のようなものである。

終値が40日間移動平均よりも高い（安い）ときは、翌日の寄り付きで買い（売り）、大引けで手仕舞う

　n日間を40日とした理由については以下で述べるが、このトレーディングルールにはそれほど大きな利益ではないが、それでもいくらかの利益につながる優位性はある。今の情報化時代においてこうしたマーケットのバイアスに関する情報はたくさん入手できるのに、依然として運任せのトレードをしているのはバカげている。下方よりも上方のバイアスがかかっているとき、それに気づかないのはうかつであり、そうしたモメンタムの方向を早めにとらえるのがこうしたトレードで利益を手にするカギである。

　表5.1はn日を5日刻みで検証したときのS&P500のパフォーマンスである（取引コストは考慮していないが、実際のトレードでは1トレード当たり約100ドルのスリッページ＋売買手数料がかかる）。それ

表5.1 n日間移動平均に基づくS&P500トレードのパフォーマンス比較(2001/1/2～2005/11/19)

n日間	損益	トレード回数	勝率(%)	1トレード当たりの損益	最大ドローダウン	NP/WD
5	($34,263)	1,227	48	($27.92)	$97,775	NA
10	($81,063)	1,228	47	$66.01	$100,000	NA
15	$39,688	1,228	49	$32.32	$51,700	76.8
20	$122,788	1,228	50	$99.99	$45,225	271.5
25	$128,888	1,228	51	$104.96	$42,000	306.9
30	$128,688	1,228	51	$104.79	$52,900	243.3
35	$34,388	1,228	50	$28.00	$69,000	49.8
40	$53,187	1,228	50	$43.31	$66,000	80.6
45	$36,088	1,228	50	$29.39	$83,525	43.2
50	$15,038	1,228	49	$12.25	$96,675	15.6

表5.2 40日間移動平均に基づくトレードのパフォーマンス結果(2001/1/2～2005/11/19)

	損益	トレード回数	勝率(%)	1トレード当たりの損益	最大ドローダウン	NP/WD
ナスダック	$59,850	1,226	50.73%	$48.82	$69,450	86.2
ラッセル	($62,700)	1,226	50.00%	($51.14)	$129,975	NA
Tボンド	$21,688	1,221	52.09%	$17.76	$11,906	182.2
10年債	$24,938	1,221	52.58%	$20.42	$5,578	447.1
5年債	$12,000	1,223	51.76%	$9.81	$4,922	243.8
日本円	($5,988)	1,221	49.14%	($4.90)	$27,500	NA
ユーロ	$9,063	1,220	49.10%	$7.43	$13,763	72.8
スイスフラン	$63	1,222	49.26%	$0.05	$17,425	0.4

を見るとほとんどのn日で利益になっているが、nが25日のときに最も高いNP/WDを上げている。しかし、ほかのマーケットでこのトレード手法を使うときはn日を最適化しなければならない。これはいろいろなマーケットではバイアスが異なるからであるが、総じて40日間移動平均が最適であると考えられるので、ここではこの日数を使った。**表5.2**はこのトレード手法によるその他の銘柄のパフォーマンス結果である。

第6章
The Four Rules of Prudent Optimization

適正な最適化に向けた4つの原則

　以下で述べるいろいろなトレーディングルールについては同じ検証基準を適用するので、ここでその基準について説明しておこう。ランダムな検証結果から有益な結論を得るには、明確な方法論に基づいた段階的なアプローチを取らなければならない。意図的な数字の当てはめで良い結果を出すという過ちを犯しやすいからである。トレーディングシステムの成否のカギは、データのメカニカルな検証作業のときによく言われる「堅牢性」にある。データの有効な検証結果はもちろんのこと、それが将来的にも有効であることを保証する信頼性と耐久性が求められる。そのための最も適切な変数を見つける作業が最適化と言われるものである。

　変数とはいろいろなパフォーマンス結果を得るための単なる数字にすぎないが、例えば過去20日間の高値（安値）をストップ注文で買えば（売れば）、利益になる可能性がかなり高いことが分かっている。しかし、20日という数字がベストの変数で、5日または1週間、50日や100日ではダメなのかという問題がある。そこで変数を最適化するために5日から200日までの日数を5日刻みで検証すると、おそらく大きな損失から目を見張るような利益に至るまでいろいろな結果が得られるだろう。こうしたランダムな変数から最高のパフォーマンス結果が得られる数字だけで最適化しても、将来的にも有効なトレーディ

ングシステムを開発することはできない。したがって、適切な最適化を図るには次の４つの原則を順守しなければならない。

1. 最高の検証結果は類似する有効な数値の集合に隣接していなければならない。荒れ地で高価なダイヤモンドは見つからない

　例えば、過去10年間のヒストリカルなデータを検証した結果、35という数値がベストの変数であることが分かった。それによるパフォーマンスの結果は純利益＝９万ドル、最大ドローダウン＝9000ドル、NP/WD（純利益÷最大ドローダウン×100）＝1000％となったが、これは9000ドルの当初資金でトレードすれば、最終的にはその10倍の９万ドルになることを意味する。ここでこの変数を隣接する数値に変えてみると、40では純利益＝１万2000ドル、最大ドローダウン＝１万7000ドル、45では純利益＝3500ドル、最大ドローダウン＝２万4000ドルといずれもNP/WDは１以下になる。

　一方、数値を75～110にするといずれの場合もNP/WDは最低でも350％とまずまずの結果が得られた。例えば、中央値の90のときは純利益＝７万ドル、最大ドローダウン＝１万5000ドルとなり、35の変数のパフォーマンスには及ばないが、それでもかなり立派な数字である。このように隣接する数値からベストのパフォーマンス結果を得ることができる。これについて『マーケットの魔術師【システムトレーダー編】』に登場する著名なシステムトレーダーのマレー・ルジェーロは、「隣接するパラメーター数値の結果がよくないというのでは問題が生じます。なぜなら、やはりどうしても隣接するパラメーターによる結果の影響を受けることになるからです」と述べている。

２．トレーディングシステムのパフォーマンス結果はほかのマーケット、特に検証データと緊密な相関関係のあるマーケットでも有効でなければならない

　例えば、S&P500では目を見張るようなパフォーマンスが出るが、ダウ平均やナスダックでは損失となるようなシステムでは失格である。相関するマーケットにおいては、いつもトレードしているメーンのマーケットほどではないが、それでも望ましい結果（最低でもスリッページ＋売買手数料を考慮しなくても純損失にならない程度の利益）が出なければならない。

３．利益と損失はほぼ均等に分布していなければならない

　統計的に言うと、１回または少ないデータ検証では意味がない。賭博というゲームは多くの検証によって小さな優位性を見つけることであるからだ。１回の大きな出来事が現在のパフォーマンスに大きなプラスまたはマイナスの影響を与えることもあるが、そうしたものは将来のパフォーマンスを保証しない。例えば、長期にわたるデータを検証したところ、２回の異常な勝ちトレードが全体のパフォーマンスを大きく引き上げたとしても、そうしたトレーディングシステムが将来も同じ結果を出すことはないだろう。1987年のブラックマンデーや2001年の米同時多発テロのような歴史的に異常な出来事は、将来のパフォーマンスを左右する変数とはならないからだ（私はブラックマンデーのときは儲けたが、同時多発テロのときはやられてしまった。将来に再びこうした異常事態が起こったとき、うまく利益を上げる自信はまったくない）。最高の変数がこうした出来事に基づいているときは、次善またはそれ以下の変数を採用すべきである。

4．自分の収益ドライバー（パフォーマンスをもたらすトレーディングのコンセプト）を理解し、そのマーケットについて真実だと思えるようなコンセプトや理論に同意できるときだけ検証すべきだ

　これについては『マーケットの魔術師【システムトレーダー編】』に登場するほぼすべてのトレーダーが賛同している。あなたは自分が検証し、確証を得たいと思っていることについて何らかの考えがあるだろう。そうでなければ、最高の検証結果が得られる数値だけを取り入れて、その背後にある合理的なバイアスに目を向けることはないだろう。コイン投げを繰り返すときでも、表裏の出る確率が半々となる統計結果から大きく外れることもある。マーケットでも検証作業を通じて発見できる何らかのバイアスがあったり、またリサーチをする前にそれに気づくこともある。モメンタムと呼ばれるそうした持続する値動きは、システムトレーダーたちがとらえようとしているものである。

　検証するデータにはすべてのマーケット局面が含まれるべきだ。日足のトレーディングシステムでは最低でも5年間のヒストリカルなデータの検証が必要であり、例えば、S&P500の1996～2000年のデータを検証すれば、この期間中には大きな上方バイアスがかかっていることが分かる。この時期はいわゆるバブル期なので、このほかにも弱気相場、ちゃぶついた（チョッピー）局面、低いボラティリティの時期などもカバーしなければならない。私が講演するときは、100回以上連続で負けトレードがない、あるトレーディングシステムを紹介することにしている。過去23年間のヒストリカルなデータを検証した結果、あるマーケットには何回も確認できるひとつのバイアスがあったとしよう。それを利用するトレードをすれば予想どおりの結果が得られたとしても、将来も同じパフォーマンスが得られるという保証はな

表6.1　37日間のどの終値よりもS&P500が安いときに買う（～2005/11/19）

総損益	$130,125.00	総利益÷総損失比	n/a
総利益	$130,125.00	総損失	$0.00
総トレード数	102	勝率	100.00%
勝ちトレード数	102	負けトレード数	0
引き分けトレード数	0		
1トレード当たりの平均利益	$1,275.74	平均利益÷平均損失比	n/a
勝ちトレードの平均利益	$1,275.74	負けトレードの平均損失	$0.00
勝ちトレードの最大利益	$2,650.00	負けトレードの最大損失	$0.00
最大連勝トレード数	102	最大連敗トレード数	0
勝ちトレードの平均日数	13.18	負けトレードの平均日数	0.00
全トレードの平均日数	13.18		
最大建玉枚数	1	口座に最低限必要な金額	$0.00
当初資金利益率	130.12%	年利益率	3.56%
リターン・リトレイスメント・レシオ	0.14	RINAインデックス	177.91
トレード期間	23年4カ月17日	トレード率	20.91%
最大資産額	$149,437.50		
最大ドローダウン（未実現損益を含む）	($36,250.00)	最大ドローダウン（実現ベース）	$0.00

出所＝トレードステーション・テクノロジーズ

い。しかし、過去と将来に大きな相関性があることは事実であり、われわれが望むのは将来も満足すべきパフォーマンスが出ることを強く示唆してくれるデータである。

　その一例として、1982年半ば～2005年11月19日のS&P500の通常のデータ（午前8時30分～3時15分のピットセッションのデータ）を検証したところ、このマーケットには「前日の終値が37日間のどの終値よりも安いとき、前日の安値水準に指値注文を置いて買えば利益になる可能性が高い」というバイアスがあることが分かった。このトレー

ドでは含み損が出ても必ず反転するので、悪名高い損切りはしないという点では一般投資家のバイ・アンド・ホールドと同じだ。もちろん、空売りも行わず、黙ってポジションを保有していれば、5ポイント（1ポイント＝250ドルなので1250ドル、ミニS&Pではその1/5の250ドル）の利益が得られる。

問題は、上方バイアスがかかっているマーケットのデータを用いて検証されたシステムだということである。また損切り注文も置かないので、含み損は相場が反転するまでずっとそのままにされる。しかし、これまではそれでよかったが、これからも多額の含み損が1250ドルの利益になるのを夢見ながら毎日熟睡できるだろうか（その時期はあなたが死んでから20年後かもしれない）。合理的なトレーダーであれば、とてもこのようなトレーディングシステムを使うことはできない。もっとも、こうした一見よく見えるシステムの裏を見抜くことは難しく、問題は将来の有効性をどのように確保するかである。こうしたS&P500の買いトレード戦略の落とし穴に引っかからないためには、既述した適切な最適化の3つの原則をもう一度確認する必要がある。

1．適切に最適化された数値は、隣り合う有効な数値の近傍にあるはずだ

これは近隣の数値が単に良いだけではなく、最適化された数値の近傍のトレーディングシステムはすべて優れたパフォーマンスを上げることを意味する。**表6.2**のS&P500の買い戦略では、利益目標をクリアするまでポジションを手仕舞わないために、一時的に大きな含み損が出る。しかしそれがどうしたと言うのだ？　このシステムの背景にあるのは、マーケットは必ず戻るものであり、大引けでタオルを投げずにがんばれば、翌朝には1250ドルを超える有利なギャップアップで稼げるというものだ。

表6.2　37日間のどの終値よりもS&P500が安いときに買う（1982/8/9～2005/11/19）

日数	損益	トレード回数	勝率（%）	1トレード当たりの損益	最大ドローダウン
1	$253,750	194	100	$1,307.99	$0
2	$228,100	175	100	$1,303.43	$0
3	$211,825	164	100	$1,291.62	$0
4	$214,200	166	100	$1,290.36	$0
5	$187,588	145	100	$1,293.71	$0
6	$178,913	138	100	$1,296.47	$0
7	$166,425	128	100	$1,300.20	$0
8	$167,550	129	100	$1,298.84	$0
9	$166,963	129	100	$1,294.29	$0
10	$161,975	125	100	$1,295.80	$0
11	$150,850	117	100	$1,289.32	$0
12	$140,825	109	100	$1,291.97	$0
13	$146,425	113	100	$1,295.80	$0
14	$146,863	113	100	$1,299.67	$0
15	$139,375	107	100	$1,302.57	$0
16	$128,863	99	100	$1,301.65	$0
17	$119,013	92	100	$1,293.62	$0
18	$117,463	91	100	$1,290.80	$0
19	$111,213	86	100	$1,293.17	$0
20	$105,888	82	100	$1,291.32	$0
21	$99,650	77	100	$1,294.16	$0
22	$95,675	74	100	$1,292.91	$0
23	$92,550	73	100	$1,267.81	$0
24	$90,050	71	100	$1,268.31	$0
25	$90,125	71	100	$1,269.37	$0
26	$84,950	67	100	$1,267.91	$0
27	$83,963	66	100	$1,272.17	$0
28	$74,313	59	100	$1,259.54	$0
29	$70,563	56	100	$1,260.05	$0
30	$69,313	55	100	$1,260.24	$0
31	$76,813	61	100	$1,259.23	$0
32	$75,563	60	100	$1,259.38	$0
33	$139,063	109	100	$1,275.81	$0
34	$137,800	108	100	$1,275.93	$0
35	$136,375	107	100	$1,274.53	$0
36	$131,450	103	100	$1,276.21	$0
37	$130,125	102	100	$1,275.74	$0
38	$130,125	102	100	$1,275.74	$0
39	$127,625	100	100	$1,276.25	$0
40	$122,625	96	100	$1,277.34	$0
41	$124,100	95	100	$1,306.32	$0

(continues)

日数	損益	トレード回数	勝率（％）	1トレード当たりの損益	最大ドローダウン
42	$125,375	96	100	$1,305.99	$0
43	$121,625	93	100	$1,307.80	$0
44	$121,625	93	100	$1,307.80	$0
45	$120,375	92	100	$1,308.42	$0
46	$120,888	92	100	$1,314.00	$0
47	$118,388	90	100	$1,315.42	$0
48	$115,888	88	100	$1,316.91	$0
49	$113,263	86	100	$1,317.01	$0
50	$108,263	82	100	$1,320.28	$0

表6.3　37日間のどの終値よりもナスダックが安いときに買う（～2005/11/19）

総損益	$101,175.00	総利益÷総損失比	n/a
総利益	$101,175.00	総損失	$0.00
総トレード数	79	勝率	100.00%
勝ちトレード数	79	負けトレード数	0
引き分けトレード数	0		
1トレード当たりの平均利益	$1,280.70	平均利益÷平均損失比	n/a
勝ちトレードの平均利益	$1,280.70	負けトレードの平均損失	$0.00
勝ちトレードの最大利益	$2,200.00	負けトレードの最大損失	$0.00
最大連勝トレード数	79	最大連敗トレード数	0
勝ちトレードの平均日数	4.46	負けトレードの平均日数	0.00
全トレードの平均日数	4.46		
最大建玉枚数	1	口座に最低限必要な金額	$0.00
当初資金利益率	101.18%	年利益率	7.43%
リターン・リトレイスメント・レシオ	0.38	RINAインデックス	173.01
トレード期間	9年4カ月28日	トレード率	11.40%
最大資産額	$109,120.00		
最大ドローダウン（未実現損益を含む）	($33,600.00)	最大ドローダウン（実現ベース）	$0.00

出所＝トレードステーション・テクノロジーズ

表6.4　37日間のどの終値よりもラッセルが安いときに買う（～2005/11/19）

総損益	$62,025.00	総利益÷総損失比	n/a
総利益	$62,025.00	総損失	$0.00
総トレード数	47	勝率	100.00%
勝ちトレード数	47	負けトレード数	0
引き分けトレード数	0		
1トレード当たりの平均利益	$1,319.68	平均利益÷平均損失比	n/a
勝ちトレードの平均利益	$1,319.68	負けトレードの平均損失	$0.00
勝ちトレードの最大利益	$3,250.00	負けトレードの最大損失	$0.00
最大連勝トレード数	47	最大連敗トレード数	0
勝ちトレードの平均日数	27.04	負けトレードの平均日数	0.00
全トレードの平均日数	27.04		
最大建玉枚数	1	口座に最低限必要な金額	$0.00
当初資金利益率	62.02%	年利益率	3.84%
リターン・リトレイスメント・レシオ	0.07	RINAインデックス	16.64
トレード期間	12年6カ月30日	トレード率	38.79%
最大資産額	$131,425.00		
最大ドローダウン（未実現損益を含む）	($84,400.00)	最大ドローダウン（実現ベース）	$0.00

出所＝トレードステーション・テクノロジーズ

2．あるマーケットで有効なコンセプトは緊密な相関関係のあるマーケットはもとより、そのほかのマーケットでも有効でなければならない

　表6.3～表6.5は、「前日の終値が37日間のどの終値よりも安いとき、前日の安値水準に指値注文を置いて買えば利益になる」というバイアスを利用したときのナスダック、ラッセル、ダウ平均のパフォーマンス結果である。

表6.5 37日間移動平均よりもダウ平均が安いときに買う（〜2005/11/19）

項目	値	項目	値
総損益	$52,500.00	総利益÷総損失比	n/a
総利益	$52,500.00	総損失	$0.00
総トレード数	42	勝率	100.00%
勝ちトレード数	42	負けトレード数	0
引き分けトレード数	0		
1トレード当たりの平均利益	$1,250.00	平均利益÷平均損失比	n/a
勝ちトレードの平均利益	$1,250.00	負けトレードの平均損失	$0.00
勝ちトレードの最大利益	$1,250.00	負けトレードの最大損失	$0.00
最大連勝トレード数	42	最大連敗トレード数	0
勝ちトレードの平均日数	14.48	負けトレードの平均日数	0.00
全トレードの平均日数	14.48		
最大建玉枚数	1	口座に最低限必要な金額	$0.00
当初資金利益率	52.50%	年利益率	5.33%
リターン・リトレイスメント・レシオ	0.40	RINAインデックス	71.04
トレード期間	7年11カ月2日	トレード率	28.61%
最大資産額	$52,850.00		
最大ドローダウン（未実現損益を含む）	($23,850.00)	最大ドローダウン（実現ベース）	$0.00

出所＝トレードステーション・テクノロジーズ

3．利益と損失はほぼ均等に分布していなければならない

　どうしてそうでなければならないのだろう？　歴史は勝者によって作られるのに！　この章で取り上げたS&Pの買い持ちシステムが満たさなかった条件がひとつだけある。合理的なドライバーの存在である。

　私たちは奇妙なアイデアの陥穽にとらわれないようにしなくてはならない。自分のドライバーを知れば、それを避けることができるだろう。

第7章
Two-Day versus Five-Day Averages

２日間移動平均と５日間移動平均に基づく逆張りトレード

「２日間移動平均が５日間移動平均よりも安い（高い）ときは、翌日の寄り付きで買い（売り）、大引けで手仕舞う」

　表7.1～表7.3はこのトレーディングルールによるS&P500、ナスダック、その他の金融マーケットのパフォーマンス結果を示したものである。先に終値が40日間移動平均よりも高い（安い）とき、そのマーケットには上方（下方）バイアスがかかっていると述べたが、このトレードは２日間移動平均と５日間移動平均を比較したものだ。私たちはより長期的な動きを重視するが、一般的には事実は逆だ。つまり短期の値動きのほうが長期のそれよりも方向性を正しく示す。短期のほうがより敏感に反応するからだ。
　しかし、短期の行きすぎは２日間の動きに現れる。多くの人が２日間の連続した上げ・下げのあとで逆張りして利益を上げた経験があることだろう。
　一方、表7.4～表7.5は「過去２日間連続して安く（高く）引けたときは、翌日の寄り付きで買い（売り）、大引けで手仕舞う」というトレーディングルールのS&P500とその他の銘柄のパフォーマンス結果である。この２日間のバイアスを利用したトレードは収益ドライバーのひとつとなり得る。５日間はトレンドを判定する期間としては短

表7.1　2日間移動平均と5日間移動平均に基づいてS&P500を逆張りするトレード(2001/1/2～2005/11/19)

総損益	$100,137.50	総利益÷総損失比	1.08
総利益	$1,284,787.50	総損失	($1,184,650.00)
総トレード数	1,226	勝率	52.28%
勝ちトレード数	641	負けトレード数	583
引き分けトレード数	2		
1トレード当たりの平均利益	$81.68	平均利益÷平均損失比	0.99
勝ちトレードの平均利益	$2,004.35	負けトレードの平均損失	($2,031.99)
勝ちトレードの最大利益	$16,500.00	負けトレードの最大損失	($10,125.00)
最大連勝トレード数	9	最大連敗トレード数	7
勝ちトレードの平均日数	1.00	負けトレードの平均日数	1.00
全トレードの平均日数	1.00		
最大建玉枚数	1	口座に最低限必要な金額	$65,625.00
当初資金利益率	100.14%	年利益率	14.20%
リターン・リトレイスメント・レシオ	0.32	RINAインデックス	0.00
トレード期間	4年10カ月19日	トレード率	0.00%
最大資産額	$138,575.00		
最大ドローダウン(未実現損益を含む)	($69,625.00)	最大ドローダウン(実現ベース)	($65,625.00)

出所＝トレードステーション・テクノロジーズ

く、さらに短い2日の期間であれば、その傾向が長続きしないのは当然だろう。

表7.2　2日間移動平均と5日間移動平均に基づいてナスダックを逆張りするトレード（2001/1/2～2005/11/19）

総損益	$27,150.00	総利益÷総損失比	1.02
総利益	$1,207,800.00	総損失	($1,180,650.00)
総トレード数	1,225	勝率	49.47%
勝ちトレード数	606	負けトレード数	605
引き分けトレード数	14		
1トレード当たりの平均利益	$22.16	平均利益÷平均損失比	1.02
勝ちトレードの平均利益	$1,993.07	負けトレードの平均損失	($1,951.49)
勝ちトレードの最大利益	$41,450.00	負けトレードの最大損失	($21,250.00)
最大連勝トレード数	9	最大連敗トレード数	13
勝ちトレードの平均日数	1.00	負けトレードの平均日数	1.00
全トレードの平均日数	1.00		
最大建玉枚数	1	口座に最低限必要な金額	$129,900.00
当初資金利益率	27.15%	年利益率	4.91%
リターン・リトレイスメント・レシオ	0.09	RINAインデックス	0.00
トレード期間	4年10カ月19日	トレード率	0.00%
最大資産額	$127,400.00		
最大ドローダウン（未実現損益を含む）	($136,150.00)	最大ドローダウン（実現ベース）	($129,900.00)

出所＝トレードステーション・テクノロジーズ

表7.3　2日間移動平均と5日間移動平均に基づいて逆張りするトレード（2001/1/2～2005/11/19）

	損益	トレード回数	勝率(%)	1トレード当たりの損益	最大ドローダウン	NP/WD
ラッセル	$59,100	1,226	50.49%	$48.21	$65,450	90.3
Tボンド	$48,531	1,219	51.03%	$39.81	$19,344	250.9
10年債	$33,234	1,220	51.23%	$39.81	$19,344	171.8
5年債	$20,813	1,221	49.96%	$17.05	$4,500	462.5
日本円	$8,825	1,221	48.65%	$7.23	$16,775	52.6
ユーロ	$33,213	1,220	51.72%	$27.22	$19,588	169.6
スイスフラン	$19,188	1,217	50.29%	$15.77	$13,325	144.0

表7.4 過去2日間連続して安く(高く)引けたときにS&P500を逆張りするトレード(2001/1/2～2005/11/19)

総損益	$49,400.00	総利益÷総損失比	1.09
総利益	$579,900.00	総損失	($530,500.00)
総トレード数	568	勝率	51.76%
勝ちトレード数	294	負けトレード数	273
引き分けトレード数	1		
1トレード当たりの平均利益	$86.97	平均利益÷平均損失比	1.02
勝ちトレードの平均利益	$1,972.45	負けトレードの平均損失	($1,943.22)
勝ちトレードの最大利益	$16,500.00	負けトレードの最大損失	($10,350.00)
最大連勝トレード数	7	最大連敗トレード数	9
勝ちトレードの平均日数	1.00	負けトレードの平均日数	1.00
全トレードの平均日数	1.00		
最大建玉枚数	1	口座に最低限必要な金額	$51,225.00
当初資金利益率	49.40%	年利益率	8.21%
リターン・リトレイスメント・レシオ	0.30	RINAインデックス	0.00
トレード期間	4年10カ月19日	トレード率	0.00%
最大資産額	$90,225.00		
最大ドローダウン(未実現損益を含む)	($53,150.00)	最大ドローダウン(実現ベース)	($51,225.00)

出所=トレードステーション・テクノロジーズ

表7.5 過去2日間連続して安く(高く)引けたときに逆張りするトレード(2001/1/2～2005/11/19)

	損益	トレード回数	勝率(%)	1トレード当たりの損益	最大ドローダウン	NP/WD
ナスダック	$63,800	587	49.23%	$108.69	$36,450	175.0
ラッセル	$47,450	598	50.50%	$79.35	$83,325	57.0
Tボンド	$3,031	601	48.92%	$5.04	$13,875	21.9
10年債	$2,344	616	51.62%	$3.80	$9,063	25.9
5年債	$2,172	584	49.66%	$3.72	$4,516	48.1
日本円	$8,700	584	48.46%	$14.90	$5,338	163.0
ユーロ	$18,875	571	52.54%	$33.06	$10,825	174.4
スイスフラン	$6,038	554	51.44%	$10.90	$10,175	59.3

第8章
Fifty-Day Order of Extreme Highest/Lowest Closes

過去50日間の最安値(最高値)日のあとの逆張りトレード

　一般に過去n日間の最安値(最高値)日のあとの逆張りトレードからは利益のチャンスが生まれる。表8.1はこの逆張りトレードによるn日間別のS&P500のパフォーマンスを比較したもので、過去5日間のパフォーマンスが最も高い。しかし、多くのマーケットでは50日間が最適の数値であり、表8.2は「過去50日間の最安値(最高値)日の翌日に買い(売り)、大引けで手仕舞う」というトレーディングルールによるその他の銘柄のパフォーマンス結果である。

第8章 過去50日間の最安値（最高値）日のあとの逆張りトレード

表8.1　過去n日間の最安値（最高値）日のあとにS&P500を逆張りトレード（2001/1/2～2005/10/19）

n日間	損益	トレード回数	勝率（％）	1トレード当たりの損益	最大ドローダウン	NP/WD
5	$130,388	1,228	52	$106.18	$58,025	224.7
10	$112,863	1,228	20	$91.91	$72,350	156.0
15	($12,238)	1,228	20	($9.97)	$111,963	NA
20	$11,613	1,228	49	$10.11	$73,838	15.7
25	$12,413	1,228	49	$10.11	$82,563	15.0
30	$49,013	1,228	49	$39.91	$88,463	55.4
35	$27,763	1,228	50	$22.61	$81,413	34.1
40	$87,113	1,228	51	$70.94	$65,675	132.6
45	$117,813	1,228	52	$95.94	$58,450	201.6
50	$93,113	1,228	52	$75.82	$58,450	159.3

表8.2　過去50日間の最安値（最高値）日のあとに逆張りトレード（2001/1/2～2005/10/19）

	損益	トレード回数	勝率（％）	1トレード当たりの損益	最大ドローダウン	NP/WD
ナスダック	($35,550)	1,226	48.78%	($29.00)	$128,600	NA
ラッセル	$154,700	1,226	49.84%	$126.18	$66,500	232.6
Tボンド	$23,187	1,220	48.85%	$19.01	$14,688	157.9
10年債	$10,469	1,221	48.40%	$8.57	$13,063	80.1
5年債	$7,813	1,223	48.98%	$6.39	$9,625	81.2
日本円	$23,113	1,221	50.45%	$18.93	$9,825	235.2
ユーロ	($3,450)	1,220	49.51%	($2.83)	$27,313	NA
スイスフラン	($1113)	1,222	48.94%	($0.91)	$23,763	NA

第9章
Combining the First Three Basic Indicators

3つのルールの統合

 ここでこれまで検証してきた3つのルールと、それらを統合したパフォーマンスを比較してみよう。これまでに検証したのは次の3つのトレーディングルールだった。

1. 終値が40日間移動平均よりも高い（安い）ときは、翌日の寄り付きで買い（売り）、大引けで手仕舞う（買いシグナルは＋1、売りシグナルは－1）。
2. 2日間移動平均が5日間移動平均よりも安い（高い）ときは、翌日の寄り付きで買い（売り）、大引けで手仕舞う（同上）。
3. 過去50日間の終値のうち、最高の日が最安の日よりも前にあれば買い、後ろにあれば売り（同上）。

 この3つの合計値がプラスのときは翌日の寄り付きで買い、マイナスのときは売り、その日の大引けで手仕舞う。この3つのルールの統合と3つの個別ルールのパフォーマンスを比較したのが**表9.1**である。
 理想的には一番下の3つのルールの統合が個別ルールのパフォーマンスを上回っているのが最高であるが、実際の結果は必ずしもそうはなっていない。マーケットによってはひとつのトレードルールの結果が突出し、残りのルールがいわゆる「石のスープ」になっているケー

表9.1 個別ルールと3つのルールの統合によるパフォーマンス比較（2001/1/2～2005/11/19）

	損益	トレード回数	勝率（%）	1トレード当たりの損益	最大ドローダウン	NP/WD
S&P500						
40日移動平均	$53,188	1,228	50.98%	$43.31	$66,000	80.6
2日と5日移動平均	$100,138	1,226	52.28%	$81.68	$65,625	152.6
50日の最安値（最高値）	$53,263	1,228	52.28%	$43.37	$65,925	80.8
3つのルールの統合	**$147,338**	**1,228**	**53.75%**	**$119.98**	**$63,863**	**230.7**
ナスダック						
40日移動平均	$59,850	1,226	50.73%	$48.82	$69,450	86.2
2日と5日移動平均	$27,150	1,225	49.47%	$22.16	$129,900	20.9
50日の最安値（最高値）	($35,550)	1,226	48.78%	($29.00)	$128,600	NA
3つのルールの統合	**$69,550**	**1,226**	**50.08%**	**$56.73**	**$115,500**	**60.2**
ラッセル						
40日移動平均	($50,150)	1,226	50.16%	($40.91)	$131,100	NA
2日と5日移動平均	$39,350	1,226	50.16%	$32.10	$79,450	NA
50日の最安値（最高値）	$154,700	1,226	49.84%	$126.18	$66,500	232.6
3つのルールの統合	**$43,800**	**1,226**	**49.76%**	**$35.73**	**$116,875**	**37.5**
Tボンド						
40日移動平均	$21,938	1,220	52.21%	$17.98	$11,906	184.3
2日と5日移動平均	$48,531	1,219	51.03%	$39.81	$19,344	250.9
50日の最安値（最高値）	$23,188	1,220	48.85%	$19.01	$14,688	157.9
3つのルールの統合	**$60,188**	**1,220**	**51.80%**	**$49.33**	**$15,063**	**399.6**
10年債						
40日移動平均	$24,938	1,220	52.21%	$20.42	$5,578	447.1
2日と5日移動平均	$33,234	1,220	51.23%	$27.24	$6,234	533.1
50日の最安値（最高値）	$10,468	1,221	48.40%	$8.57	$13,063	80.1
3つのルールの統合	**$51,938**	**1,221**	**52.91%**	**$42.54**	**$5,672**	**915.7**
5年債						
40日移動平均	$12,000	1223	51.76%	$9.81	$4,922	243.8
2日と5日移動平均	$20,813	1,221	49.96%	$17.05	$4,500	462.5
50日の最安値（最高値）	$7,812	1,223	48.98%	$6.39	$9,625	81.2
3つのルールの統合	**$34,719**	**1,223**	**52.82%**	**$28.39**	**$3,859**	**899.7**
日本円						
40日移動平均	($5,963)	1220	49.18%	($4.89)	$27,500	NA
2日と5日移動平均	$8,425	1,220	48.61%	$6.91	$16,775	50.2
50日の最安値（最高値）	$23,113	1,221	50.45%	$18.93	$9,825	235.2
3つのルールの統合	**$16,437**	**1,221**	**49.88%**	**$13.46**	**$8,813**	**186.5**

（つづく）

	損益	トレード回数	勝率（％）	1トレード当たりの損益	最大ドローダウン	NP/WD
ユーロ						
40日移動平均	$10,025	1,220	49.10%	$8.22	$13,763	72.8
2日と5日移動平均	$32,850	1,220	51.72%	$26.93	$19,588	167.7
50日の最安値（最高値）	($3,450)	1,220	49.51%	($2.83)	$27,313	NA
3つのルールの統合	**$31,175**	**1,220**	**50.90%**	**$25.55**	**$18,550**	**168.1**
スイスフラン						
40日移動平均	$3,938	1,223	49.30%	$3.22	$13,550	29.1
2日と5日移動平均	$17,513	1,218	50.25%	$14.38	$15,000	116.8
50日の最安値（最高値）	$513	1,223	48.90%	$0.42	$23,763	2.2
3つのルールの統合	**$21,738**	**1,222**	**50.41%**	**$17.79**	**$16,163**	**134.5**

スもある。皆さんは国王の気を引くために奇抜な薬味としてスープのなかに石を入れたコックの話をご存じであろう。統合ルールのパフォーマンスに貢献していない個別ルールとはいわばそのようなものである。

　この表を見ると、S&P500では統合したルールのパフォーマンスが個別ルールのそれを上回っており、こうした傾向はスイスフランや債券にも見られる。ユーロでは3つのルールの統合は2日間と5日間移動平均に基づくトレードルールとほぼ同じ結果となり、その他の銘柄では各ルールによるパフォーマンスはばらばらである。ナスダックでは40日間移動平均に基づく順張りルールがほかの2つのルールよりも高いパフォーマンスを上げているのに対し、ラッセルと日本円では過去50日間の最安値（最高値）日のあとの逆張りルールが好成績を上げている。

　もっとも、個別ルールと統合したルールの純利益を比較するとき、個別ルールの各1枚のトレードに対し、統合したルールでは3種のトレードをひとつにまとめたパフォーマンスであることに注意しなけれ

ばならない。これを逆に言うと、統合したルールのトレードの純利益は３つの個別ルールの合計値であるが、リスクは３分の１であるということである。例えば、日本円のパフォーマンスを見ると、過去50日間の最安値（最高値）日のあとの逆張りルールのパフォーマンスが断トツであるが、これを逆に見るとこのトレードルールのリスクもかなり大きいということになる。こうした点に注意しないと、個別のトレードルールとそれらを統合したパフォーマンスを単純に比較することはできない。例えば、３枚トレードして２万5575ドルの利益を上げたときと、１枚ずつトレードしたときのパフォーマンス（平均利益＝１万6437ドル、最大ドローダウン＝8813ドル）のどちらが良いのかは単純に断定できない。一方、１トレード当たりの利益は総じて統合したルールが個別ルールを上回っているが、ラッセルと日本円は例外的なケースとなった。全体としてルールを統合したほうの利益は個別ルールの利益を上回っているが、最大ドローダウンは小さい。こうした傾向はNP/WDでも同じである。

第10章
Cuing Off Relative Range Sizes

過去ｎ日間の平均レンジに基づくトレード

　マーケットではモメンタムがついた銘柄が狭くなったレンジを突き抜けることは珍しいことではない。狭いレンジの保ち合い圏は価格が上下どちらかの方向にブレイクするロケット発射台のようなもので、こうしたフォーメーションは日足のほか、週足や5分足でもよく見られる。こうしたマーケットの性質を利用したひとつのルールが次のようなものである。

　「1日のレンジが過去ｎ日間の平均レンジよりも小さく、その日が高く（安く）引けたときは、翌日の寄り付きで買い（売り）、大引けで手仕舞う」

　表10.1～表10.2はこうした過去ｎ日間の平均レンジに基づくナスダックとＴボンドのパフォーマンスを示したもので、堅牢なトレーディングシステムの最適値は10日間だった。表10.3は1日のレンジが過去10日間の平均レンジよりも小さいときの各銘柄のパフォーマンス結果である。
　過去ｎ日間の平均レンジを利用したもうひとつのルールは、「1日のレンジが過去ｎ日間の平均レンジよりも大きく、その日が安く（高く）引けたときは、翌日の寄り付きで買い（売り）、大引けで手仕舞う」

第10章　過去ｎ日間の平均レンジに基づくトレード

表10.1　過去ｎ日間の平均レンジに基づくナスダックのトレード（2001/1/2～2005/11/19）

ｎ日間	損益	トレード回数	勝率（％）	1トレード当たりの損益	最大ドローダウン	NP/WD
5	($20,050)	663	48	($30.24)	$115,800	NA
10	$53,850	674	50	$79.90	$88,200	61.1
15	$58,950	683	50	$86.31	$80,700	73.1
20	$11,400	689	49	$16.55	$108,000	10.6
25	$29,000	701	49	$41.37	$86,350	33.6
30	$25,700	703	49	$35.56	$84,650	30.4
35	$26,550	711	49	$37.34	$83,650	31.7
40	$41,600	711	50	$58.51	$69,750	59.6
45	$27,950	723	49	$38.66	$70,150	39.8
50	$46,250	737	49	$62.75	$62,400	74.1

表10.2　過去ｎ日間の平均レンジに基づくＴボンドのトレード（2001/1/2～2005/11/19）

ｎ日間	損益	トレード回数	勝率（％）	1トレード当たりの損益	最大ドローダウン	NP/WD
5	$8,781	654	49	$13.43	$23,250	37.8
10	$17,156	697	50	$24.61	$15,969	107.4
15	$8,844	694	49	$12.74	$19,750	44.8
20	$17,156	694	50	$24.74	$15,875	108.1
25	$17,469	700	50	$24.96	$12,500	139.8
30	$17,375	700	50	$24.82	$12,844	135.3
35	$12,938	705	50	$18.35	$13,594	95.2
40	$20,219	710	50	$28.48	$11,313	178.7
45	$16,969	709	50	$23.93	$10,719	158.3
50	$18,719	710	50	$26.36	$10,250	182.6

表10.3　1日のレンジが過去10日間の平均レンジよりも小さいときの順張りトレード（2001/1/2～2005/11/19）

	損益	トレード回数	勝率（％）	1トレード当たりの損益	最大ドローダウン	NP/WD
S&P500	$53,538	682	51.61%	$78.50	$52,950	101.1
ナスダック	$53,850	674	50.59%	$79.90	$86,600	62.2
ラッセル	($24,975)	658	49.70%	($37.96)	$108,025	NA
Ｔボンド	$17,156	697	50.79%	$24.61	$15,906	108.0
10年債	$3,391	712	47.61%	$4.76	$10,719	31.6
5年債	$2,391	689	48.04%	$3.47	$6,063	39.4
日本円	$5,275	711	51.05%	$7.42	$11,650	45.3
ユーロ	$5,262	707	49.22%	$7.44	$17,738	29.7
スイスフラン	$12,338	716	50.28%	$17.23	$10,513	117.4

表10.4　1日のレンジが過去10日間の平均レンジよりも大きいときの逆張りトレード(2001/1/2～2005/11/19)

	損益	トレード回数	勝率（%）	1トレード当たりの損益	最大ドローダウン	NP/WD
S&P500	$135,025	534	54.31%	$252.86	$35,425	381.2
ナスダック	$34,050	538	51.86%	$63.29	$44,150	77.1
ラッセル	$47,375	561	51.16%	$84.45	$58,300	81.3
Tボンド	$2,938	490	49.59%	$5.99	$11,625	25.3
10年債	($9,485)	490	49.18%	($19.36)	$12,656	NA
5年債	($5,703)	484	49.38%	($11.78)	$11,172	NA
日本円	$12,050	490	49.59%	$24.59	$4,588	262.6
ユーロ	$22,625	498	53.41%	$45.43	$7,913	285.9
スイスフラン	$8,325	489	52.15%	$17.02	$6,488	128.3

表10.5　過去10日間の平均レンジを使った2つのルールの統合によるパフォーマンス結果(2001/1/2～2005/11/19)

	損益	トレード回数	勝率（%）	1トレード当たりの損益	最大ドローダウン	NP/WD
S&P500	$188,563	1,216	52.80%	$155.07	$57,200	329.7
ナスダック	$87,900	1,212	51.16%	$72.52	$107,600	81.7
ラッセル	$22,400	1,219	50.37%	$18.38	$105,275	21.3
Tボンド	$20,094	1,187	50.29%	$16.93	$18,313	109.7
10年債	($6,094)	1,202	48.25%	($5.07)	$15,281	NA
5年債	($3,313)	1,173	48.59%	($2.82)	$11,328	NA
日本円	$17,325	1,201	50.46%	$14.43	$13,200	131.3
ユーロ	$27,888	1,205	50.95%	$23.14	$21,750	128.2
スイスフラン	$20,663	1,205	51.04%	$17.15	$7,363	280.6

というもの。**表10.4**はこのルールに基づく各銘柄のパフォーマンス、**表10.5**は過去10日間の平均レンジを使ったこの2つのルールの統合によるパフォーマンス結果である。

第11章
Fifteen-Day High/Low Averages
過去15日間の高値・安値の平均値に基づくトレード

　表11.1は「終値が過去15日間の(高値＋安値)÷2で表される平均値よりも高い(安い)ときは、翌日の寄り付きで買い(売り)、大引けで手仕舞う」というトレーディングルールのパフォーマンス結果を示したものである。

表11.1　過去15日間の高値・安値の平均値に基づく順張りトレード（2001/1/2～2005/11/19）

	損益	トレード回数	勝率（％）	1トレード当たりの損益	最大ドローダウン	NP/WD
S&P500	$94,588	1,228	49.92%	$77.03	$46,075	205.3
ナスダック	$166,050	1,226	51.63%	$135.44	$42,850	387.5
ラッセル	$15,300	1,226	49.18%	$12.48	$70,775	21.6
Tボンド	$23,250	1,220	52.79%	$19.06	$20,406	113.9
10年債	$13,000	1,221	50.29%	$10.65	$12,016	108.2
5年債	$14,031	1,223	50.70%	$11.47	$5,453	257.3
日本円	$5,413	1,221	51.02%	$4.43	$12,813	42.3
ユーロ	($22,675)	1,220	48.61%	($18.59)	$33,300	NA
スイスフラン	($14,350)	1,222	48.45%	($11.74)	$17,138	NA

第12章
Combining All Five Indicators

5つのルールの統合

　ここではこれまで検証してきた5つのルールを統合したパフォーマンスを比較してみよう。上の段がシグナルが3つの場合で、下の段がシグナルが5つの場合だ。それを示した**表12.1**を見ると、9銘柄の純利益の合計は3つのシグナルのものが53万3239ドルで、5つのシグナルの場合の47万6883ドルをわずかに上回っている。そのなかで5つのシグナルの場合の純利益が3つのシグナルの場合の利益を大きく上回っている数少ない銘柄のひとつがS&P500で、その1トレード当たり利益も169ドルとスリッページ＋売買手数料（約100ドル）を十分にカバーしている。

　一方、**表12.2**は、5つの単純な累計と、5つのルールのうちの4つのルールで売買シグナルが点灯したときにトレードしたパフォーマンスを比較したものであるが、5つのルールのうち4つのルールの売買シグナルが一致することは少なかったことから、そのトレード数は大きく減少した（それでも9銘柄の総トレード数は2000回を超えているので、この統合ルールの結果はかなり信頼できるだろう）。この表を見ると、4つシグナルによるNP/WDは5つのルールによるNP/WDをかなり上回っており、またＴボンドの純利益（3万8438ドル）は最大ドローダウン（4063ドル）を考慮するとかなり立派なものである（5つのルールの統合した純利益は5万2125ドル、最大ドローダウ

表12.1　5つのルールの統合によるパフォーマンス比較(2001/1/2〜2005/11/19)

	損益	トレード回数	勝率(%)	1トレード当たりの損益	最大ドローダウン	NP/WD
S&P500						
3シグナル	$147,338	1,228	53.75%	$119.98	$63,863	230.7
5シグナル	$207,938	1,228	53.34%	$169.33	$43,525	477.7
ナスダック						
3シグナル	$69,550	1,226	50.08%	$56.73	$115,500	60.2
5シグナル	$110,750	1,226	51.88%	$90.33	$104,550	105.9
ラッセル						
3シグナル	$43,800	1,226	49.76%	$35.73	$116,875	37.5
5シグナル	$35,400	1,226	50.24%	$28.87	$123,025	28.8
Tボンド						
3シグナル	$60,188	1,220	51.80%	$49.33	$15,063	399.6
5シグナル	$52,125	1,220	52.13%	$42.73	$14,156	368.2
10年債						
3シグナル	$51,938	1,221	52.91%	$42.54	$5,672	915.7
5シグナル	$36,875	1,221	51.92%	$30.20	$10,500	351.2
5年債						
3シグナル	$34,719	1,223	52.82%	$28.39	$3,859	899.7
5シグナル	$31,000	1,223	52.49%	$25.35	$4,844	640.0
日本円						
3シグナル	$16,437	1,221	49.88%	$13.46	$8,813	186.5
5シグナル	$10,238	1,221	50.45%	$8.38	$7,275	140.7
ユーロ						
3シグナル	$31,175	1,220	50.90%	$25.55	$18,550	168.1
5シグナル	$31,875	1,220	51.72%	$26.13	$17,875	178.3
スイスフラン						
3シグナル	$21,738	1,222	50.41%	$17.79	$16,163	134.5
5シグナル	$17,038	1,223	50.70%	$13.93	$14,425	118.1

ンは1万4156ドル)。9銘柄のうち6銘柄で4つのシグナルが一致したNP/WDが5つのルールを統合したNP/WDを大きく上回り、特に3つの銘柄ではNP/WDが500％を超えている（これは5年間で当初資金が5倍以上になることを意味する）。また、勝率を見てもほとんどの銘柄で4つのシグナルの場合のほうが5つのシグナルが一致した場合よりも高くなっている。

表12.2　5つのルールの単純累計と4つのシグナルによるパフォーマンス比較(2001/1/2～2005/11/19)

	損益	トレード回数	勝率 (%)	1トレード当たりの損益	最大ドローダウン	NP/WD
S&P500						
単純累計	$207,938	1,228	53.34%	$169.33	$43,525	477.7
4シグナル	$135,213	288	60.07%	$469.49	$19,175	705.2
ナスダック						
単純累計	$110,750	1,226	51.88%	$90.33	$104,550	105.9
4シグナル	$102,350	255	54.12%	$401.37	$31,150	328.6
ラッセル						
単純累計	$35,400	1,226	50.24%	$28.87	$123,025	28.8
4シグナル	$57,050	263	52.09%	$216.92	$24,975	228.4
Tボンド						
単純累計	$52,125	1,220	52.13%	$42.73	$14,156	368.2
4シグナル	$38,438	308	59.09%	$124.80	$4,063	946.0
10年債						
単純累計	$36,875	1,221	51.92%	$30.20	$10,500	351.2
4シグナル	$18,281	275	54.18%	$66.48	$2,906	629.1
5年債						
単純累計	$31,000	1,223	52.49%	$25.35	$4,844	640.0
4シグナル	$9,688	274	56.57%	$35.36	$2,517	384.9
日本円						
単純累計	$10,238	1,221	50.45%	$8.38	$7,275	140.7
4シグナル	$12,925	261	55.17%	$49.52	$3,638	355.3
ユーロ						
単純累計	$31,875	1,220	51.72%	$26.13	$17,875	178.3
4シグナル	$10,825	301	50.83%	$35.96	$7,375	146.8
スイスフラン						
単純累計	$17,038	1,223	50.70%	$13.93	$14,425	118.1
4シグナル	$6,325	265	50.94%	$23.87	$6,713	94.2

　ウォーレン・バフェットの言葉を借りれば、勝ちトレード数や1トレード当たり平均利益の多寡はそれほど重要ではなく、問題は総利益が総損失をどれだけ上回っているかである。私はトレード期間の3分の1で利益が損失を何百％も上回るトレーディングシステムを持っており、また負けトレード数が勝ちトレード数よりも多いが、平均損益レシオが70％を超えるトレーディングツールも知っている。バフェッ

トの言うように、大切なことは総利益が総損失をどれだけ上回るかであり、この数字が大きくなればおのずとその他の数字も良くなるものである。例えば、ナスダックの純利益と最大ドローダウンを見ると、純利益のわずかな落ち込みに比べて、最大ドローダウンは大きく減少している（５つのルールの単純累計の最大ドローダウンは10万4550ドル、４つのシグナルが一致では３万1150ドル）。

　一方、１トレード当たりの利益を見るとそのトレーディングシステムがどれほど取引コストをカバーしているのかが一目で分かり、９銘柄のうち４銘柄で同利益が取引コスト（スリッページ＋売買手数料＝約100ドル）を超えている。例えば、取引コストを控除した１トレード当たりの利益はS&P500が369ドル、ナスダック301ドル、ラッセル116ドルとなっている。こうした数字を総合すると、５つのルールのうち４つのルールの売買シグナルが点灯したときに従うルールのほうはメカニカルなトレーディングシステムとして十分に使えるようだ。

第13章
Other Combinations of the Five Basic Indicators

５つのルールのいろいろな組み合わせ

　この章では既述した５つのデイトレードルールをいろいろと組み替えて、それらのパフォーマンスを比較してみよう。そのうちの有効なルールをトレーディングシステムに取り入れれば、さらに強力なトレーディングツールが開発できるだろう。これまでに検証した５つのデイトレードルールとは次のようなものだった。

1．終値が40日間移動平均よりも高い（安い）ときは、翌日の寄り付きで買い（売り）、大引けで手仕舞う。
2．２日間移動平均が５日間移動平均よりも安い（高い）ときは、翌日の寄り付きで買い（売り）、大引けで手仕舞う。
3．過去50日間の最安値（最高値）日の翌日に買い（売り）、大引けで手仕舞う。
4．１日のレンジが過去10日間の平均レンジよりも小さく、その日が高く（安く）引けたときは、翌日の寄り付きで買い（売り）、大引けで手仕舞う。または、１日のレンジが過去10日間の平均レンジよりも大きく、その日が安く（高く）引けたときは、翌日の寄り付きで買い（売り）、大引けで手仕舞う。
5．終値が過去15日間の（高値＋安値）÷２で表される平均値よりも高い（安い）ときは、翌日の寄り付きで買い（売り）、大引けで

手仕舞う。

　この５つのデイトレードルールのうち３つのルールをいろいろと組み替え、それぞれのパフォーマンスを比較したのが**表13.1**である（123、124、134、145、234、245、345……という数字は、組み合わせた各トレーディングルールの番号を表している）。それを見ると、計10の組み替えルールのNP/WDは集合の中央値からそれほど離れておらず、大きな外れ値（通常の分布から大きく外れた値）はかなり少ない。これは純利益や最大ドローダウンについても言えることで、９銘柄のうち５銘柄では純損益がすべてプラスになっている。こうした結果を見ると、これらの組み替えルールの多くは石のスープではなく、料理の味を引き立てる薬味として使えるだろう。

表13.1 5つのルールのうち3つのルールを採用したときのパフォーマンス比較(2001/1/2～2005/11/19)

	損益	トレード回数	勝率(%)	1トレード当たりの損益	最大ドローダウン	NP/WD
S&P500						
123	$147,338	1,228	53.75%	$119.98	$63,863	230.7
124	$143,988	1,228	52.77%	$117.25	$80,500	178.9
125	$83,588	1,228	51.22%	$68.07	$47,125	177.4
134	$241,838	1,228	54.40%	$196.94	$41,100	588.4
135	$96,288	1,228	50.57%	$78.41	$42,225	228.0
145	$154,637	1,228	51.55%	$125.93	$42,075	367.5
234	$221,688	1,228	54.07%	$180.53	$37,587	589.8
235	$185,438	1,228	53.26%	$151.01	$61,188	303.1
245	$205,838	1,228	52.77%	$167.62	$47,625	432.2
345	$162,388	1,228	52.93%	$133.24	$62,050	261.7
ナスダック						
123	$69,550	1,226	50.08%	$56.73	$115,500	60.2
124	$89,550	1,226	51.14%	$73.04	$129,200	69.3
125	$74,650	1,226	51.06%	$60.89	$72,250	103.3
134	$101,450	1,226	52.28%	$82.75	$101,050	100.4
135	$112,750	1,226	50.98%	$91.97	$43,850	257.1
145	$122,150	1,226	51.22%	$99.63	$65,250	187.2
234	$38,850	1,226	48.78%	$31.69	$140,050	27.7
235	$122,650	1,226	50.16%	$100.01	$71,700	171.1
245	$127,450	1,226	50.98%	$103.96	$116,150	109.7
345	$198,050	1,226	53.02%	$161.54	$83,950	235.9
ラッセル						
123	$36,400	1,226	49.59%	$29.69	$116,875	31.1
124	($32,950)	1,226	50.33%	($26.88)	$143,700	NA
125	$10,100	1,226	50.24%	$8.24	$105,100	9.6
134	$141,850	1,226	51.63%	$115.70	$95,675	148.3
135	$28,450	1,226	49.43%	$23.21	$70,775	40.2
145	($6,750)	1,226	50.08%	($5.51)	$92,425	NA
234	$86,800	1,226	50.24%	$70.80	$91,775	94.6
235	$71,450	1,226	48.78%	$58.28	$75,625	94.5
245	($14,500)	1,226	50.00%	($11.83)	$109,775	NA
345	$163,050	1,226	50.65%	$132.99	$76,275	213.8
Tボンド						
123	$60,188	1,220	51.80%	$49.33	$15,063	399.6
124	$48,313	1,220	51.97%	$39.60	$15,844	304.9
125	$31,188	1,220	52.70%	$25.56	$10,156	307.1
134	$37,250	1,220	51.31%	$30.53	$23,781	156.6
135	$34,250	1,220	52.70%	$28.07	$19,219	178.2
145	$27,688	1,220	52.30%	$22.69	$13,156	210.5
234	$38,250	1,220	50.49%	$31.35	$18,375	208.2

第13章　5つのルールのいろいろな組み合わせ

	損益	トレード回数	勝率（%）	1トレード当たりの損益	最大ドローダウン	NP/WD
235	$68,250	1,220	52.13%	$55.95	$15,656	435.9
245	$45,938	1,220	52.05%	$37.65	$11,719	392.0
345	$47,813	1,220	51.89%	$39.19	$13,969	342.3
10年債						
123	$51,938	1,221	52.91%	$42.54	$5,672	915.7
124	$23,813	1,221	51.02%	$19.50	$8,797	270.7
125	$29,656	1,221	52.25%	$24.29	$8,453	350.8
134	$16,781	1,221	50.70%	$12.74	$11,375	147.5
135	$19,375	1,221	50.61%	$15.87	$8,266	234.4
145	$26,125	1,221	52.01%	$21.40	$8,000	326.6
234	$17,281	1,221	49.14%	$14.15	$10,328	167.3
235	$43,094	1,221	51.27%	$35.29	$7,797	552.7
245	$26,031	1,221	50.45%	$21.32	$7,156	363.8
345	$3,094	1,221	48.81%	$2.53	$15,063	20.5
5年債						
123	$34,719	1,223	52.82%	$28.39	$3,859	899.7
124	$14,187	1,223	50.86%	$11.60	$7,734	183.4
125	$18,688	1,223	51.59%	$15.28	$5,640	331.3
134	$17,875	1,223	51.84%	$14.62	$4,641	385.2
135	$13,156	1,223	50.45%	$10.76	$5,563	236.5
145	$16,063	1,223	51.68%	$13.13	$5,141	312.4
234	$4,156	1,223	48.90%	$3.40	$9,094	45.7
235	$30,188	1,223	52.17%	$24.68	$2,797	1,079.0
245	$17,938	1,223	50.45%	$14.67	$6,578	272.7
345	$15,156	1,223	50.45%	$12.39	$6,391	237.1
日本円						
123	$16,437	1,221	49.88%	$13.46	$8,813	186.5
124	($588)	1,221	48.24%	($0.48)	$13,100	NA
125	($6,213)	1,221	49.30%	($5.09)	$21,525	NA
134	$11,663	1,221	50.29%	$9.55	$12,275	95.0
135	$13,338	1,221	51.27%	$10.96	$10,025	133.0
145	$4,512	1,221	50.86%	$3.70	$16,488	27.4
234	$34,537	1,221	51.60%	$28.29	$9,850	350.6
235	$22,988	1,221	51.52%	$18.83	$12,338	186.3
245	$10,038	1,221	49.96%	$8.22	$15,225	65.9
345	$11,738	1,221	50.37%	$9.61	$10,188	115.2
ユーロ						
123	$31,175	1,220	50.90%	$25.55	$18,550	168.1
124	$46,000	1,220	51.97%	$37.70	$12,375	371.7
125	$21,750	1,220	50.82%	$17.83	$17,963	121.1

(つづく)

	損益	トレード回数	勝率（%）	1トレード当たりの損益	最大ドローダウン	NP/WD
134	$32,525	1,220	50.98%	$26.66	$29,738	109.4
135	($15,375)	1,220	49.18%	($12.60)	$24,925	NA
145	$4,775	1,220	49.59%	$3.91	$16,713	28.6
234	$27,450	1,220	50.74%	$22.50	$26,050	105.4
235	($4,100)	1,220	49.59%	($3.36)	$28,163	NA
245	$36,725	1,220	52.05%	$30.10	$11,863	309.6
345	$11,525	1,220	50.57%	$9.45	$24,588	46.9
スイスフラン						
123	$26,013	1,223	50.45%	$21.27	$12,975	200.5
124	$33,788	1,223	50.86%	$27.63	$8,713	387.8
125	$63	1,223	49.22%	$0.05	$12,613	0.5
134	$13,588	1,223	51.10%	$11.11	$15,125	89.8
135	($10,513)	1,223	48.90%	($8.60)	$14,650	NA
145	($5,688)	1,223	49.22%	($4.65)	$13,088	NA
234	$12,713	1,223	49.98%	$10.39	$18,638	68.2
235	$11,487	1,223	49.96%	$9.39	$17,350	66.2
245	$20,438	1,223	50.38%	$16.71	$11,488	177.9
345	$4,213	1,223	50.12%	$3.44	$21,338	19.7

第14章
Two More Open-to-Close Biases

前日と過去2日間の陰陽線に基づく逆張りトレード

　最近では陽線の次に陰線、陰線の翌日に陽線が現れるという毎日クルクルと変わる相場もそれほど珍しいものではなくなった。これはトレーダーの心理が毎日大きく変化していることを反映しており、いろいろなプレーヤーが続々とマーケットに参入してきたこともその一因である。こうした最近のマーケットの特徴を利用したのが、「前日が陰線（陽線）のときは、翌日の寄り付きで買い（売り）、大引けで手仕舞う」というトレーディングルールである（**表14.1**を参照）。

　一方、1日という時間枠を2日に広げ、「過去2日間が連続して陰線（陽線）のときは、翌日の寄り付きで買い（売り）、大引けで手仕舞う」というトレーディングルールのパフォーマンスを示したのが**表14.2**である。この2つの表を見ると、前日の陰陽線に基づく逆張りトレードでは純損益がプラスになっているのは9銘柄のうち5銘柄にすぎないが、過去2日間の陰陽線による逆張りトレードではすべての銘柄で純利益が確保され、NP/WDも高い数値を示している。ほとんどのトレーディングシステムではマーケットの比較的長期のモメンタムをとらえようとしているが、短期のバイアスにも利益のチャンスは存在する。そうしたマーケットの短期バイアスは主にトレーダーたちの心理によって作り出されるものである。

表14.1 前日の陰陽線に基づく逆張りトレード
(2001/1/2〜2005/11/19)

	損益	トレード回数	勝率（%）	1トレード当たりの損益	最大ドローダウン	NP/WD
S&P500	$158,338	1,226	53.26%	$129.15	$58,350	271.4
ナスダック	$147,950	1,212	50.91%	$122.07	$52,450	282.1
ラッセル	$85,125	1,215	50.45%	$70.06	$82,650	103.0
Tボンド	($22,406)	1,206	48.18%	($18.58)	$40,938	NA
10年債	($12,297)	1,201	49.96%	($10.24)	$26,094	NA
5年債	($4,688)	1,187	49.37%	($3.95)	$10,828	NA
日本円	$1,975	1,196	47.32%	$1.65	$9,625	20.5
ユーロ	$88	1,210	51.40%	$0.07	$20,863	0.4
スイスフラン	($18,275)	1,202	49.25%	($15.20)	$24,175	NA

表14.2 過去2日間の陰陽線に基づく逆張りトレード
(2001/1/2〜2005/11/19)

	損益	トレード回数	勝率（%）	1トレード当たりの損益	最大ドローダウン	NP/WD
S&P500	$142,725	570	55.96%	$250.39	$31,025	460.0
ナスダック	$198,850	581	52.50%	$342.25	$33,350	596.3
ラッセル	$74,925	590	50.85%	$126.99	$59,900	125.1
Tボンド	$2,562	611	48.45%	$4.19	$14,031	18.3
10年債	$9,219	581	52.67%	$15.87	$7,219	127.7
5年債	$10,219	565	50.09%	$18.09	$3,547	288.1
日本円	$8,238	605	49.26%	$13.62	$7,438	110.8
ユーロ	$14,613	577	52.69%	$25.32	$6,613	221.0
スイスフラン	$2,113	591	51.61%	$3.57	$7,238	29.2

第15章
Cups and Caps

カップとキャップ

　ここで紹介するルールはよく知られているカップ（Cup）とキャップ（Cap）で、そのビジュアルなイメージからこう呼ばれている。カップは買い、キャップは売りのルールであり、いずれも3本の足で形成されている（これは日足や5分足など、あらゆる時間枠のチャートでも同じ）。真ん中の足がザラ場や終値で見て、最安値や最高値となっており、カップではこの足の最安値は直近3本の足の安値よりも安く、キャップではこの足の最高値が直近3本の足の高値よりも高くなければならない。**図15.1**は「カップが形成された翌日の寄り付きで買い（または、キャップが形成された翌日の寄り付きで売り）、大引けで手仕舞う」というトレーディングルールの一例を示したものである。

　このトレーディングルールのほかにあまり知られていないが、「カップ（キャップ）の3本目の足の終値で買い（売り）、翌日の寄り付きで手仕舞う」というトレード手法もある。これはカップ（キャップ）の翌日は高く（安く）始まる可能性が高いというバイアスを利用したトレードで、**図15.2**はその具体例を示したものである。また、**表15.2**はこのトレード手法によるいろいろな銘柄のパフォーマンス結果を示したもので、全体としてまずまずの数字になっているが、一部の農産物やエキゾチック商品（ココア、砂糖など）の利益はあまり

図15.1 カップとキャップによるTボンドトレードの例(日足)

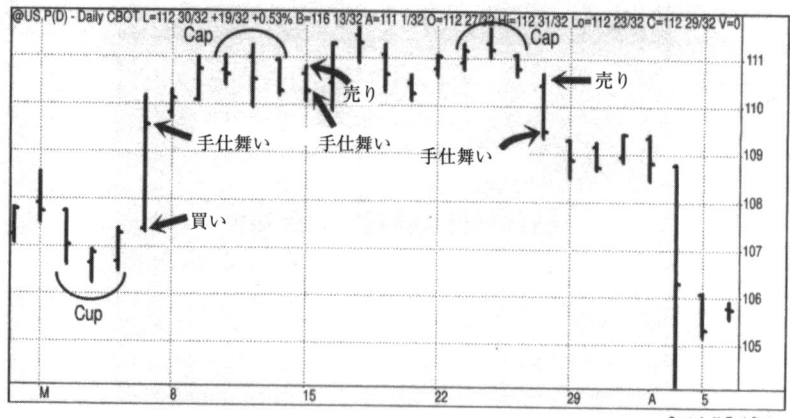

出所＝トレードステーション・テクノロジーズ

**表15.1 カップとキャップによるトレードのパフォーマンス結果
(2001/1/2～2005/11/19)**

	損益	トレード回数	勝率（％）	1トレード当たりの損益	最大ドローダウン	NP/WD
S&P500	($3,000)	183	51.37%	($16.39)	$30,425	NA
ナスダック	$24,650	165	52.12%	$149.39	$36,150	68.2
ラッセル	($15,250)	174	51.15%	($87.64)	$31,050	NA
Tボンド	$4,125	159	50.94%	$25.94	$9,594	43.0
10年債	$5,766	169	52.66%	$34.12	$5,797	99.5
5年債	$8,375	172	53.49%	$48.69	$2,438	343.5
日本円	($1,163)	263	46.01%	($4.42)	$10,263	NA
ユーロ	$5,900	256	46.09%	$23.05	$11,625	50.8
スイスフラン	$10,325	279	50.54%	$37.01	$5,250	196.7

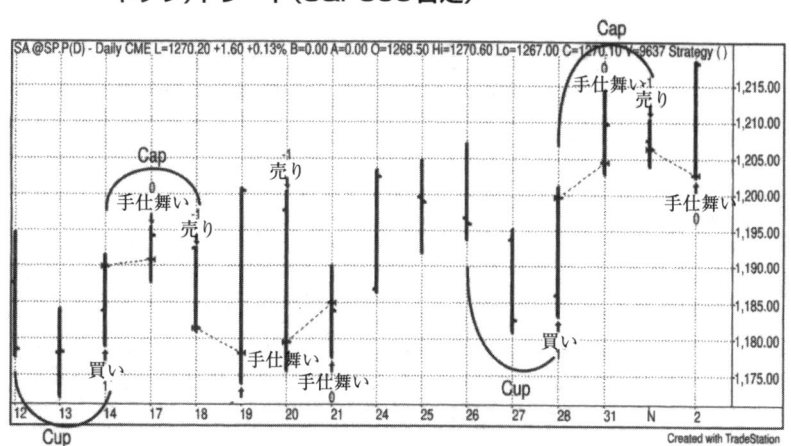

図15.2　3本目の足の終値で仕掛け、翌日の寄り付きで手仕舞うカップ(キャップ)トレード(S&P500日足)

出所＝トレードステーション・テクノロジーズ

高くはない。問題は1トレード当たりの利益がどの銘柄でも取引コスト（100ドル）を超えていないことである。さらにカップ（キャップ）の3本目の足の終値で仕掛けても、翌日に必ずしも高く（安く）寄り付くわけでもないこともこのトレード手法の弱みである。

　こうした弱点をカバーするひとつの方法が、機械的に翌日（または次の足）の寄り付きで手仕舞う代わりに、買いのときは、①カップを構成する3本の足の最高値＋3日間の平均レンジの4分の1の水準を利益目標とする、②3本の足の最安値の1ティック下に損切り注文を置く、③いずれの価格にもヒットしないときは3日目の寄り付きで手仕舞う――というフィルターを加えたトレード手法である（売りのときは、①キャップを構成する3本の足の最安値－3日間の平均レンジの4分の1の水準を利益目標とする、②3本の足の最高値の1ティック上に損切り注文を置く、③いずれの価格にもヒットしないときは3日目の寄り付きで手仕舞う）。**表15.3**はこのトレード手法による各銘

表15.2　3本目の足の終値で仕掛け、翌日の寄り付きで手仕舞うカップ（キャップ）トレードのパフォーマンス結果（2005/11/19までの20年間）

	損益	トレード回数	勝率（%）	1トレード当たりの損益	最大ドローダウン	NP/WD
S&P500	$35,587	708	53.39%	$50.26	$35,825	99.3
ナスダック	$18,835	294	52.72%	$64.06	$40,985	46.0
ラッセル	$26,850	425	47.29%	$63.18	$22,725	118.2
ダウ平均	$1,210	280	45.36%	$4.32	$7,230	16.7
Tボンド	$27,250	673	53.64%	$40.49	$5,313	512.9
10年債	$17,563	678	53.98%	$25.90	$3,359	522.9
5年債	$16,203	601	57.90%	$26.96	$1,266	1,280.0
30日フェデラルファンド	$3,917	262	46.56%	$14.95	$1,250	313.4
日本円	$15,763	1,027	50.63%	$15.35	$12,538	125.7
ユーロ	($3,113)	338	49.41%	($9.21)	$11,663	NA
スイスフラン	$19,163	1,002	51.30%	$19.12	$11,450	167.4
英ポンド	$41,369	982	52.14%	$42.13	$8,175	506.0
カナダドル	$17,250	875	56.34%	$19.71	$2,410	715.8
金	$12,200	889	54.11%	$13.72	$2,900	420.7
銀	$24,030	787	51.97%	$30.53	$3,390	708.8
銅	$10,320	758	51.45%	$13.61	$8,075	127.8
プラチナ	$30,100	857	54.84%	$35.12	$4,210	715.0
原油	$29,510	683	56.66%	$43.21	$4,890	603.5
灯油	$3,482	753	53.65%	$4.62	$24,234	14.4
ガソリン	$29,510	683	56.66%	$43.21	$4,890	603.5
大豆	$10,350	719	47.98%	$14.39	$8,625	120.0
小麦	$10,031	618	55.99%	$16.23	$2,563	391.4
トウモロコシ	$9,375	629	55.33%	$14.90	$1,400	669.6
オート麦	$14,356	598	58.53%	$24.01	$938	1,530.0
大豆油	$6,510	697	53.08%	$9.34	$1,752	371.6
大豆粕	$320	668	46.71%	$0.48	$9,390	3.4
生牛	$9,480	675	53.04%	$14.04	$1,160	817.2
飼育牛	$18,465	658	56.99%	$28.06	$1,338	1,380.0
生豚	$9,146	724	53.73%	$12.63	$6,762	135.3
ポークベリー	$36,840	694	54.18%	$53.08	$4,290	858.7
コーヒー	$37,463	680	55.74%	$55.09	$11,531	324.9
ココア	$9,090	805	53.29%	$11.29	$3,260	278.8
綿花	$27,945	728	53.43%	$38.39	$2,750	1,016.0
砂糖	$12,645	648	55.09%	$19.51	$1,456	868.5
オレンジジュース	$12,187	692	52.17%	$17.61	$2,565	475.1
玄米	$12,400	567	48.85%	$21.87	$1,020	1,216.0

表15.3 利益目標と損切り注文を置いたカップ(キャップ)トレードのパフォーマンス結果(2001/1/2〜2005/11/19)

	損益	トレード回数	勝率(%)	1トレード当たりの損益	最大ドローダウン	NP/WD
S&P500	$43,413	183	55.19%	$237.23	$19,675	220.7
ナスダック	$15,150	165	50.30%	$91.82	$41,250	36.7
ラッセル	$11,075	174	57.47%	$63.65	$27,275	40.6
Tボンド	$5,406	159	55.97%	$34.00	$7,938	68.1
10年債	$3,640	169	54.44%	$21.54	$5,359	67.9
5年債	$7,140	172	56.98%	$41.52	$3,031	235.6
日本円	($17,900)	263	47.53%	($68.06)	$19,238	NA
ユーロ	$400	256	48.83%	$1.56	$13,725	2.9
スイスフラン	$5,650	279	50.90%	$20.25	$11,038	51.2

柄のパフォーマンスであり、勝率はそれほど悪くはない。しかし、1トレード当たりの利益を見ると取引コスト(100ドル)を大きく超えているのはS&P500だけで、それにわずかに及ばなかったナスダックを除いて全体としてあまりパッとせず、日本円に至ってはかなり大きな損失となっている。

一方、**表15.4〜表15.6**はカップとキャップを利用した過去10年間の3銘柄(S&P500、ナスダック、ラッセル)のパフォーマンス推移、**表15.7**は10年間のパフォーマンス結果である。それを見ると、S&P500とナスダックでは1トレード当たりの利益がかなり大きくなっているが、この期間中には株式バブルとその崩壊(1998〜2001年)が含まれていることに注意すべきである。

表15.4 カップ(キャップ)トレードによるS&P500のパフォーマンス推移(1996〜2005年)

	損益	年間成績(%)	総利益÷総損失比	トレード回数	勝率(%)
1996	($1,150)	-1.15%	0.92	29	41.38%
1997	$20,913	21.16%	1.84	30	50.00%
1998	$25,275	21.10%	1.79	37	56.76%
1999	$18,850	13.00%	1.37	36	55.56%
2000	$16,875	10.30%	1.26	42	57.14%
2001	$34,213	18.93%	2.21	31	58.06%
2002	($6,675)	-3.11%	0.88	39	53.85%
2003	$26,425	12.69%	2.48	29	68.97%
2004	($11,650)	-4.96%	0.68	39	51.28%
2005	$1,100	49.00%	1.03	45	48.89%

表15.5 カップ(キャップ)トレードによるナスダックのパフォーマンス推移(1996〜2005年)

	損益	年間成績(%)	総利益÷総損失比	トレード回数	勝率(%)
1996	$5,590	5.59%	2.68	15	66.67%
1997	$5,155	4.88%	1.38	27	51.85%
1998	($720)	-65.00%	0.97	31	48.39%
1999	$7,930	7.21%	1.20	24	62.50%
2000	$117,415	99.54%	2.58	32	68.75%
2001	$13,300	5.65%	1.21	35	57.14%
2002	$15,150	6.09%	1.52	32	62.50%
2003	$3,450	1.31%	1.12	32	53.13%
2004	($7,650)	-2.86%	0.74	37	40.54%
2005	($9,100)	-3.51%	0.50	31	35.48%

表15.6 カップ(キャップ)トレードによるラッセルのパフォーマンス推移(1996〜2005年)

	損益	年間成績(％)	総利益÷総損失比	トレード回数	勝率(％)
1996	$9,575	9.57%	1.74	40	50.00%
1997	$18,175	16.59%	2.35	29	72.41%
1998	($18,900)	-14.79%	0.61	35	37.14%
1999	($16,450)	-15.11%	0.55	31	45.16%
2000	$8,850	9.58%	1.16	33	51.52%
2001	$24,100	23.80%	2.34	28	67.86%
2002	($21,625)	-17.25%	0.62	38	50.00%
2003	$3,950	3.81%	1.12	33	60.61%
2004	$2,625	2.44%	1.06	37	54.05%
2005	$1,100	1.00%	1.02	38	57.89%

表15.7 カップ(キャップ)トレードによる10年間の3つの株価指数のパフォーマンス結果

	損益	トレード回数	勝率(％)	1トレード当たりの損益	最大ドローダウン	NP/WD
S&P500	$124,175	357	54.06%	$347.83	$22,825	544.0
ナスダック	$150,520	294	54.08%	$511.97	$41,250	364.9
ラッセル	$11,400	341	54.25%	$33.43	$43,375	26.3

第16章
The Three-Day 20 Percent Support-Resistance Indicator

3日間のレンジの20%という支持線・抵抗線に基づくトレード

　パターン認識のフォーメーションは3本の足で構成されることが多いが、ここでは前章のカップとキャップと類似した3本の足による支持線・抵抗線を利用したトレード手法を紹介しよう。一般に安値圏で3本の足がほぼ同じ水準で並んだときは支持線、高値圏で3本の足がほぼ同じ水準で並んだときは抵抗線を意味し、価格がこの水準を数回試しても抜けないときは、その試しをあきらめて別の方向に向かうものである。マーケットプロファイル分析法を開発したピーター・ステイドルマイヤーは、こうしたマーケットの性質をオークション（競売）に例えている。オークションへの出品者は希望する価格で商品が応札されないときは入札価格を引き下げる。マーケットもある方向に進むのが難しいときは別の方向に転換する。3本の足を用いた支持線・抵抗線のアイデアによるロバストな値幅は、この3日間のレンジの20%であることが分かったので、ここから次のようなトレーディングルールが得られる。

　「過去3日間の最も高い安値と最も安い安値の値幅がその3日間の全レンジの20%以下のときは、翌日の寄り付きで買い、大引けで手仕舞う。一方、過去3日間の最も高い高値と最も安い高値の値幅がその3日間のレンジの20%以下のときは、翌日の寄り付きで売り、大

図16.1　3日間のレンジの20％という支持線・抵抗線に基づくスイスフランのトレード（日足）

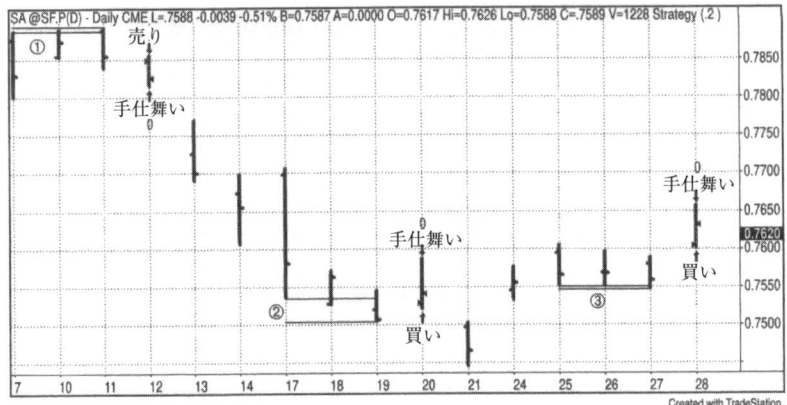

出所＝トレードステーション・テクノロジーズ

表16.1　3日間のレンジの20％という支持線・抵抗線に基づくトレードのパフォーマンス結果（2001/1/2～2005/11/19）

	損益	トレード回数	勝率（％）	1トレード当たりの損益	最大ドローダウン	NP/WD
S&P500	$93,925	239	47.70%	$392.99	$16,875	556.6
ナスダック	$50,650	243	43.62%	$208.44	$17,250	293.6
ラッセル	$96,025	220	53.64%	$436.48	$24,250	396.0
Tボンド	$10,968	239	52.30%	$45.89	$6,656	164.8
10年債	$10,031	202	52.97%	$49.66	$5,719	175.4
5年債	$1,578	205	47.80%	$7.70	$3,047	51.8
日本円	$3,350	131	48.85%	$25.57	$3,500	95.7
ユーロ	($5,400)	156	44.87%	($34.62)	$10,950	NA
スイスフラン	$4,513	151	49.01%	$29.88	$4,350	103.7

引けで手仕舞う」

　図16.1はその具体例、表16.1はそのパフォーマンス結果である。

第17章
The Eight Indicator System

8つのルールの統合

　ここでは既述した8つのルールを統合したパフォーマンスについて検証するが、それらのルールとは次のようなものだった。

1．終値が40日間移動平均よりも高い（安い）ときは、翌日の寄り付きで買い（売り）、大引けで手仕舞う。
2．2日間移動平均が5日間移動平均よりも安い（高い）ときは、翌日の寄り付きで買い（売り）、大引けで手仕舞う。
3．過去50日間の最安値（最高値）日の翌日に買い（売り）、大引けで手仕舞う。
4．1日のレンジが過去10日間の平均レンジよりも小さく、その日が高く（安く）引けたときは、翌日の寄り付きで買い（売り）、大引けで手仕舞う。または、1日のレンジが過去10日間の平均レンジよりも大きく、その日が安く（高く）引けたときは、翌日の寄り付きで買い（売り）、大引けで手仕舞う。
5．終値が過去15日間の（高値＋安値）÷2で表される平均値よりも高い（安い）ときは、翌日の寄り付きで買い（売り）、大引けで手仕舞う。
6．過去2日間が連続して陰線（陽線）のときは、翌日の寄り付きで買い（売り）、大引けで手仕舞う。

表17.1　8つのルールの統合によるS&P500のパフォーマンス結果（2001/1/4～2005/11/19）

総損益	$266,537.50	総利益÷総損失比	1.34
総利益	$1,057,812.50	総損失	($791,275.00)
総トレード数	908	勝率	56.28%
勝ちトレード数	511	負けトレード数	396
引き分けトレード数	1		
1トレード当たりの平均利益	$293.54	平均利益÷平均損失比	1.04
勝ちトレードの平均利益	$2,070.08	負けトレードの平均損失	($1,998.17)
勝ちトレードの最大利益	$10,750.00	負けトレードの最大損失	($10,125.00)
最大連勝トレード数	11	最大連敗トレード数	7
勝ちトレードの平均日数	1.00	負けトレードの平均日数	1.00
全トレードの平均日数	1.00		
最大建玉枚数	1	口座に最低限必要な金額	$38,675.00
当初資金利益率	266.54%	年利益率	26.65%
リターン・リトレイスメント・レシオ	0.46	RINAインデックス	0.00
トレード期間	4年10カ月14日	トレード率	0.00%
最大資産額	$284,375.00		
最大ドローダウン（未実現損益を含む）	($42,700.00)	最大ドローダウン（実現ベース）	($38,675.00)

出所＝トレードステーション・テクノロジーズ

7．カップ（キャップ）が形成された翌日の寄り付きで買い（売り）、大引けで手仕舞う。

8．過去3日間の最も高い安値（高値）と最も安い安値（高値）の値幅がその3日間の全レンジの20％以下のときは、翌日の寄り付きで買い（売り）、大引けで手仕舞う。

　前回と同じように、各トレーディングルールの買いシグナルのときは＋1、売りシグナルのときは－1とし、それらの合計値がプラスの

図17.1　8つのルールの統合によるS&P500のエクイティカーブ（2001/1/4～2005/11/19）

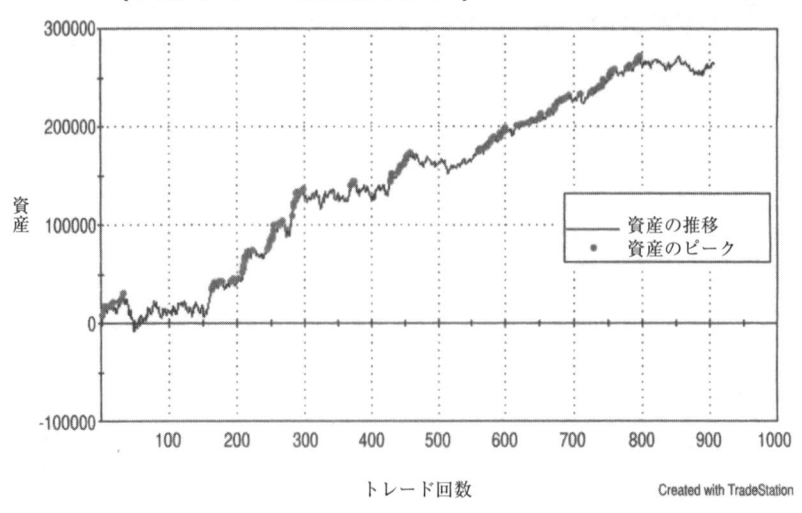

出所＝トレードステーション・テクノロジーズ

表17.2　8つのルールの統合によるS&P500のパフォーマンス推移（2001/1/4～2005/11/19）

	損益	年間成績（％）	総利益÷総損失比	トレード回数	勝率（％）
2001	$40,213	40.21%	1.16	191	51.83%
2002	$88,475	63.10%	1.49	176	60.80%
2003	$41,750	18.26%	1.27	190	57.37%
2004	$71,475	26.43%	1.77	184	57.61%
2005	$24,635	7.20%	1.21	167	53.89%

ときは翌日の寄り付きで買い、マイナスのときは売り、大引けで手仕舞うというトレードである。**表17.1**はこの8つのルールの統合によるS&P500のパフォーマンスを示したもので、1トレード当たりの平均利益（293.54ドル）はスリッページ＋売買手数料（100ドル）の3倍近くに達している。また、（純利益÷最大ドローダウン×100で表さ

れる）NP/WDは689％となっている（266537.50÷38675.00×100）。**図17.1**はそのエクイティカーブ（純資産曲線）、**表17.2**は過去5年間のパフォーマンスの推移である。

　一方、**表17.3**は8つのルールの統合によるナスダックのパフォーマンスを示したもので、純利益は14万7250ドル、1トレード当たりの平均利益は163.43ドルにとどまっているが、これは大きなドローダウンがパフォーマンスの足を引っ張っているからである。また、NP/WDも161％（147,250.00÷90,950.00×100）とそれほど悪くはないが、S&P500の約700％（266,537.50÷38,675.00×100）に比べるとかなり見劣りするのは、強気・弱気、ボラティリティの大きい・小さいといういろいろな局面のパフォーマンスが含まれているからである。ところが**表17.3**よりも1年早い2000年1月4日から検証した同じナスダックの**表17.5**のパフォーマンス結果を見ると、目を見張るような数字が並んでいる。これは株式バブルがピークに達した2000年という異常な年を含めたことによるもので、長期のヒストリカルなデータを検証するとこうした思いもかけない棚ぼたの時期もある。しかし、現実的なトレーディングプランを作成するときは、そうしたラッキーな数字をあまり期待してはならない。

　一方、ブラックマンデーや9・11米同時多発テロのような悪夢の年のパフォーマンスも外れ値と考えられ、トレードステーションにおいては異常な勝ち・負けトレードをもたらす外れ値は、±3標準偏差を超える値と定義される。将来的にはそうした大きなサプライズを伴う出来事が再びマーケットに大きな影響を及ぼすこともあるだろうが、そうした異常時の数字で全体の検証結果を歪めてはならない。トレーディングシステムの開発とそのデータの検証に当たっては、常に厳しい現実主義を貫くべきだ。

　表17.6はS&P500とナスダックを除く7銘柄の8つのルールの統合によるパフォーマンス、**表17.7**は「±3以上での売買シグナル」

表17.3 ８つのルールの統合によるナスダックのパフォーマンス結果（2001/1/4～2005/11/19）

総損益	$147,250.00	総利益÷総損失比	1.18
総利益	$957,950.00	総損失	($810,700.00)
総トレード数	901	勝率	50.94%
勝ちトレード数	459	負けトレード数	431
引き分けトレード数	11		
1トレード当たりの平均利益	$163.43	平均利益÷平均損失比	1.11
勝ちトレードの平均利益	$2,087.04	負けトレードの平均損失	($1,880.97)
勝ちトレードの最大利益	$18,850.00	負けトレードの最大損失	($13,650.00)
最大連勝トレード数	10	最大連敗トレード数	7
勝ちトレードの平均日数	1.00	負けトレードの平均日数	1.00
全トレードの平均日数	1.00		
最大建玉枚数	1	口座に最低限必要な金額	$90,950.00
当初資金利益率	147.25%	年利益率	18.58%
リターン・リトレイスメント・レシオ	0.45	RINAインデックス	0.00
トレード期間	4年10カ月14日	トレード率	0.00%
最大資産額	$163,550.00		
最大ドローダウン（未実現損益を含む）	($95,350.00)	最大ドローダウン（実現ベース）	($90,950.00)

出所＝トレードステーション・テクノロジーズ

表17.4 ８つのルールの統合によるナスダックのパフォーマンス推移（2001/1/4～2005/11/19）

	損益	年間成績（％）	総利益÷総損失比	トレード回数	勝率（％）
2001	$38,650	38.65%	1.11	195	48.21%
2002	$95,650	68.99%	1.70	179	55.31%
2003	($8,900)	-3.80%	0.93	188	49.47%
2004	$23,050	10.23%	1.24	189	52.91%
2005	($1,200)	-48.00%	0.98	150	48.67%

表17.5　8つのルールの統合によるナスダックの2000年からのパフォーマンス結果（2000/1/4～2005/11/19）

総損益	$440,415.00	総利益÷総損失比	1.30
総利益	$1,921,950.00	総損失	($1,481,535.00)
総トレード数	1,081	勝率	51.80%
勝ちトレード数	560	負けトレード数	510
引き分けトレード数	11		
1トレード当たりの平均利益	$407.41	平均利益÷平均損失比	1.18
勝ちトレードの平均利益	$3,432.05	負けトレードの平均損失	($2,904.97)
勝ちトレードの最大利益	$31,950.00	負けトレードの最大損失	($26,750.00)
最大連勝トレード数	10	最大連敗トレード数	7
勝ちトレードの平均日数	1.00	負けトレードの平均日数	1.00
全トレードの平均日数	1.00		
最大建玉枚数	1	口座に最低限必要な金額	$90,950.00
当初資金利益率	440.41%	年利益率	28.68%
リターン・リトレイスメント・レシオ	0.35	RINAインデックス	0.00
トレード期間	5年10カ月17日	トレード率	0.00%
最大資産額	$508,565.00		
最大ドローダウン（未実現損益を含む）	($95,350.00)	最大ドローダウン（実現ベース）	($90,950.00)

出所＝トレードステーション・テクノロジーズ

表17.6　8つのルールの統合による7銘柄のパフォーマンス結果（2001/1/4～2005/11/19）

	損益	トレード回数	勝率（%）	1トレード当たりの損益	最大ドローダウン	NP/WD
ラッセル	$214,175	866	53.12%	$247.32	$36,500	586.8
Tボンド	$60,875	899	53.50%	$67.71	$9,250	658.1
10年債	$39,344	899	52.84%	$43.76	$7,531	522.4
5年債	$26,813	926	52.81%	$28.96	$4,266	628.5
日本円	$5,575	953	50.47%	$5.85	$9,900	56.3
ユーロ	$12,063	946	50.32%	$12.75	$17,725	68.1
スイスフラン	$20,350	946	51.27%	$21.51	$14,813	137.4

表17.7 ８つのルールの統合＋「±３以上での売買シグナル」のパフォーマンス結果（2001/1/4～2005/11/19）

	損益	トレード回数	勝率（%）	1トレード当たりの損益	最大ドローダウン	NP/WD
S&P500	$146,888	230	63.48%	$638.64	$20,800	706.2
ナスダック	$129,900	199	58.79%	$652.76	$16,900	768.6
ラッセル	$67,525	201	52.74%	$335.95	$30,100	224.3
Tボンド	$25,563	235	59.15%	$108.78	$5,188	492.7
10年債	$23,656	244	58.20%	$96.95	$2,641	895.7
5年債	$16,125	238	59.24%	$67.75	$1,531	1,053.0
日本円	$8,438	236	52.54%	$35.75	$3,788	222.8
ユーロ	$10,050	239	48.12%	$42.05	$6,138	163.7
スイスフラン	$2,250	240	50.83%	$9.38	$11,037	20.4

というフィルターを加えたときのパフォーマンス結果である。**表17.7**を見ると３銘柄では１トレード当たりの利益が取引コスト（100ドル）を大きく上回っているほか、４銘柄でNP/WDが500％を超えている（５年債のNP/WDは何と1000％以上に達している）。おそらくこの５年間にNP/WDが積み上げられてこうした立派な数字になったのであろう。多くの金融商品の利回りと比較すれば、このパフォーマンスは目を見張るものといえるだろう。

第18章
Entering on Stops
ストップ注文による仕掛け

　寄り付きで仕掛け、大引けで手仕舞うというデイトレードのルールは多岐にわたるトレード手法のひとつにすぎず、システムトレーダーや裁量トレーダーを問わず、多くのトレーダーはそれ以外のさまざまな仕掛けを実践しているだろう。「安きで買い、高きで売る」というのが一般的な投資手法であるが、モメンタムトレーダーは高きを買ってさらに高いところで売る（または、安きを売ってさらに安いところで買い戻す）といった相場の勢いに乗るトレードを行っている。これまで8つのデイトレードのルールとそれらの統合によるパフォーマンスを検証してきたが、以下ではいろいろな仕掛けのトレード手法について検証してみよう。具体的には翌日の寄り付きで仕掛ける代わりに、「始値＋過去ｎ日間の平均レンジ×●％の水準をストップ注文で買う（または、始値－過去ｎ日間の平均レンジ×●％の水準をストップ注文で売る）」などである。そのときのマーケットの動きに応じたフレキシブルなトリガー（仕掛け）には、寄り付きの仕掛けという機械的な方法に比べていろいろなメリットがある。前日のレンジの●％をベースとする仕掛けでは、祝日などがはさまって正確なレンジが歪められる可能性もあるので、過去3日間の平均レンジを使うほうが無難である。

　表18.1はストップ注文で仕掛け値をいろいろと変えたＳ＆Ｐ500の

パフォーマンス結果であり、具体的には「翌日の始値±過去3日間の平均レンジの●倍の水準を買う・売る」ときのトレード結果である。それを見ると、始値±過去3日間の平均レンジの0.25倍（25％）の水準で仕掛けたときが最も高いパフォーマンスとなっている（1トレード当たりの利益とNP/WDは最高の数字である）。一方、**表18.2**は同じ仕掛けによるナスダックのパフォーマンスであるが、始値±過去3日間の平均レンジの25％という仕掛けは最高のパフォーマンスとはなっていない。ところがラッセルのパフォーマンスを示した**表18.3**を見ると、その水準での仕掛けが断トツのパフォーマンスとなっている。

　ここでその数値を微調整して33％とし、「翌日の始値±過去3日間の平均レンジの33％の水準を買う・売る」というトレーディングルールを実行したときのパフォーマンスが**表18.4**である。この仕掛けでは先の25％よりもレンジ幅が広がったことから、希望する価格で仕掛けるのが難しくなり、また高きを買って安きを売ることになる。**表18.5**はこのルールに「±3以上の売買シグナル」というフィルターを加えたときのパフォーマンス結果である。それを見ると、一部の銘柄ではNP/WDが1000％を超えているほか、1トレード当たりの利益も大きく向上している。

表18.1 始値±過去3日間の平均レンジの●倍で仕掛けたときのS&P500のパフォーマンス（8つのルールの統合、2001/1/4～2005/11/19）

●倍	損益	トレード回数	勝率（％）	1トレード当たりの損益	最大ドローダウン	NP/WD
0	$266,525	908	56%	$293.53	$41,800	637.6
0.25	$212,250	641	57%	$331.12	$24,050	882.5
0.5	$112,975	416	56%	$271.57	$20,775	543.8
0.75	$61,450	258	58%	$238.18	$22,350	274.9
1	$8,375	152	57%	$55.10	$18,275	45.8
1.25	$17,450	71	47%	$245.77	$5,175	337.2
1.5	$4,625	38	50%	$121.71	$5,025	92.0

第18章　ストップ注文による仕掛け

表18.2　始値±過去3日間の平均レンジの●倍で仕掛けたときのナスダックのパフォーマンス（8つのルールの統合、2001/1/4～2005/11/19）

●倍	損益	トレード回数	勝率（％）	1トレード当たりの損益	最大ドローダウン	NP/WD
0	$147,250	901	50%	$163.43	$92,250	159.6
0.25	$65,300	628	52%	$103.98	$53,650	121.7
0.5	$62,400	385	53%	$162.08	$39,800	156.8
0.75	$29,550	231	53%	$127.92	$13,550	218.1
1	$15,450	134	52%	$115.30	$5,900	261.9
1.25	($5,600)	68	48%	($82.35)	($13,900)	NA
1.5	($1,600)	26	26%	($61.54)	($7,950)	NA

表18.3　始値±過去3日間の平均レンジの●倍で仕掛けたときのラッセルのパフォーマンス（8つのルールの統合、2001/1/4～2005/11/19）

●倍	損益	トレード回数	勝率（％）	1トレード当たりの損益	最大ドローダウン	NP/WD
0	$214,175	866	53%	$247.32	$39,350	544.3
0.25	$232,925	595	58%	$391.47	$23,500	991.2
0.5	$143,025	396	59%	$361.17	$16,000	893.9
0.75	$88,950	253	59%	$351.58	$10,825	821.7
1	$48,950	136	64%	$359.93	$10,575	462.9
1.25	$13,800	63	57%	$219.05	$7,225	191.0
1.5	$1,200	34	58%	$35.29	$10,600	11.32

表18.4　始値±過去3日間の平均レンジの33％で仕掛けたときのパフォーマンス結果（8つのルールの統合、2001/1/4～2005/11/19）

	損益	トレード回数	勝率（％）	1トレード当たりの損益	最大ドローダウン	NP/WD
S&P500	$137,100	578	55.54%	$237.20	$29,625	462.9
ナスダック	$97,850	533	53.85%	$183.58	$38,300	255.5
ラッセル	$216,475	520	60.38%	$416.30	$15,050	1,438.0
Tボンド	$31,219	534	56.55%	$58.46	$4,813	648.6
10年債	$27,781	526	55.70%	$52.82	$3,734	744.0
5年債	$18,188	521	54.13%	$34.91	$2,953	615.9
日本円	$8,688	520	45.77%	$16.71	$5,538	156.9
ユーロ	$30,075	518	50.39%	$58.06	$5,888	510.8
スイスフラン	$19,213	539	50.65%	$35.64	$4,638	414.3

表18.5 始値±過去3日間の平均レンジの33%の仕掛けと「±3以上の売買シグナル」のパフォーマンス結果（8つのルールの統合、2001/1/4～2005/11/19）

	損益	トレード回数	勝率（%）	1トレード当たりの損益	最大ドローダウン	NP/WD
S&P500	$87,325	155	61.29%	$563.39	$10,425	837.6
ナスダック	$73,250	132	56.82%	$554.92	$10,450	701.0
ラッセル	$79,575	119	66.39%	$668.70	$11,450	695.0
Tボンド	$12,125	149	61.07%	$81.38	$2,406	503.9
10年債	$18,625	153	66.67%	$121.73	$1,703	1,094.0
5年債	$13,547	139	66.91%	$97.46	$984	1,377.0
日本円	$5,338	127	48.03%	$42.03	$3,825	139.6
ユーロ	$12,550	134	54.48%	$93.66	$3,868	324.5
スイスフラン	$4,588	139	48.92%	$33.00	$5,763	79.6

　また、成績が安定しているということは価値のあることである。したがって、分散効果が得られるのであれば、指値を使った仕掛けを使うシステムを検討してみるべきなのである。

　さて、最適な指値で買おうとする試みはうまくいかないと判明した。これは驚くに当たらない。

　逆張りで買っても、さらにどんどん値が下がるケースがあるからだ。ピットトレーダーはこの辺りをよく理解しているのである。

第19章
Entering on Limits
指値注文による仕掛け

　前章では「始値±過去３日間の平均レンジ×●％の水準をストップ注文で買う（売る）」という順張りのトレーディングルールについて検証した。ここでは仕掛け値を逆にした逆張りのトレーディングルール、すなわち「始値－過去３日間の平均レンジ×●％の水準を指値注文で買う（または、始値＋過去３日間の平均レンジ×●％の水準を指値注文で売る）」というトレード手法について検証してみよう。

　表19.1は仕掛け値別のこの逆張り手法によるS&P500のパフォーマンス、**表19.2**はナスダックのパフォーマンス結果である。それらを見ると、すべてのパラメーターで寄り付き成り行きでの仕掛けよりもパフォーマンスが悪くなっている。これは必ずしもすべての金融先物において同じことが当てはまるわけではないが、モメンタムを用いるトレードのように信頼できるシステムと逆のことを試みる場合には、検証結果も反対になることが分かる。最新の検証結果によって「過去３日間の平均レンジの25％」という数値が最適であることが分かったので、それによるトレーディングルール（「始値∓過去３日間の平均レンジ×25％の水準を指値注文で買う（売る）」について検証してみた。**表19.3**はS&P500とナスダックを除く７銘柄のパフォーマンス、**表19.4**はこのルールに「±３以上の売買シグナル」というフィルターを加えたときのパフォーマンス結果である。

表19.1 始値∓過去3日間の平均レンジの●倍で仕掛けたときのS&P500のパフォーマンス（8つのルールの統合、2001/1/2～2005/11/19）

●倍	損益	トレード回数	勝率（%）	1トレード当たりの損益	最大ドローダウン	NP/WD
0	$266,525	908	56%	$293.53	$41,800	637.6
0.25	$83,500	586	53%	$142.49	$57,800	144.5
0.5	$13,800	347	48%	$39.77	$28,325	48.7
0.75	($1,925)	198	45%	($9.72)	$20,800	NA
1	($8,050)	109	44%	($73.85)	$14,426	NA
1.25	($24,275)	48	35%	($505.73)	$24,375	NA
1.5	($12,525)	27	29%	($463.89)	$12,625	NA

表19.2 始値∓過去3日間の平均レンジの●倍で仕掛けたときのナスダックのパフォーマンス（8つのルールの統合、2001/1/2～2005/11/19）

●倍	損益	トレード回数	勝率（%）	1トレード当たりの損益	最大ドローダウン	NP/WD
0	$147,250	901	50%	$163.43	$92,250	159.6
0.25	$22,050	602	52%	$36.63	$78,600	28.1
0.5	($39,600)	357	46%	($110.92)	($60,800)	NA
0.75	($20,650)	212	45%	($97.47)	($38,400)	NA
1	($35,550)	108	40%	($329.17)	($38,550)	NA
1.25	($10,950)	60	51%	($182.50)	($21,650)	NA
1.5	($5,050)	25	36%	($202.00)	($19,850)	NA

表19.3 始値∓過去3日間の平均レンジの25%で仕掛けたときの7銘柄のパフォーマンス結果（8つのルールの統合、2001/1/2～2005/11/18）

	損益	トレード回数	勝率（%）	1トレード当たりの損益	最大ドローダウン	NP/WD
ラッセル	($45,225)	560	46.96%	($80.76)	$77,075	NA
Tボンド	$24,000	572	51.05%	$41.96	$9,188	261.2
10年債	$21,188	584	55.82%	$36.28	$5,125	413.4
5年債	$12,891	571	50.61%	$22.58	$2,921	441.3
日本円	$7,713	650	55.69%	$11.87	$6,513	118.4
ユーロ	$14,638	642	53.43%	$22.80	$10,038	145.8
スイスフラン	$3,538	614	51.14%	$5.76	$9,213	38.4

表19.4 始値∓過去3日間の平均レンジの25％と「±3以上の売買シグナル」で仕掛けたときのパフォーマンス結果（8つのルールの統合、2001/1/2〜2005/11/18）

	損益	トレード回数	勝率（％）	1トレード当たりの損益	最大ドローダウン	NP/WD
S&P500	$46,725	136	58.82%	$343.57	$21,325	219.1
ナスダック	$66,250	134	61.19%	$494.40	$22,350	296.4
ラッセル	($4,400)	128	46.88%	($34.37)	$27,450	NA
Tボンド	$9,656	138	53.62%	$69.97	$3,343	288.8
10年債	$7,688	144	60.42%	$53.39	$2,453	313.4
5年債	$4,469	138	50.72%	$32.38	$2,734	163.5
日本円	$6,663	162	54.32%	$39.27	$2,350	282.3
ユーロ	$15,750	170	57.06%	$92.65	$4,425	355.9
スイスフラン	$1,400	157	52.23%	$8.92	$7,412	18.9

第20章
Some General Observations about Stops

損切り注文について

基本的な損切り注文は次の４つである。

1. **マネーマネジメントストップ**　損失を一定に抑えるための逆指値注文で、価格が設定値にヒットするとポジションが閉じられる。
2. **トレイリングストップ**　損失を一定限度に抑えるという点ではマネーマネジメントストップと同じであるが、価格が有利な方向に進んだときにストップポイントを移動して利益を確保する。買いのときは上方に、売りのときは下方に移動させていく。
3. **ダイナミックストップ**　相場局面（通常は数日間の平均レンジ）に応じて調整するが、上記の２つのストップほど裁量的ではない。例えば、仕掛け値±過去の平均レンジの50％の水準に置くことにより、損失リスクを一定比率に抑えることができる。これに対し、固定金額のストップでは、上昇トレンドが続いた1980年代のS&P500では1000ドルの損切り注文にはほとんどヒットしなかったが、1999～2000年にはわずか数分でヒットするほど値動きが激しくなった。
4. **自分のトレーディングルールに基づいて置くストップ**　最も単純なルールは損切り注文を置かずに、反転シグナルに従ってドテンしていく方法である。しかし、例えば過去20日間の最高値（最安

値)をストップ注文で買っていく(売っていく)モメンタム手法を実行するときは、損切り注文を置かないと損失が大きく膨らむ可能性がある。

　これらの損切り注文にはいずれも長所と短所があるが、一般に裁量によるストップはあまり置かないほうがよい。もっとも、最近ではマーケットの環境が大きく変化するので、かなりフレキシブルにストップの位置を決定すべきである。例えば、8つのルールの統合によるナスダックのパフォーマンスを示した**表17.3**を見ると、純利益は14万7250ドル、それに対する最大の負けトレードは1万3650ドルにとどまっているが、それでも口座の資金が減っていけばトレーダーの不安感は強まっていくだろう。先物取引では毎日損益の値洗いが行われており、例えば月曜日に口座の資金が6万5000ドルで翌日にはそれが5万ドルに減少したとき、それでも冷静さを保てるトレーダーはそれほど多くはないだろう。負けトレードの最大損失がわずかに改善されれば、これで最悪の事態は過ぎたと思いきや、さらに損失が膨らむ可能性もあるので何らかの損切り注文は必ず置くべきである。

　表20.1は始値±過去3日間の平均レンジの●倍の水準に損切り注文を置いたときのS&P500のパフォーマンスを示したもので、仕掛けは成り行き、大引けまでにストップポイントにヒットしたときはポジションが閉じられる。**表20.2**は同じルールによるナスダックのパフォーマンスである。一方、いろいろなデータを検証した結果、過去3日間の平均レンジの66%の水準に損切り注文を置くのが最適であることが分かった。**表20.3**はこのルールと損切り注文を置かないときのパフォーマンスを比較したもの。もっとも、2005年夏のようなボラティリティの小さい局面、新世紀前後のバブルとその崩壊期のように振れ幅の大きい局面などさまざまなマーケット環境が存在するので、それぞれの局面に応じたフレキシブルなストップを置くべきである。

表20.1 始値±過去3日間の平均レンジの●倍の水準に損切り注文を置いたときのS&P500のパフォーマンス(8つのルールの統合、2001/1/4～2005/11/19)

●倍	損益	トレード回数	勝率(%)	1トレード当たりの損益	最大ドローダウン	NP/WD
損切りなし	$266,538	908	56%	$293.54	$38,675	689.2
0.25	$183,038	908	33%	$201.58	$35,725	512.4
0.5	$252,738	908	49%	$278.35	$26,250	962.8
0.75	$268,463	908	54%	$295.66	$28,875	929.7
1	$274,588	908	56%	$302.41	$36,175	759.1
1.25	$290,813	908	56%	$320.28	$34,025	854.7
1.5	$279,063	908	56%	$307.34	$36,800	758.3

表20.2 始値±過去3日間の平均レンジの●倍の水準に損切り注文を置いたときのナスダックのパフォーマンス(8つのルールの統合、2001/1/4～2005/11/19)

●倍	損益	トレード回数	勝率(%)	1トレード当たりの損益	最大ドローダウン	NP/WD
損切りなし	$147,250	901	51%	$163.43	$90,950	161.9
0.25	$125,200	901	30%	$138.96	$33,100	378.2
0.5	$186,850	901	45%	$207.38	$62,500	299.0
0.75	$167,900	901	49%	$186.35	$69,300	242.3
1	$182,800	901	50%	$202.89	$72,600	251.8
1.25	$158,200	901	50%	$175.58	$84,450	187.3
1.5	$152,300	901	50%	$169.03	$93,050	163.7

表20.3 始値±過去3日間の平均レンジの66％に損切り注文ありとなしのパフォーマンス比較（8つのルールの統合、2001/1/4～2005/11/19）

	損益	トレード回数	勝率（％）	1トレード当たりの損益	最大ドローダウン	NP/WD
S&P500						
損切りなし	$266,538	908	56.28%	$293.54	$38,675	689.2
66％ストップ	$276,038	908	53.30%	$304.01	$25,725	1,073.0
ナスダック						
損切りなし	$147,250	901	50.94%	$163.43	$90,950	161.9
66％ストップ	$169,600	901	48.17%	$188.24	$59,100	287.0
ラッセル						
損切りなし	$214,175	866	53.12%	$247.32	$36,500	586.8
66％ストップ	$230,025	866	50.23%	$265.62	$31,025	741.4
Tボンド						
損切りなし	$60,875	899	53.50%	$67.71	$9,250	658.1
66％ストップ	$56,469	899	50.83%	$62.81	$7,844	719.9
10年債						
損切りなし	$39,344	899	52.84%	$43.76	$7,531	522.4
66％ストップ	$34,813	899	49.72%	$38.72	$7,109	489.7
5年債						
損切りなし	$26,813	926	52.81%	$28.96	$4,266	628.5
66％ストップ	$23,313	926	49.46%	$25.18	$3,859	604.1
日本円						
損切りなし	$5,575	953	50.47%	$5.85	$9,900	56.3
66％ストップ	$6,113	953	47.95%	$6.41	$8,288	73.8
ユーロ						
損切りなし	$12,063	946	50.32%	$12.75	$17,725	68.1
66％ストップ	$3,713	946	47.15%	$3.92	$17,325	21.4
スイスフラン						
損切りなし	$20,350	946	51.27%	$21.51	$14,813	137.4
66％ストップ	$22,400	946	48.84%	$23.68	$10,100	221.8

第21章
The Pros and Cons of Price Targets

利益目標──2回目の新高値や新安値で手仕舞う

　ここで私を含む多くのトレーダーの関心事である利益目標について少し説明しよう。トレーダーの多くは含み益がなくならないうちに利益を確定しようとする。利益目標を設定できる優れたトレーディングシステムも存在するが、利益目標を設けないほうが大きな利益を手にできるケースも少なくない。私もデイトレードのシステムをいくつか持っているが、その日の大引け（または翌日）までポジションを保有したほうが大きな利益を得られることが多い。トレーディングアプローチは多岐にわたるが、多くのトレーディングシステムは仕掛け値が多少異なるなどの点を除いてかなり似通ったトレーディングルールに基づいており、その好例はモメンタムをベースとするシステムである。純粋なモメンタムのルールに従うシステムは利益の一部を必ずはき出すことになるが、その金額は思ったよりも少ないことが多い。

　ところで、利益目標を達成する指値注文の長所は希望価格で手仕舞いができることにあるが、特定の価格にこだわりすぎると約定されないという欠点もある。ピットトレードまたは電子トレードを問わず、ビッドとアスクは離れているからである。こうした問題は実際のトレードだけでなく、リサーチの段階でもよく起こる。仮想的な売買シグナルが現実のトレードのときと同じように出現することもあるが、そうでないケースも少なくない。そうしたときは実際には起こらない勝

ちトレードが現れないようにトレーディングシステムを設定する必要がある。予想というものはわれわれが考えるほど正確であることはほとんどない。

ここで紹介するのは、既述した５つのルールを統合した「２回の高値・安値での手仕舞い」とも言うべきもので、それらの５つのルールの買いシグナルは次のようなものだった。

１．終値が40日間移動平均よりも高い。
２．２日間移動平均が５日間移動平均よりも安い。
３．過去50日間の最安値は、過去50日間の最高値よりもあとに出現した。
４．１日のレンジが過去10日間の平均レンジよりも小さく、その日が高く引けた。または、１日のレンジが過去10日間の平均レンジよりも大きく、その日が安く引けた。
５．終値が過去15日間の（高値＋安値）÷２で表される平均値よりも高い。

この５つのルールの買い条件を満たし、さらに「終値が20日間移動平均よりも高い」という付加条件をクリアしたときは、「翌日の始値－過去３日間の平均レンジの33％の水準を指値注文で買う」。この手法はデイトレードではないので、その日の大引けでポジションを手仕舞うことはない。仕掛け日以降に出現した２回目の新高値が利益目標となる。一方、「終値が過去20日間の安値平均を下回ったら、翌日の寄り付きで手仕舞う（売りの条件はすべてこの逆となる）」。**図21.1**はその具体例を示したもので、トレード１（買い）では仕掛けた日の翌日に新高値を付けたが、それから９日後に２回目の新高値を付けたのでそこが利益目標となった。一方、トレード２（売り）では連日安値を更新したので、利益目標は簡単にクリアした。**図21.2**はこのトレーディングルールによる一連のトレード（S&P500）を示したもの、

図21.1　2回目の新高値や新安値での手仕舞い（ユーロ日足）

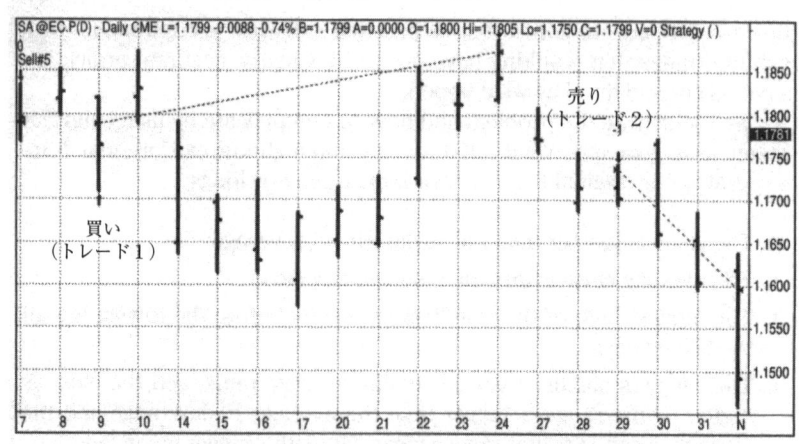

出所＝トレードステーション・テクノロジーズ

図21.2　2回目の新高値や新安値での手仕舞い（S&P500日足）

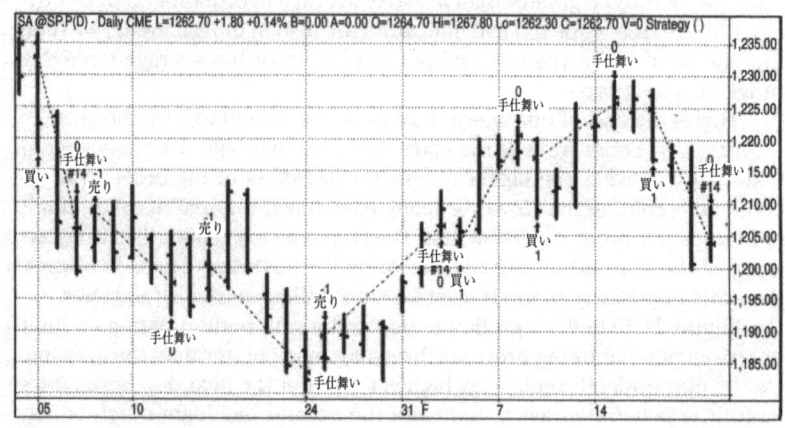

出所＝トレードステーション・テクノロジーズ

第21章 利益目標──2回目の新高値や新安値で手仕舞う

表21.1　2回目の新高値や新安値での手仕舞いのパフォーマンス結果（2001/1/2～2005/11/19）

	損益	トレード回数	勝率（％）	1トレード当たりの損益	最大ドローダウン	NP/WD
S&P500	$221,475	199	54.27%	$1,112.94	$36,425	608.0
ナスダック	$113,100	198	50.51%	$571.21	$56,500	200.2
ラッセル	$228,650	204	57.35%	$1,120.83	$57,500	1,997.0
Tボンド	$14,875	161	49.07%	$92.39	$14,906	99.8
10年債	$8,672	169	49.70%	$51.31	$8,641	100.4
5年債	$11,938	180	51.11%	$66.32	$5,766	207.0
日本円	($10,100)	181	45.86%	($55.80)	$17,188	NA
ユーロ	$22,225	198	52.02%	$112.25	$18,313	121.4
スイスフラン	($6,450)	204	41.67%	($31.62)	$18,475	NA

図21.3　2回目の新高値や新安値での手仕舞い（5年債日足）

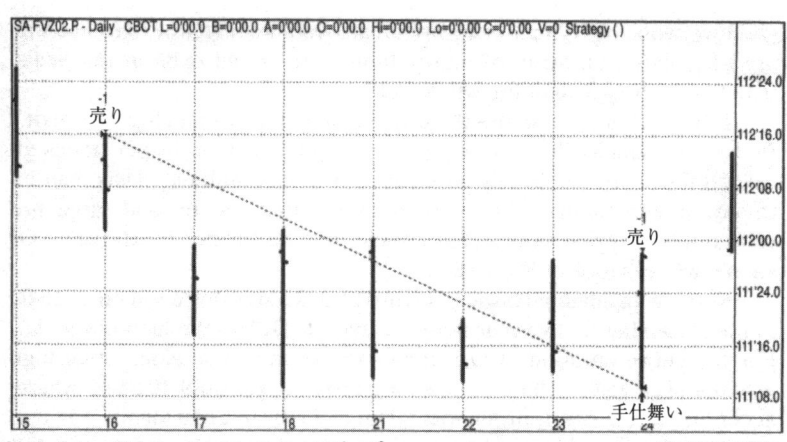

出所＝トレードステーション・テクノロジーズ

表21.1はそれによる9銘柄のパフォーマンス結果である。それを見ると、とりわけS&P500とラッセルの1トレード当たりの利益が突出している。

一方、**図21.3**の5年債トレードでは2002年10月16日に12月限をこの日の高値の112 16ドルで売り、6日後の10月24日に111 09.5ドルで

手仕舞ったケースであり、手仕舞い価格もこの日の最安値となった。トレーディングソフトによるこのシミュレーショントレードの利益は1203.13ドルとなっている。もちろん、現実のトレードでは指値注文が必ず約定するという保証はないが、広く使われているトレーディングソフトではこうした注文もすべて約定済みトレードとして扱うものも少なくない。そうした架空の利益を勝ちトレードに含めることは、トレーディングシステムの現実的なパフォーマンスを大きく歪めることになるので、くれぐれも勝率は控えめになるようにセットアップすべきである。

　具体的には、実際よりも少し厳しいトレード条件をセットアップする。例えば、前日の安値水準を買いたいときはそれから１ティック安い価格、その反対に前日の高値水準で売りたいときはそれから１ティック高い価格をセットアップする。こうした価格水準でデータを検証すれば、実際には当初の希望価格で約定する可能性が高い。また、始値－過去３日間の平均レンジの33％の水準から１ティック安いところに買い注文をセットアップしておけば、実際に約定するのは希望価格となるだろう。さらに、仕掛けと手仕舞い（利益目標）で指値注文を使うこのトレード手法では、往復で２ティックのスリッページ＋売買手数料を見込まなければならない。**表21.2**はそのパフォーマンス結果を示したものであるが、一部のマーケットでトレード数が少し減っている以外に**表21.1**とそれほど大きな差は見られない。しかし、頻繁に売買シグナルが出るデイトレードのルールなどでは、実際に資金を投じてトレードする前にこの点を十分にチェックしなければならない。

表21.2 取引コストを見込んだ2回目の新高値や新安値での手仕舞いのパフォーマンス結果（2001/1/2～2005/11/19）

	損益	トレード回数	勝率（％）	1トレード当たりの損益	最大ドローダウン	NP/WD
S&P500*	$221,475	199	54.27%	$1,112.94	$36,425	608.0
ナスダック**	$113,100	198	50.51%	$571.21	$56,500	200.2
ラッセル**	$228,650	204	57.35%	$1,120.83	$57,500	397.7
Tボンド***	$14,875	161	49.07%	$92.39	$14,906	99.8
10年債***	$8,672	169	49.70%	$51.31	$8,641	100.4
5年債***	$11,938	180	51.11%	$66.32	$5,766	207.0
日本円****	($10,100)	181	45.86%	($55.80)	$17,188	NA
ユーロ****	$22,225	198	52.02%	$112.25	$18,313	121.4
スイスフラン****	($23,763)	200	40.50%	($68.81)	$24,988	NA

*スリッページ+売買手数料=50ドル、**100ドル、***62.50ドル、****25ドル

第22章
Other Applications of the Two High/Low Exit Technique

２回の高値や安値で手仕舞う

　本書は一種の体系的な練習帳とも言うべきもので、私はいろいろなトレーディングルールを自ら開発・検証して本書に盛り込んだ。今なおそれらを再検証するたびに、トレーディングアイデアが更新されていくことがある。本書を執筆したのはそうしたプロセスの一環であり、ここではこれまで試みたことのなかった手仕舞いのルールを紹介する。ここで使うのはモメンタム手法であるが、最近ではその長所が広く知られすぎたことから以前ほどの有効性はなくなってきたようだ。しかし、この新しい手仕舞いルールを取り入れることで従来のモメンタム手法も再び見直されるかもしれない。有効なシステムトレードに至る道はけっして真っすぐなものではないが、こうした不完全な世界にも利益を手にできる方法はちゃんと存在する。

　前章に続く「２回の高値・安値での手仕舞い２」の買いのルールは、「終値が25日間移動平均よりも高いとき、翌日の始値＋過去３日間の平均レンジの50％の水準をストップ注文で買う。仕掛け日以降に新高値が２回更新されたとき、高いほうの価格に指値注文を置いて手仕舞う。終値が過去25日間の安値平均を下回ったときは、翌日の寄り付きに成り行きで手仕舞う（売りはこの逆）」というもの。表22.1はこのトレーディングルールによる９銘柄のパフォーマンス結果である。

　「２回の高値や安値での手仕舞い３」のルールは、「終値が前日の高

**表22.1　２回の高値や安値での手仕舞い２
（2001/1/2～2005/11/19）**

	損益	トレード回数	勝率（％）	１トレード当たりの損益	最大ドローダウン	NP/WD
S&P500	$166,250	234	43.59%	$710.47	$29,825	557.4
ナスダック	$88,650	229	43.67%	$387.12	$80,800	109.7
ラッセル	$174,500	241	43.15%	$724.07	$44,225	394.6
Tボンド	$10,094	217	41.94%	$46.51	$15,094	66.9
10年債	$8,890	217	41.47%	$40.97	$13,438	66.2
5年債	$16,578	213	42.72%	$77.83	$4,641	357.2
日本円	($8,250)	188	40.96%	($43.88)	$19,750	NA
ユーロ	$14,950	214	43.93%	$69.86	$23,713	63.1
スイスフラン	($213)	208	41.83%	($1.02)	$16,338	NA

値と40日間移動平均をともに上回ったときは、翌日の寄り付きに成り行きで買う。仕掛け日以降に新高値が２回更新されたとき、高いほうの価格に指値注文を置いて手仕舞う。終値が過去40日間の安値を下回ったときは、翌日の寄り付きに成り行きで手仕舞う（売りはこの逆）」。
表22.2はこのルールによる９銘柄のパフォーマンス結果である。

「２回の高値や安値での手仕舞い４」のルールは、「終値が40日間移動平均よりも高いときは、翌日の始値－過去３日間の平均レンジの50％の水準を指値注文で買う。手仕舞いの条件は３と同じ」というもの。
表22.3はそのパフォーマンス結果であり、３銘柄（S&P500、ナスダック、ラッセル）の１トレード当たりの利益は目を見張るほどである。また勝率も60％前後に上昇しており、これほどのパフォーマンスであれば、スリッページ＋売買手数料も十分にカバーできるだろう。安く買おうが高く買おうがそれは大した問題ではなく、大切なことは一連の損益の流れのなかから利益を積み上げていくことである。これができれば、トレードの恐怖は少しずつ和らぎ、確信は少しずつ強まり、そして実行できるチャンスは次第に多くなっていく。利用できる

表22.2　2回の高値や安値での手仕舞い3（2001/1/2～2005/11/19）

	損益	トレード回数	勝率（%）	1トレード当たりの損益	最大ドローダウン	NP/WD
S&P500	$57,800	97	55.67%	$595.88	$33,525	172.4
ナスダック	$49,550	99	55.56%	$500.51	$43,750	113.3
ラッセル	$162,075	124	58.06%	$1,307.06	$31,650	512.1
Tボンド	($7,625)	107	48.60%	($71.26)	$12,344	NA
10年債	$9,859	101	54.46%	$97.62	$7,531	130.9
5年債	$3,625	94	56.38%	$38.56	$4,422	82.0
日本円	$1,050	99	51.52%	$10.61	$21,563	4.9
ユーロ	$35,125	95	55.79%	$369.76	$12,900	272.3
スイスフラン	$7,225	100	52.00%	$72.25	$14,488	49.9

表22.3　2回の高値や安値での手仕舞い4（2001/1/2～2005/11/19）

	損益	トレード回数	勝率（%）	1トレード当たりの損益	最大ドローダウン	NP/WD
S&P500	$183,775	99	63.64%	$1,856.31	$27,800	661.1
ナスダック	$187,650	94	64.89%	$1,996.28	$78,950	237.7
ラッセル	$146,500	140	58.57%	$1,046.43	$49,675	294.9
Tボンド	($5,594)	101	52.48%	($55.38)	$18,656	NA
10年債	$16,359	83	59.04%	$197.10	$4,922	332.4
5年債	$13,969	98	59.18%	$142.54	$4,656	300.0
日本円	$10,900	118	57.63%	$92.37	$16,863	64.6
ユーロ	$29,712	104	54.81%	$285.70	$11,400	260.6
スイスフラン	$12,038	97	53.61%	$124.10	$10,550	114.1

すべての優位性を利益のチャンスに生かすことである。

第23章
On Further Optimization, Market Drift, and Virgin Data

最適化、マーケットの変動、処女データについて

　ここで適切なデータの検証とそうでないものとの違いについて少し考えてみよう。私はほぼすべてのトレーディングルールについて9つの銘柄で検証しているが、それは広範なマーケットでその有効性を検証すれば、そのトレーディングシステムの堅牢性を確認できるからである。私の主要なトレーディングマーケットはS&P500や債券などであり、それらの検証サマリーを最終的な目標値に近づけようとしており（もっとも、予想どおりのパフォーマンス結果が得られることはほとんどないが）、また開発したトレーディングルールが相関性のあるマーケットでも有効に機能することを目指している。例えば、日本円では素晴らしいパフォーマンスを上げるのにスイスフランでは大きな損失となったり、Tボンドではかなり有効であるが10年債ではまったくダメだといったようなトレーディングルールは実際のトレードでは使えない。9つのすべての銘柄でかなりの好結果が出ることは期待できなくても、少なくとも一定の成果が出ることは確認されなければならない。

　私が望むのはある銘柄では目を見張るようなパフォーマンスを上げるが、別の銘柄ではひどい結果になるといったものではなく、ほぼすべての銘柄で一定のパフォーマンスが得られるようなトレーディングシステムである。そうでなければ、実際のトレードにおいて将来のパ

フォーマンスに自信を持つことはできないだろう。そのためにはできるだけ多くの調査が必要であり、5つの銘柄よりは10、10の銘柄よりは20の銘柄で検証したほうがその信頼性を確認することができる。また、5年のデータ検証結果についても検証期間をさらに長期にすると、銘柄の環境変化でまったく異なる結果が出ることもある。ある年から5年以降とそれ以前の5年間にも同じようなパフォーマンスが出るように調整すべきである。避けなければならないことのひとつは、データの検証プロセスを各銘柄ごとにカスタマイズすることである。これではいくら素晴らしい数字が出ても、変数の普遍化というよりは特殊化によって偶然の要素がかなり大きくなってしまう。

例えば、1セント銅貨、5セント白銅貨、10セント硬貨、25セント硬貨をそれぞれ100回投げて表裏の確率を調べるとしよう（予想確率についてはまったく知らず、すべてのコイン投げの結果は完全にランダムなものと仮定する）。コイン投げについて何も知らない異星人であれば、コインの種類が表裏の確率を決定する大きな要因であると思うだろう。実際の結果は表裏半々の確率ではなく、1セント硬貨は52回が表、5セント硬貨は57回が裏となるかもしれない。しかし、この結果だけを見て1セント硬貨は買い指標、5セント硬貨は売り指標であると決めることはできない。最初は表裏の出方が少し違っても、200回、300回とコイン投げを繰り返していけば、それぞれの表裏の確率は次第に信頼できるものに近づいていくだろう。

私が『マーケットの魔術師【システムトレーダー編】』（パンローリング）を書いた目的のひとつは、マーケットに永久不変の性質があるのかどうかを確認することだった。インタビューしたトレーダーの何人かは、数年前に開発したトレーディングシステムを何の変更も加えないで今でも使っていると語っていた。その理由は、いったん有効性が確認されたシステムに変更を加える必要はないというものだった。彼らによれば、いったん変更を加え始めると人気株を追いかける自由

裁量のトレーダーのようになり、それはちょうど自分のしっぽを追いかける犬のようなものである。ルールの頻繁な変更は自分のトレーディングシステムに対する信頼感を揺るがすことになるという。どのようなシステムにも損失期間があり（ときに長期に及ぶこともある）、そうしたドローダウンを理由にこれまで使ってきたシステムを簡単に放棄してもよいのだろうか。確かに自分が損失を出している間も利益を上げているシステムも存在するが、そうしたシステムでも一定のドローダウンは避けられない。

そうした許容すべきドローダウン期間について、システムトレーダーの間では今でも議論が絶えない。5連勝（あるいは5連敗）したシステムに乗り換えるべきであろうか？　運用者のなかには1～2回負けただけでシステムを捨てる者もいる。また、平均よりも良いパフォーマンスを上げたシステムは、次回のパフォーマンスは悪いだろうと考える人もいる。

一方、マーケットの変動という問題について、それを引き起こす原動力はモメンタムという消滅することのないマーケットのフォースである。その根底にあるのは恐怖心や貪欲さといった永久不変の人間心理である。こうした常に変化するマーケットではトレーディングシステムの最適化は最重要の問題であり、堅牢性のあるロジカルな変数を選択していくべきである。例えば、長い時間が経過してもまだ使えるシステムであっても、従来の5から3へ変更しただけで年間利益が倍増する可能性もあるからだ。1982～1985年にはS&P500の日中のレンジが10ポイントを超える日は1日もなかったが、1999年には日中レンジが10ポイント以下の日はわずか10営業日にすぎなかった。このようにマーケットの環境は大きく変化しており、マーケットの現況を正確にとらえる洞察力がさらに求められている。

『マーケットの魔術師【システムトレーダー編】』に登場したシステムトレーダーのほぼ半数は、トレーディングシステムの定期的な再最

適化が望ましいと述べていた。彼らの多くは、メカニカルなトレーディングシステムを最高の状態に維持しておくために毎年再最適化を実行しているという。こうしたシステム最適化の成否を決めるカギとなるのが、「処女データ（あとでフォワードテストにかけられるように、最適化のプロセスで使わないでおくデータ）」である。データの検証とは絶えざる更新のプロセスであり、メカニカルなルールにのっとったトレーディングアイデアをヒストリカルデータで検証し、その結果が負けトレードから勝ちトレードへ、勝ちトレードから連勝トレードになるように調整・再調整を重ねていく。しかし、そのときに後知恵を使いすぎないように注意しなければならない。

システム最適化の仕上げとなるのが、それまでの検証プロセスで使わなかったデータによるフォワードテストである。一般にその期間はバックテストのデータサンプルがベースとなる。例えば、現在が2005年11月1日だとすれば、日足のトレーディングシステムでは1999年1月～2004年12月のデータを検証し、そこから得られたトレーディングルールを2005年に適用する。そのときに使用する処女データとは、未知なる将来のトレード用データとも言えよう。私はタイガーシャーク（TigarShark）などのオンラインサイトに寄稿するときは、ときに自分でもびっくりするような仮定の検証シナリオを提示する。例えば、それ以前の5年間に比べて1年間の処女データの検証では一貫して利益となるようなシナリオである。これについて、以下では既述した3つのトレーディングルール（買い）を使って具体的に説明しよう。

1. **終値が40日間移動平均よりも高い**　この移動平均の日数（「E」）を5日刻みで5～50で試す。
2. **2日間移動平均が5日間移動平均よりも安い**　短期の日数を2～4まで1日刻みで試し（「N」）、さらに長期の日数については5または10の変数（「P」）を試す。

3．過去50日間の最安値が出現した　この最適化の変数（「Ｑ」）は5日刻みの5～50を試す。

　各データブロックについてはそれぞれ600回検証し、最高のNP/WDを調べた。1998～2002年のデータは2003年のバージン年（Virgin Year）、1999～2003年のデータは2004年のバージン年に適用する。このようにしてすべてのデータブロックについて5年間検証し、各バージン年のデータに基づく（いわばシミュレートされた将来の）パフォーマンス結果を示したのが**表23.1**である。もっとも、これは確定した数字ではなく、いわばトレーディングシステムの「定期的な再最適化」、すなわち堅牢なシステムを開発するためのひとつの参考データである。これを見ると各マーケットのバイアスのほか、一定期間にわたりすべてのマーケットに同じトレーディングルールを適用することでその堅牢性の程度も確認できる。ただし、未検証の変数を追加することでデータブロックの数字を歪めてはならない。マーケットの変動に応じて、トレーディングの原則を大きく変更しない範囲内であればパラメーターを変更してもよい。しかし、あるマーケットではモメンタムのルールにのっとっているが、ほかのマーケットではそれとは別のルールを適用するようなことをしてはならない。最終的に最高または次善、さらには三番目のシナリオでも合格点が出れば、それは有効なシステムと言えるだろう。トレーディングシステムは本来的にはそうした弾力性を備えるべきだ。

　表23.2は2001年の最適化データによる9銘柄のパフォーマンス、**表23.3**は1984～1988年のデータ領域をベースとした1989年の最適化データによる2001～2005年のS&P500のパフォーマンス結果である。それを見ると、システムを毎年再最適化することによってあとから見て最高の数字が出るわけではないが、実現可能なパフォーマンスの数字が得られるというのがこうしたシミュレーションの大きな長所であ

表23.1 各バージン年のデータに基づく9銘柄のパフォーマンス結果

	E	N	P	Q	損益	トレード回数	勝率(%)	1トレード当たりの損益	最大ドローダウン	NP/WD
S&P500										
2001	50	2	10	30	$83,063	248	52.82%	$334.93	$33,950	245.0
2002	50	2	10	30	$37,325	252	50.40%	$148.12	$59,600	62.6
2003	50	2	10	30	$20,425	252	52.38%	$81.05	$24,950	81.9
2004	50	2	10	30	($15,550)	252	51.59%	($61.71)	$30,850	NA
2005	30	2	10	25	$850	224	44.20%	$3.79	$29,150	2.9
合計					**$126,113**	**1,228**				
ナスダック										
2001	40	3	5	30	($73,750)	248	47.98%	($297.38)	$145,550	NA
2002	15	3	5	15	$80,900	251	52.59%	$322.31	$14,250	568.0
2003	15	3	5	15	($19,200)	251	47.81%	($76.49)	$41,050	NA
2004	40	3	5	15	($7,900)	252	48.81%	($31.25)	$31,600	NA
2005	40	3	5	15	($41,700)	224	43.30%	($186.16)	$44,550	NA
合計					**($61,650)**	**1,226**				
ラッセル										
2001	45	4	10	50	$28,950	247	51.82%	$117.21	$33,725	85.8
2002	20	2	5	10	$8,675	252	50.40%	$34.42	$39,325	22.1
2003	20	2	5	10	$20,125	251	49.80%	$80.18	$29,150	69.0
2004	25	3	10	10	$19,550	252	49.21%	$77.58	$36,125	54.1
2005	25	3	10	10	$51,000	224	53.57%	$227.68	$28,900	176.0
合計					**$128,300**	**1,226**				
Tボンド										
2001	10	4	10	50	$9,281	249	50.20%	$37.27	$10,625	87.4
2002	15	3	5	20	($3,563)	249	48.19%	($14.31)	$12,250	NA
2003	20	4	5	50	($5,125)	248	47.58%	($20.67)	$8,406	NA
2004	30	3	5	50	$5,938	249	50.60%	$23.85	$6,906	86.0
2005	30	2	5	20	($4,562)	221	48.87%	($20.64)	$6,125	NA
合計					**$1,969**	**1,216**				
10年債										
2001	5	3	10	45	$6,594	249	51.41%	$26.48	$4,781	138.0
2002	15	3	10	45	$3,047	250	49.20%	$12.19	$7,781	39.2

第23章　最適化、マーケットの変動、処女データについて

2003	35	3	10	45	($125)	249	51.00%	($0.50)	$7,016	NA
2004	35	2	5	45	$8,250	249	55.82%	$33.13	$4,188	197.0
2005	35	2	5	45	$7,141	221	49.77%	$32.13	$1,781	401.0
合計					$24,907	1,218				
5年債										
2001	5	3	5	45	$1,250	249	46.59%	$5.02	$3,188	39.2
2002	15	3	10	45	($31)	252	46.03%	($0.12)	$8,063	NA
2003	35	3	5	45	$10,563	250	55.60%	$47.00	$1,891	559.0
2004	35	3	5	45	($2,469)	249	53.82%	($9.91)	$4,891	NA
2005	35	2	5	45	$1,500	221	49.32%	$6.79	$2,563	58.5
合計					$10,813	1,221				
日本円										
2001	40	2	5	45	($1,438)	250	47.60%	($5.75)	$9,175	NA
2002	40	3	5	45	($5,150)	250	47.60%	($20.60)	$12,225	NA
2003	30	2	5	45	$4,875	248	49.19%	$19.66	$6,750	72.2
2004	10	3	5	50	$7,388	249	50.60%	$29.67	$6,400	115.0
2005	25	2	5	50	$8,725	221	53.85%	$39.48	$4,138	211.0
合計					$14,400	1,218				
ユーロ										
2001	*									
2002	*									
2003	*									
2004	5	2	5	50	$3,475	249	50.60%	$13.96	$7,863	44.2
2005	5	2	5	50	$1,650	221	49.32%	$7.47	$8,063	20.5
合計					$5,125	470				
スイスフラン										
2001	15	2	10	45	($1,500)	250	45.60%	($6.00)	$5,913	NA
2002	15	2	10	40	($9,388)	251	43.43%	($37.40)	$10,838	NA
2003	5	2	5	10	($2,113)	249	49.00%	($8.48)	$8,825	NA
2004	5	2	10	10	$3,175	249	50.60%	$12.75	$6,213	51.1
2005	5	2	5	10	($5,125)	221	48.42%	($23.19)	$10,750	NA
合計					($14,951)	1,220				

*1999年に導入されたので完全なデータは入手できない

表23.2 2001年の最適化データに基づく9銘柄のパフォーマンス結果

	E	N	P	Q	損益	トレード回数	勝率 (%)	1トレード当たりの損益	最大ドローダウン	NP/WD
S&P500										
2001	50	2	10	30	$83,063	248	52.82%	$334.93	$33,950	245.0
2002	50	2	10	30	$58,275	252	50.79%	$231.25	$35,450	164.0
2003	50	2	10	30	$20,425	252	52.38%	$81.05	$24,950	81.9
2004	50	2	10	30	($15,550)	252	51.59%	($61.71)	$30,850	NA
2005	50	2	10	30	$850	224	44.20%	$3.79	$29,150	2.9
合計					$147,063	1,228				
ナスダック										
2001	40	3	5	30	$500	252	48.79%	($243.75)	$92,750	NA
2002	40	3	5	30	$89,700	251	53.39%	$357.37	$16,550	542.0
2003	40	3	5	30	($8,700)	251	47.41%	($34.66)	$32,850	NA
2004	40	3	5	30	($7,900)	252	48.81%	($31.25)	$31,600	NA
2005	40	3	5	30	($41,700)	224	43.30%	($186.16)	$44,550	NA
合計					$31,900	1,230				
ラッセル										
2001	45	4	10	50	$28,950	247	51.82%	$117.21	$33,725	85.8
2002	45	4	10	50	$22,925	252	51.19%	$90.97	$47,925	47.8
2003	45	4	10	50	($16,875)	251	46.22%	($67.23)	$44,275	NA
2004	45	4	10	50	$120,550	252	54.37%	$54.37	$31,825	379.0
2005	45	4	10	50	$18,625	224	52.21%	$82.41	$52,850	35.2
合計					$174,175	1,226				
Tボンド										
2001	10	4	10	50	$9,281	249	50.20%	$37.27	$10,625	87.4
2002	10	4	10	50	$2,125	249	49.40%	$8.53	$12,750	16.7
2003	10	4	10	50	$10,438	248	50.00%	$42.09	$8,875	118.0
2004	10	4	10	50	$3,313	249	47.79%	$13.30	$9,000	36.8
2005	10	4	10	50	$1,563	221	46.61%	$7.07	$6,656	23.5
合計					$26,720	1,216				
10年債										
2001	5	3	10	45	$6,594	249	51.41%	$26.48	$4,781	138.0
2002	5	3	10	45	($1,891)	250	46.80%	($7.56)	$10,000	NA

第23章 最適化、マーケットの変動、処女データについて

2003	5	3	10	45	($5,375)	249	47.39%	($21.59)	$8,672	NA
2004	5	3	10	45	($4,032)	249	47.39%	($16.19)	$9,813	NA
2005	5	3	10	45	$5,422	221	49.32%	$24.53	$2,125	255.0
合計					**$718**	**1,218**				
5年債										
2001	5	3	5	45	$1,250	249	46.59%	$5.02	$3,188	39.2
2002	5	3	5	45	$688	252	45.63%	$2.73	$5,234	13.1
2003	5	3	5	45	$4,531	250	51.60%	$18.13	$2,844	159.0
2004	5	3	5	45	($7,656)	249	46.59%	($30.75)	$8,234	NA
2005	5	3	5	45	$2,313	221	50.68%	$10.46	$2,453	94.3
合計					**$1,126**	**1,221**				
日本円										
2001	40	2	5	45	($1,438)	250	47.60%	($5.75)	$9,175	NA
2002	40	2	5	45	$150	250	49.60%	$0.60	$10,100	1.5
2003	40	2	5	45	$5,725	248	49.60%	$23.08	$4,450	129.0
2004	40	2	5	45	$7,462	249	52.61%	$29.97	$4,288	174.0
2005	40	2	5	45	$3,075	221	51.58%	$13.91	$6,063	50.7
合計					**$14,974**	**1,218**				
ユーロ										
2001	*									
2002	*									
2003	*									
2004	5	2	5	50	$22,125	249	55.42%	$88.86	$8,875	249.0
2005	5	2	5	50	$6,925	221	55.20%	$31.33	$10,600	65.3
合計					**$29,050**	**470**				
スイスフラン										
2001	15	2	10	45	($1,500)	250	45.60%	($6.00)	$5,913	NA
2002	15	2	10	45	($11,613)	251	41.83%	($46.25)	$12,763	NA
2003	15	2	10	45	$2,288	249	49.40%	$9.19	$5,450	42.0
2004	15	2	10	45	($3,950)	249	48.19%	($15.86)	$6,838	NA
2005	15	2	10	45	$8,350	221	55.66%	$37.78	$5,563	150.0
合計					**($6,425)**	**1,220**				

*1999年に導入されたので完全なデータは入手できない

表23.3　1989年の最適化データに基づくS&P500のパフォーマンス結果

	E	N	P	Q	損益	トレード回数	勝率(%)	1トレード当たりの損益	最大ドローダウン	NP/WD
S&P500										
2001	5	4	5	25	$51,063	248	54.44%	$205.90	$36,800	139.1
2002	5	4	5	25	$21,625	252	50.40%	$85.81	$33,750	64.1
2003	5	4	5	25	($36,775)	252	48.02%	($145.93)	$59,575	NA
2004	5	4	5	25	$39,800	252	52.78%	$157.94	$11,025	361.0
2005	5	4	5	25	($5,700)	224	45.54%	($25.45)	$36,400	NA
合計					**$70,013**	**1,228**				

る。ほかの最適化シミュレーションでもこれと同じような客観的な数字が簡単に得られるわけではないが、いろいろな銘柄をリサーチするときにそのほとんどから十分に有効な成果が得られることはシステム最適化の必須条件である。また、セクターに応じてそれらの数字を調整するときも一定の有効性は確保されなければならない。

第24章
"The Best System in the World"

いろいろな変数の最適化

　広く使われているトレーディングソフトでは、いろいろな変数について最適化することができる。私が重視する変数は、「(純利益÷最大ドローダウン)×100」で表されるNP/WDであり、通常では最優秀のNP/WDと最優秀の純利益は一致しているが、そうでないときもある。一般にフィルタをかけてトレード数を絞ると純利益がかなり大きくなるけいこうがある。また最大ドローダウンもトレーディングシステムの堅牢性を決定する大きな変数のひとつであり、純利益10万ドル・最大ドローダウン8万ドルのシステムよりは、純利益4万ドル・最大ドローダウン8000ドルのシステムのほうが優れたシステムと言えるだろう。トレーディングシステムにいろいろな目的の実現を託し、また自分が直面する問題の解決を期待するときは、さまざまな変数に関する検証が必要となる。一般的な目的は広範なマーケットでコンスタントに一定の利益が出るシステムの開発であり、そのときに重要となる変数が総トレード数である。またポジションサイズをいろいろと変えて連勝・連敗トレード数を検証したり、平均勝ち・負けトレード数を確認する作業も必要になるだろう。

　私はこれまで膨大な時間を費やして、いろいろなマーケットのバイアスをとらえるデイトレードの可能性について検証し、そこから有効なトレーディングルールを引き出してきた。そのときの重要な目安の

ひとつが、1トレード当たりの利益が取引コスト（スリッページ＋売買手数料）をカバーできるかどうかである。また、指値注文を使うトレーディングルールでは実際には約定できないような理論上の指値注文などには調整を加える必要がある。私はあるマーケットに有望なバイアスが見つかったとき、そこから利益を引き出す方法を模索してきた。既述したカップやキャップなどのパターンはそのひとつであるが、現実には大引けに仕掛けて翌日の寄り付きで手仕舞うトレードでは、取引コストをカバーできるほどの利益を上げるのは簡単なことではない。しかし、私の長年にわたる経験に照らせば、それでもいろいろなマーケットに頻繁に出現するバイアスには、それほど大きくはなくても何らかの利益のチャンスは存在する。

　私が最近見つけたそうしたチャンスのひとつはミニS&P500の1分足トレードで、「各足の始値－（直近5本の始値－安値の平均）の水準で買う・各足の始値＋（直近5本の高値－始値の平均）の水準で売る」というトレードを繰り返し、その日の大引けですべてのポジションを手仕舞う。**図24.1**はその一例を示したもので、この手法では有利・不利なものも含めて頻繁にトレードを繰り返すが、全体として買いよりも売りのトレードが多いようだ。**図24.2**はそのエクイティカーブ（純資産曲線）であるが、目立った落ち込みもなく、右肩上がりのきれいな上昇曲線を描いている。また、**表24.1**は2002年1月～2005年11月のそのパフォーマンス結果（1トレード当たり5ドルの取引コストを含む）を示したもので、日中の最大ドローダウンはわずか3023ドル、勝率は約70％、1トレード当たりの平均利益は8.26ドルと取引コストを十分にカバーしている。一方、**図24.3**はこのトレードの売買注文の約定状況を示したもので、当初約定しなかった買い（または売り）注文もそれ以降の10本以内の足で約定している。しかし、より現実的な状況は**図24.4**に示したような局面であり、高値と安値が切り下がっているこうした局面では売り有利なことは明らかであるが、実

図24.1 ミニS&P500の1分足トレードの例

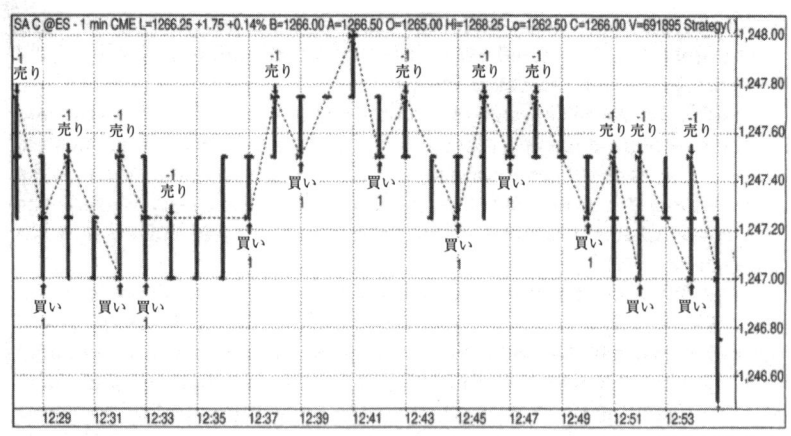

出所＝トレードステーション・テクノロジーズ

図24.2 ミニS&P500の1分足トレードのエクイティカーブ（2002/1/2～2005/11/18）

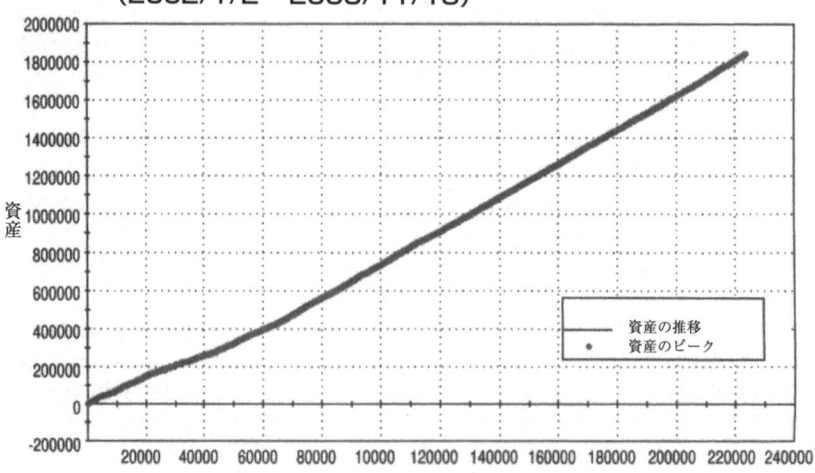

出所＝トレードステーション・テクノロジーズ

表24.1 ミニS&P500の1分足トレードのパフォーマンス結果（1トレード当たり5ドルの取引コストを含む、2002/1/2～2005/11/19）

総損益	$1,840,357.50	総利益÷総損失比	2.13
総利益	$3,471,697.50	総損失	($1,631,340.00)
総トレード数	222,926	勝率	69.42%
勝ちトレード数	154,758	負けトレード数	68,168
引き分けトレード数	0		
1トレード当たりの平均利益	$8.26	平均利益÷平均損失比	0.94
勝ちトレードの平均利益	$22.43	負けトレードの平均損失	($23.93)
勝ちトレードの最大利益	$507.50	負けトレードの最大損失	($755.00)
最大連勝トレード数	47	最大連敗トレード数	20
勝ちトレードの平均日数	2.22	負けトレードの平均日数	3.46
全トレードの平均日数	2.60		
最大建玉枚数	1	口座に最低限必要な金額	$2,947.50
当初資金利益率	1,840.36%	年利益率	76.48%
リターン・リトレイスメント・レシオ	1.30	RINAインデックス	478,469.64
		トレード率	20.63%
トレード期間	3年10カ月15日5時間53分		
最大資産額	$1,840,520.00		
最大ドローダウン（未実現損益を含む）	($3,022.50)	最大ドローダウン（実現ベース）	($2,947.50)
純損益÷ドローダウン比率	60,888.59%	純損益÷ドローダウン比率	62,437.91%

出所＝トレードステーション・テクノロジーズ

際には約定しないケースがほとんどである。それを見ると7回の売り注文はいずれも約定されず、最終的な安値水準でようやく買いと出合っている。

図24.3　10分以内に約定するミニS&P500の1分足トレードの売買注文

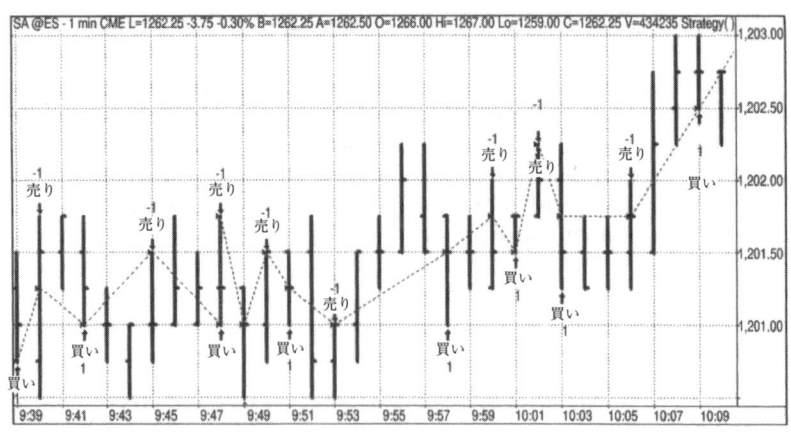

出所＝トレードステーション・テクノロジーズ

図24.4　買いと出合わない7回の売り注文

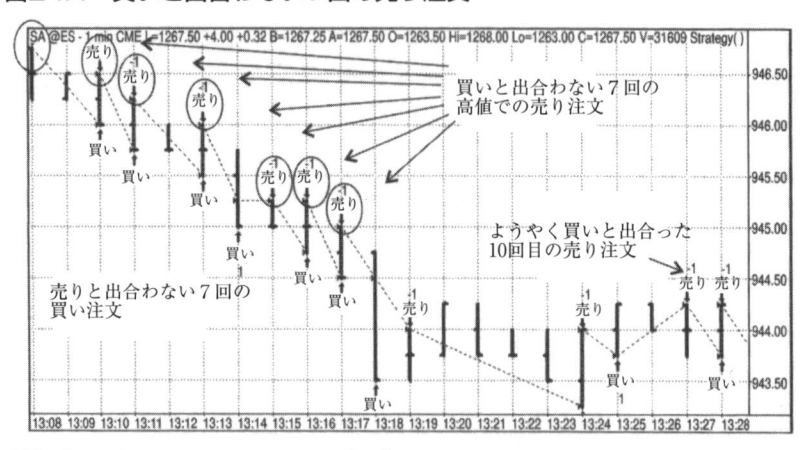

出所＝トレードステーション・テクノロジーズ

第25章
Targeting Sectors

特定セクターのトレード

　データの検証を広範にすればするほど、その結果は信頼性の高いものとなる。すなわち、特定のマーケットで有効な変数群よりは、広範なマーケットで有効なひとつの変数のほうが信頼できる。例えば、通貨、債券、株価指数用にそれぞれ別個の変数を組み入れたシステムは着実に利益を上げるどころか、偶然の結果に大きく左右されるだろう。トレーディングシステムの開発に当たっては、まず最初にセクターを絞ることの是非について考えるべきだ。この問題については『**マーケットの魔術師【システムトレーダー編】**』に登場したシステムトレーダーの間でもいろいろな意見があり、広範なマーケットに適用できるシステムにこだわるトレーダーもいれば、(各マーケットとはいかないまでも)それぞれのマーケットやセクターには特有の特徴があり、それに見合ったシステムを選択すべきだと主張するトレーダーもいた。

　そうしたマーケットのひとつが株式と商品市場である。商品相場は主に需給関係によって動き、穀物などは季節性を反映して動く典型的な天候商品である。これに対し、株式相場は人間の心理に大きく左右され、ウォール街には金融・経済はもとより、政治に関するいろいろなニュースも好悪材料として大きな影響を及ぼす。さらに株式と商品は相反するトレンドを描くと主張するトレーダーもいる(トレンドとはややあいまいなコンセプトであるが、私は従来のブレイクアウト手

法が通用する局面がトレンドのある相場であると考えている）。確かに商品と株式にはそれぞれ異なる特徴があるが、通貨にもこの２つのマーケットには見られないユニークな動きがある。そのひとつはかなり長期にわたるトレンドを描くことで、こうしたマーケットではオープニングレンジ・ブレイクアウト手法というかなりシンプルでオーソドックスな手法が使える。これを応用したのが「月曜日の始値±前週のレンジの水準にストップ注文を置いて買う（売る）」というトレーディングルールで、この週足ブレイクアウト手法では損切り注文を置かずに買い・売りのドテンを繰り返していく。

　表25.1はこの週足ブレイクアウト手法による日本円の23年間のパフォーマンスを示したもので、負けトレードの最大損失はわずか7125ドル、最大ドローダウンも１万8000ドル以下と純利益（約16万ドル）の10分の１近くにとどまっている。さらにスリッページ＋売買手数料を100ドルとすれば、総トレードの取引コストも２万ドルちょっとである（100×208＝20800ドル）。１トレード当たりの平均利益（770.61ドル）からこのコストを差し引いても、手元にはまだ670ドルも残っている。日本円の週足の推移を表した**図25.1**を見ても、わずかに逆行するケースもあるが、８月初めの買いによる大きな利益を損なうほどのものではない。このトレード手法に従えば、８月以降の長期上昇局面で売りに回るようなことはないだろう。**図25.2**はこの週足ブレイクアウト手法による日本円のエクイティカーブであり、右肩上がりのきれいな純資産曲線を描いている。一方、**表25.2**はこの手法による日本円の各年のパフォーマンス推移、**表25.3**は日本円を除く８銘柄のパフォーマンスを示したもので、これを見ると債券も通貨に匹敵する高いパフォーマンスを上げており、１トレード当たりの利益も100ドルの取引コストを十分にカバーしている。さらに純利益の水準も高く、運用成績も銀行預金の金利を大きく上回っている。

　債券は通貨よりも流動性が高く、ボラティリティも大きいが、それ

表25.1　週足ブレイクアウト手法による日本円のパフォーマンス結果（1981/6/5～2005/11/19）

項目	値	項目	値
総損益	$160,287.50	総利益÷総損失比	1.76
総利益	$370,637.50	総損失	($210,350.00)
総トレード数	208	勝率	48.08%
勝ちトレード数	100	負けトレード数	108
引き分けトレード数	0		
1トレード当たりの平均利益	$770.61	平均利益÷平均損失比	1.90
勝ちトレードの平均利益	$3,706.38	負けトレードの平均損失	($1,947.69)
勝ちトレードの最大利益	$20,775.00	負けトレードの最大損失	($7,125.00)
最大連勝トレード数	5	最大連敗トレード数	6
勝ちトレードの平均日数	9.10	負けトレードの平均日数	4.74
全トレードの平均日数	6.84		
最大建玉枚数	1	口座に最低限必要な金額	$17,987.50
当初資金利益率	160.29%	年利益率	4.07%
リターン・リトレイスメント・レシオ	0.08	RINAインデックス	101.66
トレード期間	23年5カ月28日	トレード率	99.92%
最大資産額	n/a		
最大ドローダウン（未実現損益を含む）	($20,825.00)	最大ドローダウン（実現ベース）	($17,987.50)

出所＝トレードステーション・テクノロジーズ

は世界中の各国政府という大口プレーヤーがこのマーケットに参加しているからである。しかし、株式のように価格が何倍または何分の1に急騰・急落するようなことはないが、それは金利水準を反映した金融商品であるからだ（金利が下がれば債券価格は上昇し、高金利になれば下落する）。さらに債券は通貨に比べて大きなトレンドを描くことも少ないので、週足よりは日足のモメンタム手法が適しているだろう。そのトレーディングルールのひとつが「終値が25日間移動平均よりも高い（安い）ときは、翌日の始値±前日のレンジの1.5倍の水準

図25.1　週足ブレイクアウト手法による日本円のトレード

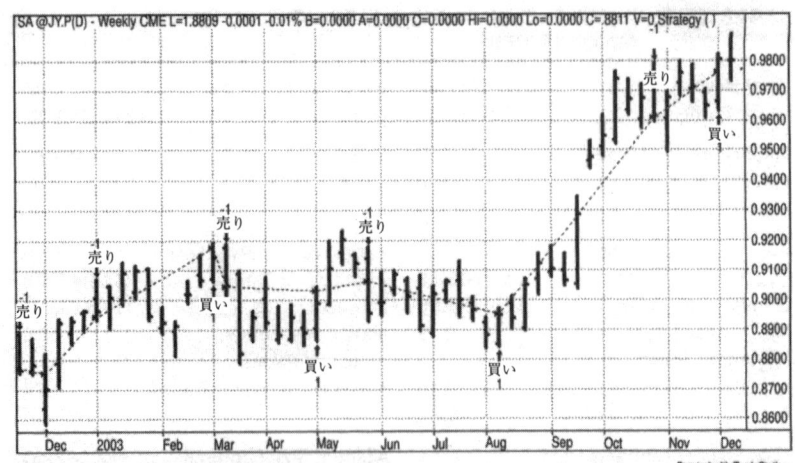

出所＝トレードステーション・テクノロジーズ

図25.2　週足ブレイクアウト手法による日本円のエクイティカーブ（1981/6/5～2005/11/18）

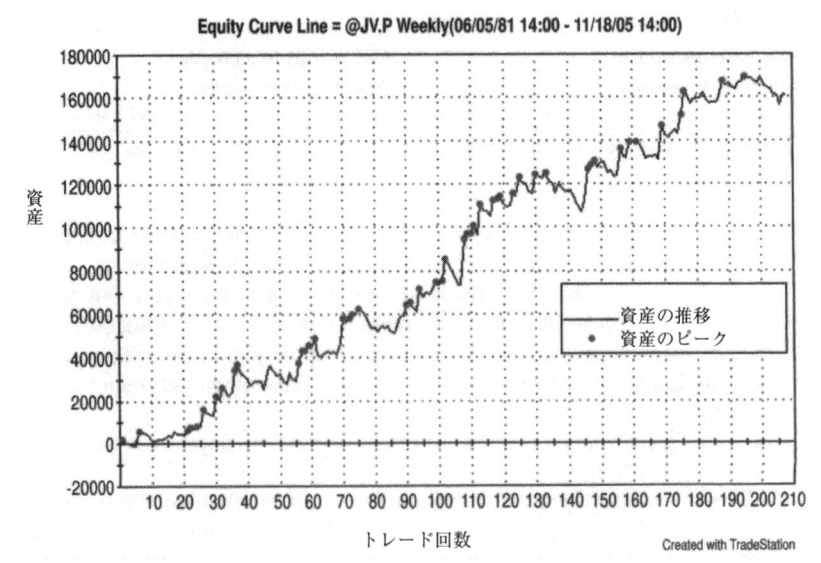

出所＝トレードステーション・テクノロジーズ

表25.2　週足ブレイクアウト手法による日本円のパフォーマンス推移

	損益	年間成績（%）	総利益÷総損失比	トレード回数	勝率（%）
1982	$6,413	6.41%	2.76	6	66.67%
1983	($4,463)	−4.19%	0.21	9	22.22%
1984	$2,600	2.55%	2.02	8	62.50%
1985	$10,713	10.25%	6.99	7	51.14%
1986	$538	8.27%	2.17	10	40.00%
1987	$8,663	6.94%	1.65	11	45.45%
1988	$6,238	4.68%	1.49	12	50.00%
1989	$2,050	1.47%	1.2	11	63.64%
1990	$19,025	13.42%	6.6	7	71.43%
1991	($8,925)	−5.55%	0.4	14	35.71%
1992	$11,888	7.83%	6.17	7	71.43%
1993	$13,400	8.18%	2.69	10	50.00%
1994	($3,375)	−1.91%	0.75	8	37.50%
1995	$33,550	19.31%	4.42	10	60.00%
1996	$10,063	4.85%	2.66	9	66.67%
1997	$1,775	82.00%	1.09	14	28.57%
1998	$10,563	4.82%	1.8	12	50.00%
1999	$2,900	1.26%	1.21	10	50.00%
2000	$5,538	2.38%	1.5	12	41.67%
2001	$12,188	5.12%	2.67	7	57.14%
2002	$11,738	4.69%	3.15	8	75.00%
2003	$4,538	1.73%	1.67	9	55.56%
2004	($3,050)	−1.14%	0.74	15	33.33%
2005	$4,850	1.84%	1.59	6	33.33%

表25.3　週足ブレイクアウト手法によるその他の銘柄のパフォーマンス結果（～2005/11/19）

	損益	トレード回数	勝率（%）	1トレード当たりの損益	最大ドローダウン	NP/WD
S&P500	($199,925)	189	57.81%	($1,058.00)	$333,500	NA
ナスダック	$46,000	64	42.19%	$718.75	$141,150	32.6
ラッセル	$163,700	94	44.68%	$1,741.49	$104,000	157.4
Tボンド	$85,406	211	47.87%	$404.77	$20,031	426.4
10年債	$62,625	179	43.58%	$349.86	$16,594	377.4
5年債	$25,625	136	43.38%	$188.42	$10,234	250.4
ユーロ	$82,425	42	54.76%	$1,962.50	$7,100	1,160.9
スイスフラン	$120,925	266	45.86%	$454.61	$29,700	407.2

表25.4 日足モメンタム手法による債券のパフォーマンス結果
（～2005/11/19）

	損益	トレード回数	勝率（%）	1トレード当たりの損益	最大ドローダウン	NP/WD
Tボンド	$125,250	304	50.00%	$412.01	$8,625	1,452.0
10年債	$72,344	265	49.43%	$273.00	$13,688	528.5
5年債	$39,687	229	49.78%	$173.31	$3,609	1,100.0

表25.5 日足モメンタム手法によるその他の銘柄のパフォーマンス結果
（～2005/11/19）

	損益	トレード回数	勝率（%）	1トレード当たりの損益	最大ドローダウン	NP/WD
S&P500	$54,500	229	36.24%	$237.99	$139,975	39.0
ナスダック	$61,000	58	39.66%	$1,051.72	$111,800	54.6
ラッセル	$209,925	178	40.45%	$1,179.35	$71,800	292.4
日本円	$77,200	270	44.07%	$285.93	$30,313	254.7
ユーロ	$22,463	70	47.14%	$320.89	$20,900	107.5
スイスフラン	$93,800	367	41.96%	$255.59	$21,650	433.3

にストップ注文を置いて買う（売る）。始値∓前日のレンジの1.5倍の水準に損切り注文を置く」というものであるが、このトレード手法では時間枠を週足から日足に短くした分だけ1トレード当たりの利益も限られる。**表25.4**はこの日足モメンタム手法による債券のパフォーマンス、**表25.5**は債券以外の銘柄のパフォーマンス結果である。

第26章
Index Biases Part One -- Days of the Week

株価指数のTDWバイアス

どのようなトレーディングアイデアについても、多くの確証が得られるほどその有効性は高くなる。トレーディングシステムについてもとりわけ相関性の高い市場を含む広範なマーケットでその有効性を検証すべきである。私がインタビューしたシステムトレーダーの多くは遠い過去よりも直近の期間の検証結果を重視していたが、そうした彼らでさえもそれらが長期のデータでも裏付けられることを望んでいた。このように長期のデータ検証は短期のものよりも有効であり、またマーケットやセクターにおける検証結果も広範にわたるほどその信頼性は高くなる。それはマーケットのバイアスが単なる偶然のものではなく、確実に存在することを立証する確かな方法である。

　私はこれまで株価指数のバイアスについて多くのデータ検証を重ねてきたが、その多くについてはほかの金融市場（特に債券）でも一定の有効性が確認された。株式はほかの金融商品に比べて人間心理に大きく左右され、全世界にプレーヤーが存在しているうえ、われわれの生活にも深く関係している。しかし、いろいろな株価指数（S&P500、ダウ平均、ナスダックなど）の動きについて興味ある事実のひとつは、それらがそれぞれ独自の動きをしていることである。例えば、300ポイントも暴落したダウ平均がようやく反発に転じても、ほかの株価指数が依然として下げ続けていることはけっして珍しいことではない。

私が株価指数にこだわる理由のひとつは、その影響力と注目度が突出しているからである。例えば、綿花相場の大きな動きが新聞の一面トップを飾ることはないし、債券の動きをフォローしているのは一部の専門家やトレーダーに限られる。穀物相場の暴落が中西部で大きな話題になっても、株式相場の影響力にはかなわないだろう。

　これに対し、株価指数はデイトレードなどによって十分な流動性とボラティリティを与えられている。以下に掲載する各銘柄（S&P500、ナスダック、ラッセルなど）の1トレード当たりの平均利益を見ても、100ドル（ミニサイズでは20ドル）の取引コスト（スリッページ＋売買手数料）を十分にカバーしており、デイトレードでそれだけの利益を上げられるマーケットはそれほど多くはない。

　ところで1週間のうちで買いまたは売り志向が強まる曜日というものがあるのだろうか。一般に月曜日は買い志向が強く、それ以降はそれほど大きなバイアスはなく、金曜日には逆に売りマインドになると言われるが、私はそれについて実際に検証してみた。すなわち、金曜日は寄り付きで売って大引けで手仕舞い、月曜日は寄り付きで買って大引けで手仕舞う。そこから得られたのが「金曜日に高く引けたときは翌月曜日に買い（安く引けたときは売り）、大引けで手仕舞う」というトレーディングルールである。**表26.1**はこのルールによるS&P500のパフォーマンスであるが、その1トレード当たりの平均利益（120.49ドル）は100ドルの取引コストをわずかに上回っている。これに対し、S&P500以外の3つの株価指数のパフォーマンスを示した**表26.2**を見ると、特にナスダックのパフォーマンスが素晴らしく（1トレード当たりの利益は378ドル）、またラッセルの利益も取引コストを十分にカバーしている。さらに、S&P500の20％という低いトレード率を考えると、NP/WDもかなり立派である。

　次に火曜日には月曜日とは逆方向に株価が向かうという、いわゆる「反転の火曜日」について検証したが、これもやはり本当だった。**表**

表26.1　S&P500の金曜日の株価を受けた月曜日の順張りトレード（2001/1/2～2005/11/19）

総損益	$29,400.00	総利益÷総損失比	1.12
総利益	$280,500.00	総損失	($251,100.00)
総トレード数	244	勝率	46.72%
勝ちトレード数	114	負けトレード数	129
引き分けトレード数	1		
1トレード当たりの平均利益	$120.49	平均利益÷平均損失比	1.26
勝ちトレードの平均利益	$2,460.53	負けトレードの平均損失	($1,946.51)
勝ちトレードの最大利益	$10,125.00	負けトレードの最大損失	($6,800.00)
最大連勝トレード数	8	最大連敗トレード数	9
勝ちトレードの平均日数	1.00	負けトレードの平均日数	1.00
全トレードの平均日数	1.00		
最大建玉枚数	1	口座に最低限必要な金額	$22,750.00
当初資金利益率	29.40%	年利益率	5.27%
リターン・リトレイスメント・レシオ	0.19	RINAインデックス	0.00
トレード期間	4年10カ月19日	トレード率	20.00%
最大資産額	$52,500.00		
最大ドローダウン（未実現損益を含む）	($27,050.00)	最大ドローダウン（実現ベース）	($22,750.00)
純損益÷ドローダウン比率	108.69%	純損益÷ドローダウン比率	129.23%
最大トレードドローダウン	($7,375.00)		

出所＝トレードステーション・テクノロジーズ

表26.2　金曜日の株価を受けた月曜日の順張りトレード（2001/1/2～2005/11/19）

	損益	トレード回数	勝率（％）	1トレード当たりの損益	最大ドローダウン	NP/WD
ナスダック	$91,450	242	52.48%	$377.89	$24,150	378.7
ラッセル	$59,725	245	51.02%	$243.78	$26,850	222.4
ダウ平均	$11,700	243	50.21%	$48.15	$8,260	141.6

表26.3　反転の火曜日の逆張りトレード（2001/1/2～2005/11/19）

	損益	トレード回数	勝率（％）	1トレード当たりの損益	最大ドローダウン	NP/WD
S&P500	$21,550	229	50.66%	$94.10	$18,850	114.3
ナスダック	$92,300	229	55.02%	$403.06	$23,800	387.8
ラッセル	$32,100	232	52.16%	$138.06	$34,275	93.7
ダウ平均	$16,940	229	51.53%	$73.97	$6,770	250.2

表26.4　水曜日～金曜日の逆張りトレード（2001/1/2～2005/11/19）

	損益	トレード回数	勝率（％）	1トレード当たりの損益	最大ドローダウン	NP/WD
S&P500	$196,938	749	54.34%	$262.93	$31,525	624.7
ナスダック	$97,000	737	49.93%	$131.61	$67,750	143.2
ラッセル	$46,400	740	49.86%	$62.70	$73,800	62.9
ダウ平均	$68,750	744	53.36%	$92.41	$17,030	403.7

表26.5　週5日の順張り・逆張りトレードの総合パフォーマンス結果（2001/1/2～2005/11/19）

	損益	トレード回数	勝率（％）	1トレード当たりの損益	最大ドローダウン	NP/WD
S&P500	$247,888	1,222	52.13%	$202.85	$56,925	435.5
ナスダック	$280,750	1,208	51.41%	$232.41	$57,000	492.5
ラッセル	$138,225	1,217	50.53%	$113.58	$71,050	194.5
ダウ平均	$97,390	1,216	52.38%	$80.09	$18,470	527.3

26.3は反転の火曜日の逆張りトレードによる4株式指数のパフォーマンス結果であるが、投資家の心理が月曜日とは逆になっているのが分かる。それ以降の曜日について見ると、水曜日は前2日間、木曜日は前3日間、金曜日も前4日間の基調に対して逆張りトレードが有利であり、**表26.4**～**表26.5**はそのパフォーマンス結果である。以上の検証結果をまとめると、順張りトレードは月曜日だけで、それ以降

はすべて逆張りトレードが有効であるようだ。

第27章
Index Biases Part Two -- Days of the Month

株価指数のTDMバイアス

　私はある講演の席上、「過去20年間に一貫して上昇トレンドをたどっているS&P500の先物売りだけで利益を上げることは可能でしょうか」という質問を聴衆にぶつけたことがある。新世紀のバブル崩壊期を除いて、S&P500は一貫して上昇基調をたどり、株価水準は当初の10倍、ピークよりも20％ほど安い高値圏内にある。しかし、過去数年間のS&P500の日足売買トリガーを示した**図27.1**を見ると、そのほぼ半分は売りとなっている。一貫した上昇トレンドが続くなかではたしてメジャートレンドに逆行したトレードで利益を上げることができるのだろうか。**表27.1**はS&P500の売りだけによるパフォーマンス、**表27.2**はその他の株価指数の売りだけのパフォーマンス結果である。

　1カ月の大きな流れを調べてみると、月末近辺では上昇、月半ばには下落基調が強まることが分かった。月末の株価上昇の一因はファンドマネジャーのお化粧買いである。彼らはポートフォリオに人気株を保有していることを顧客にアピールするため、月末にはどうしても人気株に乗り替えざるを得ない。しかし、こうした不自然な操作のツケは必ず払わなければならず、月半ばにはその反動から株価は安くなる傾向がある。こうした株価のバイアスを利用したトレーディングルールが次のようなものである。すなわち、「各月21日（週末・休日・祝日などがはさまったときはそれに近い日）の翌日の寄り付きに買い、

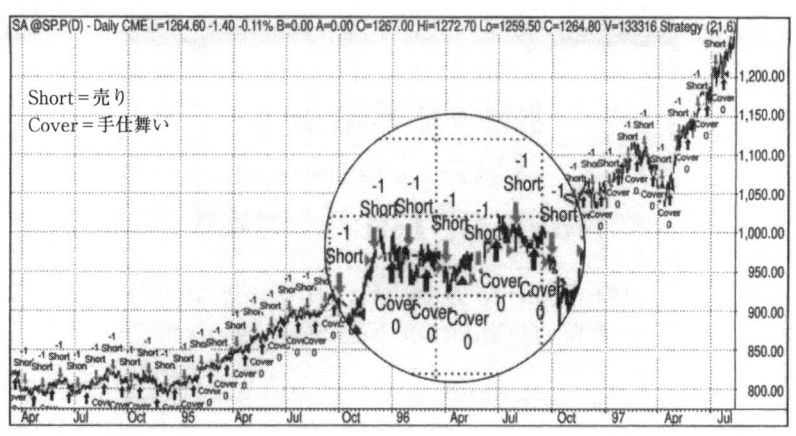

図27.1　一貫した上昇トレンドをたどるS&P500先物の売り

Short＝売り
Cover＝手仕舞い

出所＝トレードステーション・テクノロジーズ

翌月6日まで保有して手仕舞う。一方、各月6日(またはそれに近い日)の翌日の寄り付きに売り、21日まで保有して手仕舞う」。**表27.3**はこのルールによる4株価指数のパフォーマンス結果であり、それを見るとS&P500とラッセルの純利益が高く、またラッセルのNP/WDが突出しているほか、すべての株価指数で勝率が50％を超えている。これは月の半分ずつを買い持ちと売り持ちするという手法であり、実際に実行するのは難しいかもしれないが、それでも月間の株価のバイアスを見るには大きな参考になるだろう。

一方、「22日〜翌月6日には毎日寄り付きで買い、大引けで手仕舞う。7〜21日には毎日寄り付きで売り、大引けで手仕舞う」というデイトレードのルールにしたときのパフォーマンス結果が**表27.4**である。このルールに「安値日の翌日は買う、高値日の翌日は売る」とい

表27.1　S&P500先物の売りだけによるパフォーマンス結果（～2005/11/19）

項目	値	項目	値
総損益	$80,675.00	総利益÷総損失比	1.15
総利益	$623,375.00	総損失	($542,700.00)
総トレード数	280	勝率	48.21%
勝ちトレード数	135	負けトレード数	143
引き分けトレード数	2		
1トレード当たりの平均利益	$288.13	平均利益÷平均損失比	1.22
勝ちトレードの平均利益	$4,617.59	負けトレードの平均損失	($3,795.10)
勝ちトレードの最大利益	$38,250.00	負けトレードの最大損失	($23,575.00)
最大連勝トレード数	6	最大連敗トレード数	7
勝ちトレードの平均日数	11.53	負けトレードの平均日数	11.56
全トレードの平均日数	11.55		
最大建玉枚数	1	口座に最低限必要な金額	$119,762.50
当初資金利益率	80.68%	年利益率	2.53%
リターン・リトレイスメント・レシオ	0.04	RINAインデックス	(28.34)
トレード期間	23年4カ月17日	トレード率	49.33%
最大資産額	$208,375.00		
最大ドローダウン（未実現損益を含む）	($128,162.50)	最大ドローダウン（実現ベース）	($119,762.50)
純損益÷ドローダウン比率	62.95%	純損益÷ドローダウン比率	67.36%
最大トレードドローダウン	($31,300.00)		

出所＝トレードステーション・テクノロジーズ

う逆張りフィルターを加えたときのパフォーマンス結果が**表27.5**である。

表27.2　その他の株価指数の売りだけによるパフォーマンス結果（～2005/11/19）

	損益	トレード回数	勝率（％）	1トレード当たりの損益	最大ドローダウン	NP/WD
ナスダック	$56,470	112	50.89%	$504.20	$188,165	30.0
ラッセル	$136,775	150	51.33%	$911.83	$62,150	220.1
ダウ平均	$30,520	94	56.38%	$56.38	$23,210	131.5

表27.3　21日の翌日買い・6日の翌日売りによるパフォーマンス結果（2001/1/2～2005/11/19）

	損益	トレード回数	勝率（％）	1トレード当たりの損益	最大ドローダウン	NP/WD
S&P500	$181,625	116	60.34%	$1,565.73	$64,150	283.1
ナスダック	$66,100	116	54.31%	$569.83	$69,200	95.5
ラッセル	$244,325	116	58.62%	$2,106.25	$34,200	714.4
ダウ平均	$60,070	116	56.03%	$517.84	$20,080	299.2

表27.4　22～6日の買い・7～21日の売りのデイトレード（2001/1/2～2005/11/19）

	損益	トレード回数	勝率（％）	1トレード当たりの損益	最大ドローダウン	NP/WD
S&P500	$123,963	1,228	50.90%	$100.95	$89,925	137.9
ナスダック	$57,550	1,226	50.08%	$46.94	$85,850	67.0
ラッセル	$201,850	1,226	51.63%	$164.64	$42,800	471.6
ダウ平均	$45,510	1,228	49.84%	$37.06	$31,390	145.0

表27.5　安値日の翌日買い・高値日の翌日売りというフィルターを加えたデイトレード（2001/1/2～2005/11/19）

	損益	トレード回数	勝率（％）	1トレード当たりの損益	最大ドローダウン	NP/WD
S&P500	$103,938	583	52.14%	$178.28	$46,675	222.7
ナスダック	$11,500	598	50.33%	$19.23	$65,200	17.6
ラッセル	$137,150	564	52.48%	$243.17	$36,300	377.8
ダウ平均	$46,850	601	51.75%	$77.95	$10,180	460.2

第28章
Index Biases Part Three -- Month of the Year Indicator

株価指数の月バイアス

　前章では月の半分を買う・売るというTDMのトレード手法について述べたが、ここではそれを年の時間枠に広げた手法を紹介しよう。この月次のトレーディングルールとは「11月2日～翌年5月1日（またはそれに近い日）には買い、5月2日～11月1日には売る」というもので、**表28.1**は4株価指数のそのパフォーマンス結果、**表28.2**は各年の純利益の推移を示したものである。それを見ると長い時間枠という理由からトレード数はかなり少ないが、次のような事実が確認できる。

1. このトレード手法はわれわれがよく知っている年間の株価の動きを反映したものである。すなわち、歴史的に見ても9～10月は株式の波乱時期であり、また夏期の株価も不安定である（したがって売り有利な局面が多い）。これに対し、サンタクロースラリーに代表される年末には強い基調となる。
2. **表28.1**に見られるように全体のパフォーマンス結果はまずまずと言えるが、各年の純利益の推移を見るとかなりのばらつきがある。

　次に紹介するのは、既述したTDMと月のトレーディングルール

第28章　株価指数の月バイアス

表28.1　11/2～5/1の買い・5/2～11/1の売り（～2005/11/19）

	損益	トレード回数	勝率（％）	1トレード当たりの損益	最大ドローダウン	NP/WD
S&P500	$202,713	46	54.35%	$4,407.00	$49,325	411.0
ナスダック	$55,365	18	44.44%	$3,076.00	$143,100	38.7
ラッセル	$123,600	25	64.00%	$4,944.00	$99,800	123.8
ダウ平均	$61,960	15	66.67%	$4,131.00	$16,040	386.3

表28.2　11/2～5/1の買い・5/2～11/1の売りの純利益の推移

	S&P500	ナスダック	ラッセル	ダウ平均	合計
1982	$875				$875
1983	$4,900				$4,900
1984	($2,913)				($2,913)
1985	$4,350				$4,350
1986	$2,038				$2,038
1987	$19,888				$19,888
1988	$25				$25
1989	$3,763				$3,763
1990	$6,425				$6,425
1991	$17,713				$17,713
1992	$300				$300
1993	($5,738)	($19,075)			($24,813)
1994	($9,513)	($2,975)			($12,488)
1995	$2,825	($25)			$2,800
1996	$3,025	$5,625	$32,300		$40,950
1997	($8,300)	($13,695)	($56,500)		($78,495)
1998	$77,975	$50,045	$89,275	$10,270	$227,565
1999	$55,950	$87,935	$42,825	$29,660	$216,370
2000	($22,600)	($37,745)	$5,150	($10,230)	($65,425)
2001	$50,700	$30,200	$55,200	$24,850	$160,950
2002	$19,225	($16,450)	$69,300	$12,670	$84,745
2003	($14,125)	($16,350)	($51,800)	($7,280)	($89,555)
2004	$17,975	($100)	$22,100	$8,550	$48,525
2005	($10,200)	($23,600)	($47,825)	($2,760)	($84,385)

表28.3　TDMと月を考慮したパフォーマンス結果（～2005/11/19）

	損益	トレード回数	勝率（％）	1トレード 当たりの損益	最大ドロー ダウン	NP/WD
S&P500	$273,050	300	56.67%	$910.17	$40,375	676.3
ナスダック	$97,045	118	50.00%	$822.42	$95,275	101.9
ラッセル	$271,825	163	57.67%	$1,667.64	$41,700	651.9
ダウ平均	$66,920	98	63.27%	$682.86	$20,130	332.4

表28.4　TDMと月を考慮＋逆張りフィルターのパフォーマンス結果（2001/1/2～2005/11/19）

	損益	トレード回数	勝率（％）	1トレード 当たりの損益	最大ドロー ダウン	NP/WD
S&P500	$94,725	263	54.75%	$360.17	$16,375	578.5
ナスダック	$77,450	260	52.31%	$297.88	$13,700	565.3
ラッセル	$69,575	251	52.19%	$277.19	$24,050	289.3
ダウ平均	$15,300	267	57.30%	$57.30	$15,060	101.6

表28.5　TDMと月と逆張りフィルターのうち3つが適応したときと2つが適応したときのパフォーマンス比較（2001/1/2～2005/11/19）

	損益	トレード回数	勝率（％）	1トレード 当たりの損益	最大ドロー ダウン	NP/WD
S&P500						
2つが適応	$105,350	59	62.71%	$1,785.59	$40,375	260.9
3つが適応	$82,525	120	60.83%	$687.71	$27,575	299.3
ナスダック						
2つが適応	$47,900	59	52.54%	$811.86	$39,100	122.5
3つが適応	$31,300	113	56.64%	$276.99	$28,950	108.1
ラッセル						
2つが適応	$128,425	59	64.41%	$2,176.69	$41,700	308.0
3つが適応	$127,250	120	60.83%	$1,060.42	$40,950	310.7
ダウ平均						
2つが適応	$36,680	59	55.93%	$621.69	$20,130	182.2
3つが適応	$41,820	110	60.91%	$380.18	$14,600	286.4

資料請求カード

ご購読ありがとうございました。本書をご購読いただいたお礼に、投資に役立つ資料(投資ソフト・書籍カタログ・セミナー・投資レポート見本誌etc)をお送りします。ご希望の方は郵送かFAXでこのカードをお送り下さい。

●どこで、本書をお知りになりましたか?
1,新聞・雑誌(紙名・誌名　　　　　　　　　　　　　　　　)
2,TV・ラジオで　3,ポスター・チラシを見て　4,書店で実物を見て　5,人(　　)にすすめられて　6,小社の案内(a.ホームページ b.他の書籍の案内 c.DM)　7,その他(　　　　　　　　　　　　　　　　)

●本書についてのご感想をお書き下さい。
電子メール(info@panrolling.com)でもお送り下さい。ホームページで書評として採用させていただく方には、図書カード500円分をさしあげます。

ご購入書籍名	
ご購入書店様名	書店様所在地

| フリガナ | 性別 | 男・女 |
| お名前 | 年齢 | |

住所 〒

電話番号

電子メール

資料請求はいますぐこちらから!!　　FAX 03-5386-7393
　　　　　　　　　　　　　　　　　E-Mail info@panrolling.com

郵便はがき

料金受取人払

新宿局承認
767

差出有効期間
平成21年3月
31日まで

160-0023

611

東京都新宿区
西新宿7-9-18 6F

パンローリング㈱

　　　　資料請求係 行

投資に役立つ
資料無料進呈

小社の本をご購読いただいたお礼に、ご希望の読者の
方にはほかでは得られない、資料を差し上げます。

→ 投資に役立つ書籍やビデオのカタログ
→ 投資実践家のためのパソコンソフトカタログ
→ 小社発行の投資レポート誌「パンレポート」の見本誌
→ そのほか、がんばる投資家のための資料・・・

**あなたが賢明なる投資家になるための資料がいっぱい
さあいますぐ、ご記入のうえご請求ください。**

表28.6　3つの売買シグナルのうち2つのシグナルに従ったときのパフォーマンス結果（2001/1/2～2005/11/19）

	損益	トレード回数	勝率（%）	1トレード当たりの損益	最大ドローダウン	NP/WD
S&P500	$163,250	547	53.02%	$298.45	$27,850	586.2
ナスダック	$183,550	566	51.77%	$324.29	$41,100	446.6
ラッセル	$90,850	548	48.72%	$165.78	$40,575	223.9
ダウ平均	$45,630	575	52.17%	$79.36	$14,770	308.9

を統合した指標のトレードである。すなわち、「11月1日～4月30日の各月21日～翌月5日については翌日の寄り付きに成り行きで買い、翌々日の寄り付きに手仕舞う。5月1日～10月31日の各月6日～20日については翌日の寄り付きに成り行きで売り、翌々日の寄り付きに手仕舞う」。このTDM・月の統合によるパフォーマンス結果を示したのが**表28.3**である。この統合に「安値日の翌日は買う、高値日の翌日は売る」という逆張りフィルターを加えたときのパフォーマンス結果が**表28.4**である。一方、**表28.5**はTDM・月と逆張りフィルターの3つのシグナルに従ったときと2つのシグナルに従ったときのパフォーマンスを比較したもの、**表28.6**はこの3つのうち2つの売買シグナルに従ったときのパフォーマンス結果である。

第29章
Index Biases Part Four -- Combining Day of Week, Month, and Previous Eight Indicators

株価指数のバイアス——TDWとTDMと8つのルールの統合

　ここではTDWとTDMの買いシグナルはそれぞれ＋1、売りシグナルは－1とし、既述した8つのデイトレードのルールを統合したものについても同じように点数化し、「この3つの指標のうち2つ以上の点数がプラスのときは買い、マイナスのときは売る。損切り注文を置かずに買い・売りのドテンを繰り返す」というトレーディングルールを作り、これによるS&P500のパフォーマンス結果を示したのが**表29.1**である。また、**表29.2**はそれぞれ個別シグナルとそれら3つを統合したパフォーマンスを比較したものである。それを見ると、ほとんどの株価指数で3つを統合した場合は個別シグナルの純利益を上回っているうえ、S&P500とナスダックではそれぞれ約40万ドル、32万ドルの純利益に対して、最大ドローダウンはいずれも5万ドル台にとどまっている。

表29.1　TDWとTDMと8つのルールの統合によるS&P500のパフォーマンス結果（2001/1/2～2005/11/19）

総損益	$400,950.00	総利益÷総損失比	1.77
総利益	$918,900.00	総損失	($517,950.00)
総トレード数	376	勝率	58.51%
勝ちトレード数	220	負けトレード数	156
引き分けトレード数	0		
1トレード当たりの平均利益	$1,066.36	平均利益÷平均損失比	1.26
勝ちトレードの平均利益	$4,176.82	負けトレードの平均損失	($3,320.19)
勝ちトレードの最大利益	$38,250.00	負けトレードの最大損失	($22,500.00)
最大連勝トレード数	9	最大連敗トレード数	5
勝ちトレードの平均日数	4.45	負けトレードの平均日数	4.01
全トレードの平均日数	4.26		
最大建玉枚数	1	口座に最低限必要な金額	$55,200.00
当初資金利益率	400.95%	年利益率	32.97%
リターン・リトレイスメント・レシオ	0.57	RINAインデックス	102.70
トレード期間	4年10カ月19日	トレード率	99.78%
最大資産額	$455,900.00		
最大ドローダウン（未実現損益を含む）	($59,275.00)	最大ドローダウン（実現ベース）	($55,200.00)
純損益÷ドローダウン比率	676.42%	純損益÷ドローダウン比率	726.36%

出所＝トレードステーション・テクノロジーズ

表29.2 TDWとTDMと8つのルールの統合のそれぞれのパフォーマンス比較(2001/1/2〜2005/11/19)

	損益	トレード回数	勝率（%）	1トレード当たりの損益	最大ドローダウン	NP/WD
S&P500						
TDW	$247,888	1,222	52.13%	$202.85	$56,925	435.5
TDM	$181,625	116	60.34%	$1,565.73	$64,150	283.1
8つのルール	$290,138	910	56.37%	$318.83	$38,675	750.2
すべてを統合	$400,950	376	58.51%	$1,066.36	$55,200	726.4
ナスダック						
TDW	$280,750	1,208	51.41%	$232.41	$57,000	492.5
TDM	$66,100	116	54.31%	$569.83	$69,200	95.5
8つのルール	$209,950	903	51.05%	$232.50	$90,950	230.8
すべてを統合	$320,500	359	60.72%	$892.76	$55,500	577.5
ラッセル						
TDW	$138,225	1,217	50.53%	$113.58	$71,050	194.5
TDM	$244,325	116	58.62%	$2,106.25	$34,200	714.4
8つのルール	$217,500	868	53.11%	$250.58	$36,500	595.9
すべてを統合	$239,100	361	54.02%	$662.33	$57,600	455.0
ダウ平均						
TDW	$97,390	1,216	52.38%	$80.09	$18,470	527.3
TDM	$60,070	116	56.03%	$517.84	$20,080	299.2
8つのルール	$41,810	911	51.48%	$54.68	$14,600	286.4
すべてを統合	$100,980	370	54.86%	$272.92	$18,060	559.1

第30章
The Dow-Spoo Spread

S&P500とダウ平均の関係を利用したトレード

　よくS&P500はダウ平均に先行すると言われるが、ここではこの２つの株価指数の関係を利用したトレード手法を紹介しよう。S&P500の１ポイント（10ティック、ミニS&Pの１ポイントは４ティック）はダウ平均の約８ポイントに相当する。例えば、S&Pが５ポイント上昇したときのダウ平均の上げ幅が16ポイントであったとすれば、この上昇局面はS&Pが引っ張っている。しかし、S&Pの上げ幅が２ポイントのときダウ平均の上昇率が24ポイントであったとすれば、その相場はダウ平均が先導している。こうした関係は下げ相場についても当てはまるが、一般にS&P500が先行する相場は信頼性が高く、ダウ平均が先導する相場はまもなく反転する可能性が高い。

　私はこの２つの株価指数の関係を長期にわたってリサーチし、それを利用したトレーディングルールを開発した。そのひとつは「S&P500がダウ平均よりも強いときは買い、弱いときは売る。損切り注文を置かずに買い・売りのドテンを繰り返す」というもので、**表30.1**はこのルールによるミニS&P500の５分足トレードのパフォーマンス結果である。また、**表30.2**はこのルールに「その日の大引けで手仕舞う」というフィルターを加えたときのパフォーマンスである。それを見ると、大引けで手仕舞うトレードではドテンを繰り返していくときよりも、純利益、勝率、１トレード当たりの利益、最大ドローダウン、

147

表30.1　S&P・ダウ指標によるミニS&P500のパフォーマンス結果（5分足、2002/4/5〜2005/11/19）

総損益	$52,962.50	総利益÷総損失比	1.22
総利益	$297,550.00	総損失	($244,587.50)
総トレード数	4,644	勝率	41.67%
勝ちトレード数	1,935	負けトレード数	2,326
引き分けトレード数	383		
1トレード当たりの平均利益	$11.40	平均利益÷平均損失比	1.46
勝ちトレードの平均利益	$153.77	負けトレードの平均損失	($105.15)
勝ちトレードの最大利益	$3,250.00	負けトレードの最大損失	($2,025.00)
最大連勝トレード数	9	最大連敗トレード数	16
勝ちトレードの平均日数	22.51	負けトレードの平均日数	14.18
全トレードの平均日数	16.87		
最大建玉枚数	1	口座に最低限必要な金額	$7,275.00
当初資金利益率	52.96%	年利益率	8.36%
リターン・リトレイスメント・レシオ	0.45	RINAインデックス	(74.76)
トレード期間	5年30日2時間30分	トレード率	71.24%
最大資産額	$58,275.00		
最大ドローダウン（未実現損益を含む）	($7,712.50)	最大ドローダウン（実現ベース）	($7,275.00)
純損益÷ドローダウン比率	686.71%	純損益÷ドローダウン比率	728.01%
最大トレードドローダウン	($2,725.00)		

出所＝トレードステーション・テクノロジーズ

NP/WDなど多くの点で好結果を出している。一方、**図30.1**はこのS&P・ダウ指標によるちゃぶついた日のトレードを表したもので、頻繁に売買シグナルが出ている。これに対し、**図30.2**はトレンドのある日のトレードであり、朝方の買いポジションは大引けまで保有されている。**表30.3**はS&P・ダウ指標によるナスダックとラッセルのパフォーマンス結果である。

表30.2　S&P・ダウ指標と大引けでの手仕舞いによるミニS&P500のパフォーマンス結果(5分足、2002/4/5～2005/11/19)

総損益	$59,437.50	総利益÷総損失比	1.25
総利益	$292,700.00	総損失	($233,262.50)
総トレード数	4,556	勝率	42.65%
勝ちトレード数	1,943	負けトレード数	2,240
引き分けトレード数	373		
1トレード当たりの平均利益	$13.05	平均利益÷平均損失比	1.45
勝ちトレードの平均利益	$150.64	負けトレードの平均損失	($104.14)
勝ちトレードの最大利益	$1,750.00	負けトレードの最大損失	($3,412.50)
最大連勝トレード数	9	最大連敗トレード数	13
勝ちトレードの平均日数	20.65	負けトレードの平均日数	13.60
全トレードの平均日数	15.99		
最大建玉枚数	1	口座に必要な金額	$5,062.50
当初資金利益率	59.44%	年利益率	9.17%
リターン・リトレイスメント・レシオ	0.45	RINAインデックス	664.75
トレード期間	5年30日2時間30分	トレード率	14.68%
最大資産額	$63,812.50		
最大ドローダウン(日中)	($5,687.50)	最大ドローダウン(終値)	($5,062.50)
純損益÷ドローダウン比率	1,045.05%	純損益÷ドローダウン比率	1,174.07%

出所＝トレードステーション・テクノロジーズ

　S&P500とダウ平均の関係を利用したこのトレード手法では、ダウ平均はあくまでも比較指標となっていることに注目しなければならない。その理由は主要工業株30種で構成されるダウ平均は500種のS&Pよりも値動きに鈍感であり、相場の変化の兆しはまずS&P500に現れるからである。この堅牢性のあるトレード指標について、いろいろな時間枠によるパフォーマンスを比較したのが**表30.4**である。一方、

図30.1 S&P・ダウ指標によるちゃぶついた日のトレード

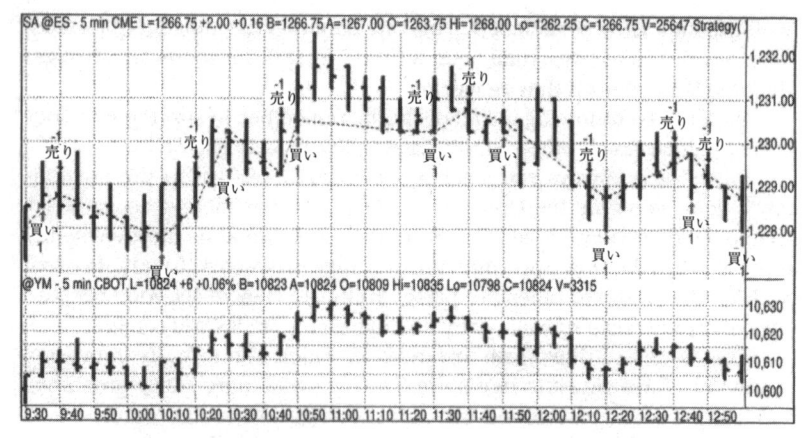

出所=トレードステーション・テクノロジーズ

図30.2 S&P・ダウ指標によるトレンドのある日のトレード

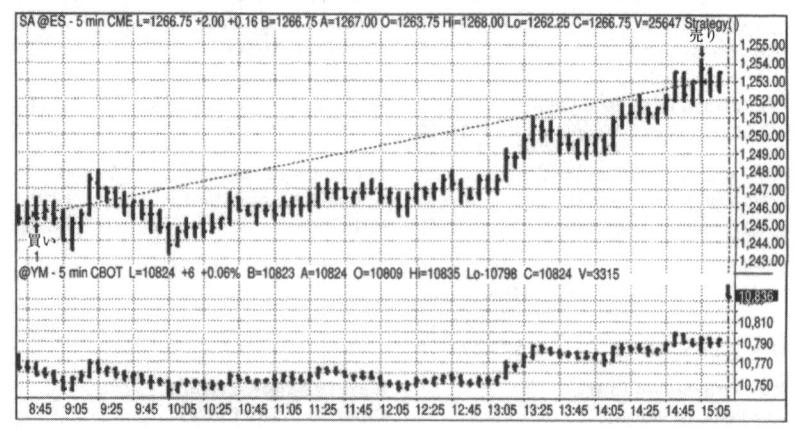

出所=トレードステーション・テクノロジーズ

第30章 S&P500とダウ平均の関係を利用したトレード

表30.3　S&P・ダウ指標によるナスダックとラッセルのパフォーマンス結果(2001/1/2〜2005/11/19)

	損益	トレード回数	勝率（%）	1トレード当たりの損益	最大ドローダウン	NP/WD
ミニナスダック						
S&P・ダウ指標	$16,770	3,255	30.51%	$5.15	$8,390	199.9
S&P・ダウ指標＋大引けの手仕舞い	$33,630	3,250	33.66%	$10.35	$4,380	767.8
ミニラッセル						
S&P・ダウ指標	$58,910	3,776	37.10%	$15.60	$11,020	534.6
S&P・ダウ指標＋大引けの手仕舞い	$67,770	3,683	39.56%	$18.40	$7,610	890.5

　S&P500とダウ平均の●本の5分足が同じシグナルを出したときのパフォーマンスを示したのが**表30.5**であり、最適の本数は3本だった（NP/WDが最も大きい）。また、**表30.6**はダウ平均とナスダック、**表30.7**はダウ平均とラッセルの●本の5分足が同じシグナルを出したときのパフォーマンスであるが、その最適の本数はいずれも3〜5本足だった（もっとも、ダウ・ナスダック指標では1トレード当たりの利益をはじめ、その他の数字もそれほど芳しいものではない）。

　一方、**表30.8**は「①5分足の終値が直近50本の終値平均よりも高く（安く）、②S&P・ダウ指標も高い（安い）ときは、次の足で買う（売る）。損切り注文を置かずに買い・売りのドテンを繰り返す」というトレーディングルールのパフォーマンス結果である。それを見ると、負けトレードの最大損失は約2438ドル、最大ドローダウンも7563ドルにとどまっているのに対し、NP/WDは621％にも達している。**表30.9**はS&P・ダウ指標の代わりにダウ・ナスダック指標、ダウ・ラッセル指標を使ったときのパフォーマンスである。

　表30.10は「6本の5分足が連続してS&P・ダウ指標と同じ上向き（下向き）になったときは、その6本目の足の高値（安値）をストップ注文で買い（売り）、大引けで手仕舞う」というトレーディングルールのパフォーマンス結果である。一方、「5分足の終値が直近6

151

表30.4 S&P・ダウ指標によるいろいろな時間枠によるパフォーマンス比較(2002/4/5～2005/11/19)

	損益	トレード回数	勝率（%）	1トレード当たりの損益	最大ドローダウン	NP/WD
ミニS&P500						
1分足	$42,700	14,922	36.26%	$2.86	$7,300	584.9
5分足	$59,438	4,556	42.65%	$13.05	$5,063	1,174.0
10分足	$63,887	2,977	46.52%	$21.46	$4,925	1,297.2
15分足	$69,688	2,518	48.33%	$27.69	$4,975	1,400.8
30分足	$56,463	1,809	50.03%	$31.21	$4,963	1,137.7
ミニナスダック						
1分足	$24,780	7,810	25.86%	$3.17	$7,920	312.9
5分足	$33,630	3,250	33.66%	$10.35	$4,380	767.8
10分足	$33,370	2,406	37.53%	$14.02	$3,210	1,039.6
15分足	$35,390	2,162	39.82%	$16.37	$3,650	969.6
30分足	$29,100	1,643	44.37%	$17.71	$3,360	866.1
ミニラッセル						
1分足	$50,890	7,932	35.05%	$6.42	$10,010	508.4
5分足	$67,770	3,683	39.56%	$18.40	$7,610	890.5
10分足	$69,450	2,676	42.53%	$25.95	$7,020	989.3
15分足	$72,290	2,373	43.53%	$30.46	$9,150	790.1
30分足	$64,830	1,791	47.01%	$36.20	$8,790	737.5

表30.5 S&P500とダウ平均の●本の5分足が同じシグナルを出したときのパフォーマンス(2002/4/5～2005/11/19)

●本	損益	トレード回数	勝率（%）	1トレード当たりの損益	最大ドローダウン	NP/WD
1	$36,325	3,812	42%	$9.53	$5,100	712.3
2	$46,200	1,900	48%	$24.32	$4,763	970.0
3	$49,075	1,508	51%	$32.54	$4,338	1,131.0
4	$45,038	1,378	51%	$32.68	$4,738	950.6
5	$41,575	1,290	52%	$32.23	$4,900	848.5
6	$40,113	1,244	52%	$32.16	$5,113	784.5
7	$41,400	1,186	52%	$34.91	$5,050	819.8
8	$40,413	1,145	51%	$35.29	$6,125	659.8
9	$40,988	1,109	52%	$36.96	$6,338	646.7
10	$36,103	1,089	53%	$33.07	$7,063	511.2
11	$35,963	1,076	53%	$33.42	$6,700	536.8
12	$38,375	1,058	53%	$36.27	$6,525	588.1

表30.6 ダウ平均とナスダックの●本の5分足が同じシグナルを出したときのパフォーマンス（2002/4/5～2005/11/19）

●本	損益	トレード回数	勝率（％）	1トレード当たりの損益	最大ドローダウン	NP/WD
1	$14,890	2,639	35%	$5.64	$4,700	316.8
2	$20,100	1,721	40%	$11.68	$4,990	402.8
3	$21,000	1,454	43%	$14.44	$4,240	495.3
4	$15,840	1,350	45%	$11.73	$4,330	365.8
5	$17,640	1,281	46%	$13.77	$4,470	394.6
6	$14,650	1,226	46%	$11.95	$5,560	263.5
7	$14,630	1,193	48%	$12.26	$5,560	263.1
8	$12,040	1,152	47%	$10.45	$5,870	205.1
9	$11,640	1,133	48%	$10.27	$5,710	203.9
10	$12,020	1,111	48%	$10.82	$5,320	225.9
11	$9,980	1,101	49%	$9.06	$4,870	204.9
12	$12,480	1,090	49%	$11.45	$4,220	295.7

表30.7 ダウ平均とラッセルの●本の5分足が同じシグナルを出したときのパフォーマンス（2002/4/5～2005/11/19）

●本	損益	トレード回数	勝率（％）	1トレード当たりの損益	最大ドローダウン	NP/WD
1	$53,170	3,034	41%	$17.52	$6,740	788.9
2	$55,720	1,907	44%	$29.22	$5,910	942.8
3	$52,030	1,567	46%	$33.20	$7,430	700.3
4	$48,990	1,433	46%	$34.19	$7,210	679.5
5	$50,170	1,357	49%	$36.97	$6,830	734.6
6	$49,350	1,298	49%	$38.02	$6,920	713.2
7	$43,970	1,248	48%	$35.23	$7,190	611.5
8	$42,200	1,215	49%	$34.73	$7,280	579.7
9	$36,880	1,199	48%	$30.76	$7,440	495.7
10	$31,170	1,178	48%	$26.46	$7,290	427.6
11	$31,500	1,147	48%	$27.46	$7,370	427.4
12	$32,340	1,132	49%	$28.57	$7,200	449.2

本の足の高値平均を上回り、S&P・ダウ指標も上向きのときは、終値－6本足のレンジ×1/2の水準を買い、大引けで手仕舞う（5分足の終値が直近6本の足の安値平均を下回り、S&P・ダウ指標も下向きのときは、終値＋6本足のレンジ×1/2の水準を売り、大引けで手仕舞

表30.8 50期間移動平均＋S&P・ダウ指標が同じトレンドのときの ミニS&P500のパフォーマンス結果（5分足、2002/4/5～2005/11/19）

総損益	$46,962.50	総利益÷総損失比	1.50
総利益	$140,450.00	総損失	($93,487.50)
総トレード数	614	勝率	42.35%
勝ちトレード数	260	負けトレード数	338
引き分けトレード数	16		
1トレード当たりの平均利益	$76.59	平均利益÷平均損失比	1.95
勝ちトレードの平均利益	$540.19	負けトレードの平均損失	($276.59)
勝ちトレードの最大利益	$4,062.50	負けトレードの最大損失	($2,437.50)
最大連勝トレード数	6	最大連敗トレード数	11
勝ちトレードの平均日数	161.25	負けトレードの平均日数	93.25
全トレードの平均日数	120.95		
最大建玉枚数	1	口座に最低限必要な金額	$7,562.50
当初資金利益率	46.96%	年利益率	7.57%
リターン・リトレイスメント・レシオ	0.41	RINAインデックス	130.64
トレード期間	5年30日2時間30分	トレード率	71.24%
最大資産額	$48,712.50		
最大ドローダウン（未実現損益を含む）	($8,075.00)	最大ドローダウン（実現ベース）	($7,562.50)
純損益÷ドローダウン比率	581.58%	純損益÷ドローダウン比率	620.99%
最大トレードドローダウン	($2,737.50)		

出所＝トレードステーション・テクノロジーズ

表30.9 ダウ・ナスダック指標とダウ・ラッセル指標によるパフォーマンス結果（2002/4/5～2005/11/19）

	損益	トレード回数	勝率（％）	1トレード当たりの損益	最大ドローダウン	NP/WD
ミニナスダック	$5,010	625	35.20%	$8.02	$13,200	38.0
ミニラッセル	$44,880	556	41.73%	$80.72	$12,140	369.7

表30.10　6本の足がS&P・ダウ指標に連動したときのパフォーマンス結果（2002/4/5～2005/11/19）

	損益	トレード回数	勝率（％）	1トレード当たりの損益	最大ドローダウン	NP/WD
ミニS&P500	$34,950	1,126	51.07%	$31.04	$6,963	501.9
ミニナスダック	$10,690	1,092	48.63%	$9.79	$5,280	202.5
ミニラッセル	$50,090	1,134	50.00%	$44.17	$7,440	673.3

表30.11　6本の足の高値・安値＋S&P・ダウ指標に連動したときのパフォーマンス結果（2002/4/5～2005/11/19）

	損益	トレード回数	勝率（％）	1トレード当たりの損益	最大ドローダウン	NP/WD
ミニS&P500	$63,825	1,723	49.10%	$37.04	$4,675	1365.0
ミニナスダック	$34,250	1,868	41.54%	$18.34	$4,150	825.3
ミニラッセル	$67,740	1,869	44.52%	$36.24	$5,990	1131.0

表30.12　12本の足がS&P・ダウ指標に連動したときのパフォーマンス結果（2002/4/5～2005/11/19）

	損益	トレード回数	勝率（％）	1トレード当たりの損益	最大ドローダウン	NP/WD
ミニS&P500	$39,887	1,168	52.57%	$34.15	$7,963	500.9
ミニナスダック	$13,340	1,190	47.65%	$11.21	$4,680	285.0
ミニラッセル	$26,980	1,182	48.65%	$22.83	$9,430	286.1

う）」というトレーディングルールのパフォーマンス結果が**表30.11**である。さらに、「直近12本の5分足がS&P・ダウ指標と同じ上向きのときは成り行きで買い（下向きのときは売り）、大引けで手仕舞う」というルールのパフォーマンス結果が**表30.12**である。このようにS&P・ダウ指標はいろいろなフィルターを加えて広範に利用することができる。

第31章
Intraday Day Trading Part One : The Most Significant Price in Your Arsenal
30分・60分・135分足トレード

　マーケットの日足のバイアスはメカニカルトレードでとらえようとするチャンスのほんの一部にすぎないが、それでもプロのトレーダーやメカニカルトレーダーはそれを利益につなげようとする。マーケットは常にダイナミックに変動し、そこにはランダムなノイズも数多く含まれているが、だからといってそうした荒野にダイヤモンドが存在しないという理由はない。以下ではかなりシンプルではあるが有効性が高く、しかも一般にはあまり注目されていないトレード手法を紹介しよう。そのひとつは始値と比較したバイアスを利用するもので、その後の価格が始値よりも高く推移すれば買い有利、安く推移すれば売り有利となる。

　まず最初に紹介するのは30分足を使ったミニS&P500のトレードで、そのトレーディングルールは「30分足の終値がその日の始値よりも高いときは買う（安いときは売る）というトレードを繰り返し、大引けですべてのポジションを手仕舞う」。表31.1はそのパフォーマンス、表31.2はその他の銘柄のパフォーマンス結果である。

　次に紹介するのは60分足のトレードで、そのルールは「最初の２本の60分足の終値がその日の始値よりも高く、２本目の足の終値が１本目の足の終値よりも高いときは次の足を成り行きで買い、大引けで手仕舞う（売りはこの逆）」というもの。そのパフォーマンス結果を示

第31章 30分・60分・135分足トレード

表31.1 寄り付きと前の30分足の始値と比較した順張りトレード (ミニS&P500、2000/10/24～2005/11/19)

仕掛け時間	損益	トレード回数	勝率(%)	1トレード当たりの損益	最大ドローダウン	NP/WD
9:00	$14,788	1,213	51.53%	$12.19	$19,325	76.5
9:30	$15,763	1,235	51.98%	$12.76	$12,413	127.0
10:00	$88	1,244	50.40%	$0.07	$10,600	0.8
10:30	$31,088	1,244	53.14%	$24.29	$6,825	455.5
11:00	($5,338)	1,244	51.85%	($4.29)	$19,613	NA
11:30	($1,988)	1,242	51.29%	($1.60)	$16,800	NA
12:00	$24,825	1,243	53.26%	$19.97	$12,538	198.0
12:30	$15,088	1,232	53.08%	$12.25	$17,250	87.5
1:00	$23,825	1,238	54.36%	$19.24	$8,963	265.8
1:30	$29,638	1,236	54.29%	$23.98	$5,000	592.8
2:00	$23,988	1,243	52.29%	$19.30	$4,300	557.9
2:30	$8,525	1,247	50.36%	$6.84	$5,988	142.4

した**表31.3**を見ると、いずれのの銘柄でもマイナスの数字は見当たらない。

　三番目のトレードは1日の立会時間（株価指数は405分、その他のの銘柄は410分）を3等分した135分足を使うもので、そのルールは「最初の2本の135分足の終値がその日の始値よりも高い（安い）ときは、成り行きで買い（売り）、大引けで手仕舞う」。**表31.4**はそのパフォーマンス結果である。

表31.2 寄り付きと前の30分足と比較した順張りトレード（株価指数は2000/10/24～2005/11/19、その他の銘柄は2001/5/24～2005/11/19）

仕掛け時間	損益	トレード回数	勝率 (%)	1トレード当たりの損益	最大ドローダウン	NP/WD
ミニナスダック						
9:30	$35,080	1,235	52.23%	$28.40	$14,370	244.1
10:30	($9,730)	1,247	49.48%	($7.80)	$16,350	NA
11:30	$12,200	1,247	51.08%	$9.78	$17,680	69.1
12:30	$8,950	1,249	51.32%	$7.17	$14,650	61.1
1:30	$8,850	1,245	52.21%	$7.11	$12,750	69.4
2:30	$640	1,242	48.47%	$0.52	$10,170	6.3
ミニラッセル						
9:30	$8,190	995	51.96%	$8.23	$10,660	76.8
10:30	$14,120	983	52.80%	$14.36	$9,590	147.2
11:30	$31,330	990	54.95%	$31.65	$8,390	373.4
12:30	$55,580	993	57.30%	$55.97	$5,630	987.2
1:30	$50,100	987	58.97%	$50.76	$3,050	1643.0
2:30	$24,020	995	53.97%	$24.14	$4,270	562.5
Tボンド						
8:20	($16,563)	1,026	50.68%	($16.14)	$24,125	NA
9:20	$26,000	1,047	53.01%	$24.83	$14,188	183.3
10:20	$34,125	1,052	54.09%	$32.44	$7,813	436.8
11:20	$19,188	1,059	50.33%	$18.12	$10,781	178.0
12:20	$28,281	1,060	51.70%	$26.68	$6,938	407.6
13:20	$34,656	1,171	50.90%	$29.60	$5,031	688.8
10年債						
8:20	($18,959)	1,049	47.76%	($17.98)	$22,453	-84.4
9:20	$19,563	1,060	53.14%	$24.29	$6,825	286.6
10:20	$26,000	1,047	53.01%	$24.83	$14,188	183.3
11:20	$26,000	1,047	53.01%	$24.83	$14,188	183.3
12:20	$26,000	1,047	53.01%	$24.83	$14,188	183.3
13:20	$26,000	1,047	53.01%	$24.83	$14,188	183.3
5年債						
8:20	($18,959)	1,049	47.76%	($17.98)	$22,453	NA
9:20	$19,563	1,060	53.14%	$24.29	$6,825	286.6
10:20	$31,109	1,060	55.94%	$29.35	$4,563	681.8
11:20	$17,015	1,059	51.46%	$16.07	$6,156	276.4
12:20	$20,671	1,061	52.31%	$19.48	$4,922	420.0
13:20	$7,828	1,050	49.24%	$7.46	$3,531	221.7
日本円						
8:20	($5,050)	1,080	44.17%	($4.68)	$9,250	NA
9:20	($575)	1,087	49.22%	($0.53)	$13,000	NA
10:20	($2,238)	1,106	42.68%	($2.02)	$10,850	NA
11:20	($9,038)	1,108	42.24%	($8.16)	$13,613	NA
12:20	($11,063)	1,101	42.33%	($10.05)	$15,663	NA
13:20	($5,050)	1,080	44.17%	($4.48)	$9,250	NA

第31章 30分・60分・135分足トレード

仕掛け時間	損益	トレード回数	勝率（%）	1トレード当たりの損益	最大ドローダウン	NP/WD
ユーロ						
8:20	($10,788)	1,093	41.17%	($9.87)	$13,363	NA
9:20	$26,588	1,102	50.18%	$24.13	$9,825	270.6
10:20	$9,888	1,107	48.51%	$8.93	$10,388	95.2
11:20	($17,263)	1,104	46.47%	($15.64)	$22,000	NA
12:20	$2,813	1,105	46.61%	$2.55	$9,963	28.2
13:20	($10,788)	1,093	41.17%	($9.87)	$13,363	NA
スイスフラン						
8:20	$21,913	1,065	50.14%	$20.58	$9,950	220.2
9:20	$16,738	1,082	50.18%	$15.47	$6,125	273.3
10:20	$7,750	1,085	47.83%	$7.14	$9,488	81.7
11:20	($12,488)	1,087	43.51%	($11.49)	$16,950	NA
12:20	($13,100)	1,084	43.36%	($12.08)	$18,413	NA
13:20	($7,013)	1,072	40.58%	($6.54)	$11,975	NA

表31.3　2本の60分足による順張りトレード（株価指数は2000/10/24～2005/11/19、その他の銘柄は2001/5/24～2005/11/19）

	損益	トレード回数	勝率（%）	1トレード当たりの損益	最大ドローダウン	NP/WD
ミニS&P500	$12,138	1,186	51.94%	$10.23	$7,588	160.0
ミニナスダック	$9,280	1,200	50.75%	$7.73	$9,720	95.4
ミニラッセル	$22,470	963	51.82%	$11.91	$5,670	396.3
Tボンド	$22,250	1,045	51.58%	$21.29	$6,031	368.9
10年債	$22,000	1,033	53.34%	$21.30	$5,625	391.1
5年債	$10,218	967	51.09%	$10.57	$4,000	255.5
日本円	$4,075	1,076	46.10%	$3.79	$7,263	56.1
ユーロ	$27,413	1,088	49.08%	$25.20	$6,900	397.3
スイスフラン	$17,800	1,075	48.28%	$16.56	$8,088	220.1

表31.4　最後の135分足によるトレード（株価指数は2001/1/2～2005/11/19、その他の銘柄は2001/6/7～2005/11/19）

	損益	トレード回数	勝率（%）	1トレード当たりの損益	最大ドローダウン	NP/WD
ミニS&P500	$23,213	951	55.84%	$24.41	$6,175	375.9
ミニナスダック	$11,260	970	53.51%	$11.61	$12,030	93.6
ミニラッセル	$43,280	796	60.05%	$54.37	$3,970	1,090.0
Tボンド	$2,437	852	50.35%	$2.86	$10,844	22.5
10年債	$9,828	849	50.65%	$11.58	$6,031	163.0
5年債	$5,390	823	49.70%	$6.55	$3,125	172.5
日本円	($16,713)	867	39.45%	($19.28)	$17,413	NA
ユーロ	($13,825)	888	46.85%	($15.57)	$16,213	NA
スイスフラン	($6,138)	877	45.15%	($7.00)	$9,788	NA

第32章
Intraday Part Two -- The Switch

20日間のレンジに基づく大豆のトレード

　メカニカルトレーディングシステムの大きな問題点のひとつは、ある銘柄では大きな利益を上げるが、別の銘柄では損失になるというケースがあることである。これがメカニカルトレードに踏み切れない多くのトレーダーの悩みである。このほか、メカニカルトレードに伴ういろいろと厄介な作業もトレーダーたちがこの種のトレードをためらう原因のひとつになっている。メカニカルトレードではトレンドのある相場では大きな利益を手にできるが、そうでないちゃぶついた相場はかなり苦手な局面である。そうした局面ではできるだけトレードを控えたいところであるが、こうした問題に対するシステムトレーダーたちの意見は分かれる。相場が変化する局面を事前に察知できるようなシステムを開発すればよいと主張するトレーダーもいれば（それはかなり難しいだろう）、いろいろなフィルターを付加・調整することによってそれに対処すべきだとするトレーダーもいる。彼らによれば、「RSI（相対力指数）が買われ過ぎのゾーンに入ったら、買いポジションを手仕舞う」「出来高が過去5日間の最低水準に落ち込んだら仕掛けない」などのフィルターをシステムに取り入れるべきだという。

　しかし、以下ではこうした問題から少し離れて、大豆に関するひとつのトレード手法を紹介しよう。農産物のひとつである大豆は、通常では一定の値幅で上下するかなり素直な値動きの商品である。しかし、

天候に関するファンダメンタルズが変化すると、コーヒーの冷害、石油在庫の減少、予想外の出来事を受けた株式相場の暴落などと同じようにその様相を一変する。そうしたときのチャートは上下に大きく伸びたスパイクを描き、強気局面では青天井まで届きそうに思えるが、大体は一過性の相場として終わるものである。ただし、こうした大豆でも狭いレンジの保ち合い相場は、それ以降に大きく放れる可能性を秘めている点ではすべての投資商品と同じである。

そこで次のようなトレーディングルールが得られる。すなわち、「①過去20日間の最高値－終値が同期間の全レンジの10％以下になった、②過去５日間の平均レンジがそれ以前の20日間の平均レンジの２倍以上になった——という条件の両方またはそのひとつを満たしたときは、始値＋前日のレンジの水準をストップ注文で買う（始値－前日のレンジの水準を売る）。買い（売り）の利益目標は、翌日の始値±同20日間のレンジの２分の１の水準。買い（売り）の損切り注文は、翌日の始値∓同20日間のレンジの40％の水準に置く」。**図32.1**はその具体例を示したもので、1988年春の干ばつ以降に売買シグナルが混み合い、それから２カ月後に最後の売りシグナル（天井圏の矢印）が出ている。この相場の最後の手仕舞い時期は1989年２月17日である。それ以降に再び売りシグナルが出ており、その手仕舞い時期は1989年７月６日だった。

表32.1はそのパフォーマンス結果であり、これを見ると総トレード数（110回）とトレード率（54％）はかなり少ないが、純利益と１トレード当たりの利益は極めて高い。これはいわば大豆に特化したトレード手法であるが、その他の銘柄でもかなり有効である。この手法によるいろいろな銘柄のパフォーマンス結果を示した**表32.2**を見ると、小麦やトウモロコシなどの農産物はもとより、エキゾチック商品（コーヒー、ココアなど）や金・銀、一部の通貨でも立派なパフォーマンスを上げている。

図32.1 20日間のレンジに基づく大豆トレードの一例

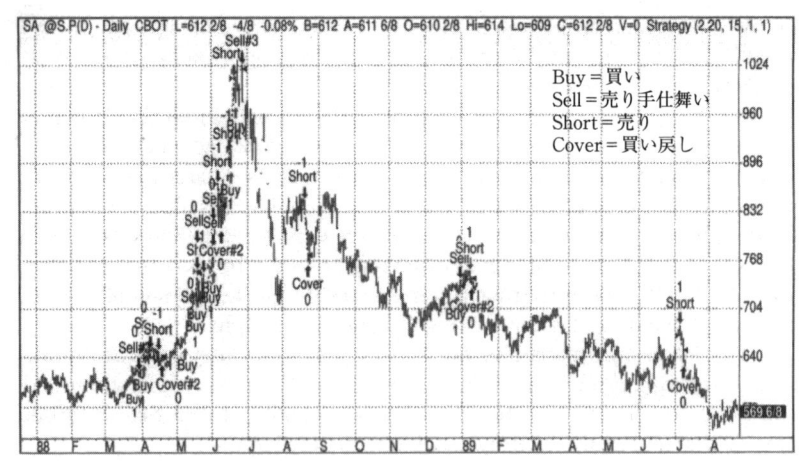

Buy＝買い
Sell＝売り手仕舞い
Short＝売り
Cover＝買い戻し

出所＝トレードステーション・テクノロジーズ

表32.1 20日間のレンジに基づく大豆トレードのパフォーマンス結果（1986/1/2～2005/11/19）

総損益	$70,043.75	総利益÷総損失比	2.59
総利益	$114,081.25	総損失	($44,037.50)
総トレード数	110	勝率	54.55%
勝ちトレード数	60	負けトレード数	48
引き分けトレード数	2		
1トレード当たりの平均利益	$636.76	平均利益÷平均損失比	2.07
勝ちトレードの平均利益	$1,901.35	負けトレードの平均損失	($917.45)
勝ちトレードの最大利益	$11,950.00	負けトレードの最大損失	($3,187.50)
最大連勝トレード数	5	最大連敗トレード数	4
勝ちトレードの平均日数	30.27	負けトレードの平均日数	21.02
全トレードの平均日数	25.70		
最大建玉枚数	1	口座に最低限必要な金額	$5,000.00
当初資金利益率	70.04%	年利益率	2.67%
リターン・リトレイスメント・レシオ	0.11	RINAインデックス	142.26
トレード期間	19年10カ月17日	トレード率	54.31%
最大資産額	$75,750.00		
最大ドローダウン（未実現損益を含む）	($7,875.00)	最大ドローダウン（実現ベース）	($5,000.00)
純損益÷ドローダウン比率	889.44%	純損益÷ドローダウン比率	1,400.88%
最大トレードドローダウン	($5,787.50)		

出所＝トレードステーション・テクノロジーズ

表32.2 20日間のレンジに基づく大豆トレード手法によるその他の銘柄のパフォーマンス結果（1986/1/2～2005/11/19）

	損益	トレード回数	勝率（％）	1トレード当たりの損益	最大ドローダウン	NP/WD
小麦	$17,250	124	42.74%	$139.11	$5,413	318.7
トウモロコシ	$7,725	123	34.96%	$62.80	$5,325	145.1
コーヒー	$62,670	129	45.74%	$485.81	$64,808	96.7
ココア	$19,270	174	34.48%	$110.75	$9,280	207.7
オレンジジュース	$3,552	177	35.59%	$20.07	$11,378	31.2
金	$8,342	106	40.57%	$78.70	$14,384	58.0
銀	$32,285	95	41.05%	$339.84	$12,100	266.8
日本円	$57,013	164	44.51%	$347.64	$18,275	312.0
ユーロ	$7,388	59	42.37%	$125.21	$16,150	45.8
スイスフラン	($15,863)	155	39.35%	($102.34)	$32,525	NA

第33章
Intraday Part Three -- An Effective Index Switch

株価指数のブレイクアウト手法

　トレンドのある局面とは連続上昇(または連続下落)が見られることであり、トレンドのない局面とはちゃぶついた相場が繰り返されることである。ここでは株価指数を対象としたブレイクアウト手法を紹介しよう。そのトレーディングルールは、「始値±過去3日間の平均レンジの2分の1の水準にストップ注文を置いて買う(売る)」。さらにこのルールに「2日連続して高く引けた(または安く引けた)になったときは+1、高く引けた→安く引けた(または安く引けた→高く引けた)となったときは0とする。過去20日間のその平均値がある値以上になったときは、その翌日に買い注文と売り注文の両方を置く」というフィルターを加える。ここでロバストな値は0.6である。

　表33.1はこのフィルターなしのブレイクアウト手法とこのフィルターを加えたときのパフォーマンスを比較したものである。それを見ると、ダウ平均ではフィルターありのトレード数はフィルターなしのわずか14％にまで急減しているが、純利益は5万8000ドルの損失から8200ドルの利益となっている。その他の株価指数でもトレード数が80％も急減し、純利益も大きく減少した。しかし、純利益と最大ドローダウンを比較してみると、ナスダックではフィルターなしのトレードでは純利益が34万4300ドル、最大ドローダウンが12万5400ドルであるのに対し、フィルターを加えたトレードでは純利益が20万1250ドル

第33章 株価指数のブレイクアウト手法

表33.1 フィルターの有無によるブレイクアウト手法のパフォーマンス比較（S&P500は1996/1/2～2005/11/19、その他の株価指数は～2005/11/19）

	損益	トレード回数	勝率（％）	1トレード当たりの損益	最大ドローダウン	NP/WD
S&P500						
フィルターなし	$153,575	1,155	40.43%	$132.97	$181,800	84.5
フィルターあり	$60,425	216	40.28%	$279.75	$33,325	181.3
ナスダック						
フィルターなし	$344,300	1,069	44.15%	$322.08	$125,400	274.6
フィルターあり	$201,250	246	49.59%	$818.09	$31,000	649.2
ラッセル						
フィルターなし	$715,975	1,120	45.89%	$639.26	$84,225	850.1
フィルターあり	$259,475	280	46.79%	$926.70	$29,425	881.8
ダウ平均						
フィルターなし	($58,000)	938	36.14%	($61.83)	$99,030	NA
フィルターあり	$8,200	134	41.79%	$61.19	$22,670	36.2

に減少したが、最大ドローダウンは3万1000ドルと4分の1まで急減している（NP/WDも274.6→649.2に倍増した）。ほかの株価指数でもNP/WDは軒並み上昇し、1トレード当たりの利益も大きく改善している。

第34章
Intraday Part Four -- A Financial Switch

12:30に仕掛ける5分足トレード

　既述したように、一握りの才能あるトレーダーを除いて直感によるトレードは避けたほうがよい。マーケットの将来に関する直感的な予想などは、客観的な事実によって簡単に打ち砕かれてしまう。しかし、長いキャリアを持つトレーダーであれば、それほど努力をしなくてもおもしろいように儲かった経験もあるはずだ。それはトレンドにうまく乗れたときで、連日高値を更新する上昇局面では押し目も浅く、ただ買い持ちしているだけで利益が膨らんでいく。

　ここで紹介するのは12:30から仕掛ける5分足トレード手法で、そのルールは「①その日の始値はその日の12:30までのレンジで見て25％以下で寄り付いていなければならない、②その日の高値は11:30以降に付けていなければならない、③11:30を含む足の高値は9:30を含む足の高値よりも高くなければならない——ときは買い、大引け10分前にすべてのポジションを手仕舞う（売りはこの逆）」。この手法は第31章で言及した135分足トレードに類似しており、**表34.1**はそのパフォーマンス結果である。

第34章　12:30に仕掛ける5分足トレード

表34.1　12:30に仕掛けるトレード（株価指数は2001/1/2～2005/11/19、その他の銘柄は2001/5/15～2005/11/19）

	損益	トレード回数	勝率（％）	1トレード当たりの損益	最大ドローダウン	NP/WD
ミニS&P500	$4,075	216	57.87%	$18.87	$7,275	56.01
ミニナスダック	$5,340	205	56.10%	$26.05	$4,440	120.30
ミニラッセル	$10,900	113	67.26%	$96.46	$1,640	664.60
Tボンド	$2,625	168	47.02%	$15.63	$2,313	113.50
10年債	$4,875	180	51.67%	$27.08	$1,156	421.70
5年債	$1,640	145	46.21%	$11.31	$1,406	116.60
日本円	$1,863	94	55.32%	$19.81	$1,738	107.20
ユーロ	$675	128	44.53%	$5.27	$1,850	36.49
スイスフラン	$1,300	101	45.54%	$12.87	$1,863	69.78

第35章
Intraday Part Five -- Four Combined Entry Signals in the Indexes

株価指数の５分足トレード

　既述したように、株価指数のトレード指標にはかなり信頼性の高いS&P・ダウ指標のほか、「価格が始値よりも高く推移すれば買い（安くなれば売り）」といった単純なものまで多岐にわたる。ここで紹介する最初の株価指数のトレード手法（５分足）は、「９本の５分足が陽線（陰線）のときは次の足で買い（売り）、午後３時で手仕舞う」というもの。**表35.1**はそのパフォーマンス結果であるが、１トレード当たりの利益はかなり低い水準にとどまっている。

　二番目のトレード手法（５分足）は、「直近５分足の終値がその日のレンジの中央より高値（安値）圏内にあれば次の足で買い（売り）、大引けで手仕舞う」というものである。そのパフォーマンスを示した**表35.2**を見ると、勝率はいずれも20％台と低い水準であり、また１トレード当たりの利益もラッセルを除いてかなり少ない。これではミニサイズの取引コスト（20ドル）もカバーできない。

　三番目のトレード手法（５分足）のルールは、「①S&P・ダウ指標の直近５分足が陽線、②その終値がその日の始値よりも高い、③直近９本の５分足のほとんどが陽線、④その終値がその日のレンジの中央より高値圏内にある——という４つの条件をすべて満たしたときは買い、大引けで手仕舞う（売りはその逆）」。**表35.3**～**表35.5**はS&P500、ナスダック、ラッセルのそのパフォーマンス結果であるが、

表35.1　9本の5分足に基づくトレード（2002/4/5〜2005/11/19）

	損益	トレード回数	勝率（％）	1トレード当たりの損益	最大ドローダウン	NP/WD
ミニS&P500	$9,338	7,724	34.36%	$1.21	$14,500	64.4
ミニナスダック	$5,410	7,614	34.21%	$0.71	$4,990	108.4
ミニラッセル	$73,700	7,438	37.17%	$9.91	$8,550	862.0

表35.2　5分足の高値・安値圏に基づくトレード（2002/4/5〜2005/11/19）

	損益	トレード回数	勝率（％）	1トレード当たりの損益	最大ドローダウン	NP/WD
ミニS&P500	$25,513	4,881	21.53%	$5.23	$12,588	202.7
ミニナスダック	$21,960	4,587	22.30%	$4.79	$4,040	543.6
ミニラッセル	$88,910	4,007	25.43%	$22.19	$3,640	2,443.0

NP/WDはそれぞれ396％、259％、881％となっている。

　表35.6はこの4つの条件による5分足のトレーディングルールに、「直近2本の5分足が陰線（陽線）のときは、買い（売り）ポジションを成り行きで手仕舞う」というフィルターを加えたときのパフォーマンス結果である。それを見ると1トレード当たりの利益と勝率は低下しているが、NP/WDは上昇しており、特にラッセルのNP/WDは突出している。

表35.3　4つの条件によるミニS&P500の5分足でのトレード (2002/4/5～2005/11/19)

項目	値	項目	値
総損益	$35,237.50	総利益÷総損失比	1.27
総利益	$166,187.50	総損失	($130,950.00)
総トレード数	1,130	勝率	48.05%
勝ちトレード数	543	負けトレード数	573
引き分けトレード数	14		
1トレード当たりの平均利益	$31.18	平均利益÷平均損失比	1.34
勝ちトレードの平均利益	$306.05	負けトレードの平均損失	($228.53)
勝ちトレードの最大利益	$1,712.50	負けトレードの最大損失	($1,712.50)
最大連勝トレード数	8	最大連敗トレード数	9
勝ちトレードの平均日数	56.98	負けトレードの平均日数	39.61
全トレードの平均日数	48.10		
最大建玉枚数	1	口座に最低限必要な金額	$8,887.50
当初資金利益率	35.24%	年利益率	5.91%
リターン・リトレイスメント・レシオ	0.44	RINAインデックス	922.79
トレード期間	5年1カ月8日2時間30分	トレード率	11.65%
最大資産額	$37,475.00		
最大ドローダウン（未実現損益を含む）	($8,950.00)	最大ドローダウン（実現ベース）	($8,887.50)
純損益÷ドローダウン比率	393.72%	純損益÷ドローダウン比率	396.48%

出所＝トレードステーション・テクノロジーズ

表35.4　4つの条件によるミニナスダックの5分足でのトレード（2002/4/5～2005/11/19）

総損益	$17,800.00	総利益÷総損失比	1.16
総利益	$127,640.00	総損失	($109,840.00)
総トレード数	1,261	勝率	46.71%
勝ちトレード数	589	負けトレード数	645
引き分けトレード数	27		
1トレード当たりの平均利益	$14.12	平均利益÷平均損失比	1.27
勝ちトレードの平均利益	$216.71	負けトレードの平均損失	($170.29)
勝ちトレードの最大利益	$1,100.00	負けトレードの最大損失	($860.00)
最大連勝トレード数	9	最大連敗トレード数	14
勝ちトレードの平均日数	58.01	負けトレードの平均日数	37.76
全トレードの平均日数	47.40		
最大建玉枚数	1	口座に最低限必要な金額	$6,860.00
当初資金利益率	17.80%	年利益率	3.21%
リターン・リトレイスメント・レシオ	0.37	RINAインデックス	548.01
トレード期間	5年1カ月8日2時間30分	トレード率	12.53%
最大資産額	$21,240.00		
最大ドローダウン（未実現損益を含む）	($7,110.00)	最大ドローダウン（実現ベース）	($6,860.00)
純損益÷ドローダウン比率	250.35%	純損益÷ドローダウン比率	259.48%

出所＝トレードステーション・テクノロジーズ

表35.5　4つの条件によるミニラッセルの5分足でのトレード（2002/4/5～2005/11/19）

総損益	$56,650.00	総利益÷総損失比	1.34
総利益	$221,500.00	総損失	($164,850.00)
総トレード数	1,191	勝率	48.78%
勝ちトレード数	581	負けトレード数	600
引き分けトレード数	10		
1トレード当たりの平均利益	$47.57	平均利益÷平均損失比	1.39
勝ちトレードの平均利益	$381.24	負けトレードの平均損失	($274.75)
勝ちトレードの最大利益	$1,610.00	負けトレードの最大損失	($1,140.00)
最大連勝トレード数	9	最大連敗トレード数	10
勝ちトレードの平均日数	57.91	負けトレードの平均日数	38.35
全トレードの平均日数	48.01		
最大建玉枚数	1	口座に最低限必要な金額	$6,430.00
当初資金利益率	56.65%	年利益率	11.05%
リターン・リトレイスメント・レシオ	0.45	RINAインデックス	1,255.18
トレード期間	4年23日6時間5分	トレード率	15.19%
最大資産額	$59,140.00		
最大ドローダウン（未実現損益を含む）	($6,670.00)	最大ドローダウン（実現ベース）	($6,430.00)
純損益÷ドローダウン比率	849.33%	純損益÷ドローダウン比率	881.03%

出所＝トレードステーション・テクノロジーズ

表35.6　手仕舞いフィルターの有無によるパフォーマンスの比較（2002/4/5～2005/11/19）

	損益	トレード回数	勝率（%）	1トレード当たりの損益	最大ドローダウン	NP/WD
ミニS&P500						
フィルターなし	$35,238	1,130	48.05%	$31.18	$8,888	396.5
フィルターあり	$34,500	1,416	38.35%	$24.36	$6,350	543.3
ミニナスダック						
フィルターなし	$17,800	1,261	46.71%	$14.12	$6,860	259.5
フィルターあり	$17,620	1,553	37.80%	$11.35	$4,430	397.7
ミニラッセル						
フィルターなし	$56,650	1,191	48.78%	$47.57	$6,430	881.0
フィルターあり	$64,130	1,383	42.44%	$46.37	$4,280	1,498.0

第36章
When It Gets Extreme -- What to Do after Five Closes in the Same Direction
行きすぎの反動──5日順行後の逆張りトレード

　ほとんどのメカニカルトレーディングシステムは何らかのモメンタムをベースとしており、そうしたトレンドフォローシステムは最も広範に利用されている手法のひとつである。なかでもブレイクアウト手法はマーケットのモメンタムに乗ろうという最も典型的な手法であり、これによって大きな成功を収めたのがボストン・レッドソックスのオーナーのジョン・ヘンリー、そしてリチャード・デニスとその弟子たちのタートルズである。一方、『マーケットの魔術師【システムトレーダー編】』に登場する多くのトレーダーもそのトレードの時間枠を問わず、何らかのモメンタムに基づくメカニカルトレードを実行していた。私も多くのチャートを見て気づいたことのひとつは、大きな上昇（下降）局面にも売り（買い）による利益のチャンスがあるということである。

　ここで最初に紹介するトレーディングルールは、「5日連続して下げ（上げ）続け、6日目に上昇（下降）に転じたときは翌日に買い（売り）、大引けで手仕舞う」というものである。**表36.1**はそのパフォーマンス結果であるが、トレード数がかなり少ないことに気づく。一般に相場が5日連続して同じ方向に向かうことはあまりなく、強気・弱気局面でも一時的な押しや戻りが入るものである。この手法は相場の行きすぎを利用する逆張りトレードであるが、5日（1週間）という期間

表36.1 　5日順行したあと最初に逆行して引けたときにその方向にトレード（1996/1/2〜2005/11/19）

	損益	トレード回数	勝率（%）	1トレード当たりの損益	最大ドローダウン	NP/WD
S&P500	$32,588	59	54.24%	$552.33	$15,525	209.9
ナスダック	$19,925	61	45.90%	$326.64	$35,580	56.0
ラッセル	($13,475)	64	46.88%	($210.55)	$27,875	NA
Tボンド	($1,594)	69	40.58%	($23.10)	$4,406	NA
10年債	$1,688	67	46.27%	$25.19	$2,063	81.8
5年債	$4,219	62	54.84%	$68.04	$938	449.8
日本円	$1,488	58	48.28%	$25.65	$5,450	27.3
ユーロ	$63	51	45.10%	$1.23	$2,675	2.4
スイスフラン	($25)	61	54.10%	($0.41)	($3,075)	NA

を再最適化してもよい。**表36.1**を見ると、9銘柄のうち6銘柄で純利益がプラスになっており、特にS&P500とナスダックの1トレード当たりの利益が目立っている。

　それならば、このように5日順行したあとに価格が逆行したとすれば、その動きをどのように解釈すべきなのか。それまでとは新しい動きが始まるのか、それとも再び元のトレンドに戻るのか。その確率についてはどうも後者に軍配が上がるようだ。そこで次のようなトレーディングルールが得られる。すなわち、「5日続伸したあとに反落してもその翌日に買い（5日続落したあとに反発してもその翌日に売り）、反転シグナルが出るまでポジションを保有する」。**表36.2**はこのルールによるパフォーマンス結果、**表36.3**はこのトレード手法の手仕舞いの違い（その日の大引けで手仕舞い・反転シグナルが出るまでポジションを保有）によるパフォーマンスを比較したものである。

表36.2　5日間のトレンドに沿った順張りトレード（反転シグナルが出るまでポジションを保有、1996/1/2～2005/11/19）

	損益	トレード回数	勝率（％）	1トレード当たりの損益	最大ドローダウン	NP/WD
S&P500	$270,863	24	58.33%	$11,286.00	$54,375	498.1
ナスダック	$27,770	27	48.15%	$1,029.00	$183,925	15.1
ラッセル	$68,100	26	42.31%	$2,619.00	$75,425	90.3
Tボンド	$26,594	35	54.29%	$759.82	$17,156	155.0
10年債	$24,844	29	44.83%	$856.68	$10,938	227.1
5年債	$9,500	29	41.38%	$327.59	$11,984	79.3
日本円	$56,626	26	53.85%	$2,175.00	$17,313	327.1
ユーロ	$19,938	22	63.64%	$906.25	$41,825	47.7
スイスフラン	($950)	32	37.50%	($29.69)	$33,863	NA

表36.3　5日間のトレンドに沿った順張りトレードの手仕舞いの違いによるパフォーマンス比較（1996/1/2～2005/11/19）

	損益	トレード回数	勝率（％）	1トレード当たりの損益	最大ドローダウン	NP/WD
S&P500						
大引けで手仕舞い	$44,875	59	64.41%	$760.59	$14,175	316.6
反転シグナルまで保有	$320,438	24	66.67%	$13,351.56	$24,725	1,296.0
ナスダック						
大引けで手仕舞い	$66,730	61	55.74%	$1,093.93	$20,300	328.7
反転シグナルまで保有	$59,855	27	51.85%	$2,217.00	$169,450	35.3
ラッセル						
大引けで手仕舞い	$46,600	65	61.54%	$716.92	$13,550	343.9
反転シグナルまで保有	$44,350	26	34.62%	$1,706.00	$79,025	56.1
Tボンド						
大引けで手仕舞い	$1,875	69	53.62%	$27.17	$7,094	26.4
反転シグナルまで保有	$18,906	35	45.71%	$540.18	$19,406	97.4
10年債						
大引けで手仕舞い	$7,453	67	56.72%	$111.24	$1,219	611.4
反転シグナルまで保有	$21,788	29	48.28%	$747.84	$10,813	201.5
5年債						
大引けで手仕舞い	$2,281	62	53.23%	$36.79	$1,578	144.6
反転シグナルまで保有	$10,781	29	44.83%	$371.77	$9,328	115.6
日本円						
大引けで手仕舞い	$5,675	57	56.14%	$99.56	$2,600	218.3
反転シグナルまで保有	$53,000	26	53.85%	$2,038.00	$17,225	307.7
ユーロ						
大引けで手仕舞い	($1,375)	51	50.98%	($26.96)	($3,575)	NA
反転シグナルまで保有	$22,300	22	63.64%	$1,013.63	$41,238	54.1
スイスフラン						
大引けで手仕舞い	$1,988	61	54.10%	$32.58	$2,963	67.1
反転シグナルまで保有	$8,575	32	37.50%	$267.97	$29,763	28.8

第37章
Some Additional Fade Ideas

3日目の逆張りトレード

　モメンタム手法をメーンとする多くのメカニカルトレーディングシステムにおいて、逆張りトレード手法はサブ的なものにすぎないが、それでもパフォーマンスを平準化するという分散投資の目的からシステムに取り入れるトレーダーは少なくない。ここで紹介する逆張りトレードのルールとは次のようなものである。「終値が2日連続して前日の安値よりも安いときは、今日の始値－過去3日間の平均レンジの2分の1に指値注文を置いて買う。ポジションをオーバーナイトして翌日まで保有したあと、今日（仕掛けた日）の高値水準で手仕舞う。損切り注文は前日の安値の1ティック下に置くが、このどちらの価格にもヒットしないときは、その日の大引けで手仕舞う（売りはこの逆）」。2日連続して前日の安値を下回れば、3日目も安く始まる可能性が高く、そこに利益のチャンスを見つけようというのがこの逆張り手法の狙いである。表37.1はそのパフォーマンス結果である。

　一方、この逆張り手法に少しバリエーションを持たせたのが次のトレーディングルールである。すなわち、「終値が2日連続して前日の終値よりも安く、かつ3日連続して過去5日間の安値平均よりも安いときは、翌日（1日目）の寄り付きで買う。ポジションを2日間保有したあと、3日目に1日目の高値水準で手仕舞う。損切り注文は前日の安値の1ティック下に置く。このどちらの価格にもヒットしないと

第37章　3日目の逆張りトレード

表37.1　3日目の逆張りトレード（1996/1/2～2005/11/19）

	損益	トレード回数	勝率（％）	1トレード当たりの損益	最大ドローダウン	NP/WD
S&P500	$106,188	219	51.14%	$487.87	$23,625	449.5
ナスダック	$181,860	224	44.20%	$811.88	$48,520	374.8
ラッセル	($21,125)	279	43.73%	($75.72)	$64,600	NA
Tボンド	$1,031	193	48.19%	$5.34	($13,750)	NA
10年債	$12,813	204	52.94%	$62.81	$3,094	414.1
5年債	$4,891	201	50.25%	$24.33	$3,844	127.2
日本円	$7,188	241	46.06%	$29.82	$8,638	83.2
ユーロ	$2,363	132	44.70%	$17.90	$8,325	28.4
スイスフラン	($1,175)	184	45.11%	($6.39)	$8,925	NA

表37.2　前日の終値と5日間の安値平均よりも安いときの逆張りトレード（1996/1/2～2005/11/19）

	損益	トレード回数	勝率（％）	1トレード当たりの損益	最大ドローダウン	NP/WD
S&P500	$181,313	187	55.98%	$969.69	$36,700	494.0
ナスダック	$306,750	192	51.56%	$1,597.66	$36,125	849.1
ラッセル	$89,525	232	52.59%	$385.88	$39,175	228.5
Tボンド	$29,125	197	52.28%	$147.84	$7,969	365.5
10年債	$16,359	203	56.16%	$80.59	$3,750	436.2
5年債	$7,594	188	49.47%	$40.39	$4,391	172.9
日本円	$11,263	220	51.82%	$51.19	$13,363	84.3
ユーロ	($8,850)	145	51.72%	($61.03)	$20,738	NA
スイスフラン	($6,913)	177	53.67%	($39.05)	$13,450	NA

きは、その日の大引けで手仕舞う（売りはこの逆）」。**表37.2**はそのパフォーマンス結果である。

第38章
Another Look at N Day and an Alternative Stop Approach
過去n日の ブレイクアウト手法

　過去n日のブレイクアウト手法は最もよく知られたモメンタム手法で、過去n日間の最高値を買い、最安値を売るというものである（その基本的な手法では損切り注文を置かずに、反転シグナルに従って買い・売りのドテンを繰り返す）。n日は自由に決めてもよいが、リチャード・デニスやタートルズが使ったのは20日のブレイクアウト手法だった。もっとも、デニス自身は1970〜1980年代にはこの手法もかなり有効だったが、今ではマーケットの環境が大きく変化してあまり効果がなくなったと語っている。このことを確認するため、私も実際に検証してみた。

　表38.1は20日ブレイクアウト手法による最近5年間のパフォーマンス結果であるが、それを見ると確かにデニスの言うとおりだった（しかし、これだけでこのブレイクアウト手法自体が完全にその有効性を失ったと断言することはできない）。株価指数はここ数年間では損失となり、特にラッセルは2年連続して大きな損失を出しているが、3つの株価指数の間に相関関係は認められない。その他の銘柄を見ると、Tボンドは株価指数とほぼ正反対のパフォーマンスとなっており、2001年に損失を出したあとはすべて利益を上げている。3つの通貨の損益にも相関関係は見られず、日本円の5年間の損益はマイナスとなった。

表38.1　20日ブレイクアウト手法による最近5年間のパフォーマンス比較

S&P500	損益	年間成績（%）	総利益÷総損失比	トレード回数	勝率（%）
2001	$74,000	74.00%	5.12	6	66.67%
2002	$15,225	8.75%	1.37	9	33.33%
2003	($18,125)	-9.58%	0.73	10	30.00%
2004	($7,125)	-4.16%	0.78	9	33.33%
2005	($24,200)	-14.76%	0.34	11	27.27%
合計	$39,775				

ナスダック	損益	年間成績（%）	総利益÷総損失比	トレード回数	勝率（%）
2001	$32,650	32.65%	1.39	6	50.00%
2002	$27,850	21.00%	1.94	8	50.00%
2003	($31,250)	-19.47%	0.42	10	30.00%
2004	$15,600	12.07%	2.25	7	42.86%
2005	$5,900	4.07%	1.29	9	44.44%
合計	$50,750				

ラッセル	損益	年間成績（%）	総利益÷総損失比	トレード回数	勝率（%）
2001	$69,600	69.60%	8.73	5	80.00%
2002	$13,950	8.23%	1.32	10	40.00%
2003	$26,200	14.27%	1.56	8	50.00%
2004	($19,800)	-9.44%	0.75	9	33.33%
2005	($17,125)	-9.02%	0.69	9	33.33%
合計	$72,825				

Tボンド	損益	年間成績（%）	総利益÷総損失比	トレード回数	勝率（%）
2001	($8,906)	-8.91%	0.41	10	30.00%
2002	$2,938	3.22%	1.26	8	37.50%
2003	$2,500	2.66%	1.19	9	33.33%
2004	$5,094	5.28%	1.51	7	42.86%
2005	$5,938	5.84%	4.96	6	66.67%
合計	$7,564				

10年債	損益	年間成績（%）	総利益÷総損失比	トレード回数	勝率（%）
2001	$516	52.00%	1.08	8	50.00%
2002	$10,969	10.91%	5.78	6	33.33%
2003	$3,391	3.04%	1.85	7	42.86%
2004	$4,016	3.50%	1.66	7	42.86%
2005	$1,047	88.00%	1.30	8	50.00%
合計	$19,939				

5年債	損益	年間成績（%）	総利益÷総損失比	トレード回数	勝率（%）
2001	$4,063	4.06%	3.06	6	66.67%
2002	$10,116	9.62%	9.43	6	66.67%
2003	$1,844	1.62%	1.65	7	42.86%
2004	$2,813	2.43%	1.75	7	42.86%
2005	$1,859	1.57%	2.10	8	50.00%
合計	**$20,695**				

日本円	損益	年間成績（%）	総利益÷総損失比	トレード回数	勝率（%）
2001	$3,363	3.36%	1.39	9	55.56%
2002	($475)	46.00%	0.95	8	50.00%
2003	($9,838)	-9.56%	0.40	11	18.18%
2004	($2,150)	-2.31%	0.77	9	22.22%
2005	$100	11.00%	1.01	8	37.50%
合計	**($9,000)**				

ユーロ	損益	年間成績（%）	総利益÷総損失比	トレード回数	勝率（%）
2001	($2,738)	-2.74%	0.77	8	25.00%
2002	($3,513)	-3.61%	0.85	10	20.00%
2003	$21,363	22.79%	3.97	7	71.43%
2004	$9,788	8.50%	2.36	5	40.00%
2005	($2,738)	-1.91%	0.82	8	25.00%
合計	**$22,162**				

スイスフラン	損益	年間成績（%）	総利益÷総損失比	トレード回数	勝率（%）
2001	$4,100	4.10%	1.74	6	33.33%
2002	$538	52.00%	1.04	8	37.50%
2003	$2,988	2.86%	1.33	9	55.56%
2004	$1,988	1.85%	1.24	7	42.86%
2005	($1,788)	-1.63%	0.82	8	37.50%
合計	**$7,826**				

表38.2　20日ブレイクアウト手法による各年のパフォーマンス推移
（100ドルのスリッページ＋売買手数料を含む）

	2001年	2002年	2003年	2004年	2005年
S&P500	$73,450	$14,425	($19,025)	($8,925)	($25,200)
ナスダック	$32,100	$27,150	($32,150)	$15,000	$5,100
ラッセル	$69,150	$13,050	$25,500	($20,600)	($17,925)
Tボンド	($9,856)	$2,238	$1,700	$4,494	$5,438
10年債	($234)	$10,469	$2,791	$3,416	$347
5年債	$3,512	$9,516	$1,244	$2,213	$1,159
日本円	$2,513	($1,175)	($10,838)	($2,950)	($600)
ユーロ	($3,488)	($4,413)	$20,763	$9,388	($3,088)
スイスフラン	$3,550	($163)	$2,188	$1,388	($2,488)
合計	**$170,697**	**$71,097**	**($7,827)**	**$3,424**	**($37,257)**

　一方、**表38.2**は20日ブレイクアウト手法による9銘柄の各年のパフォーマンス推移を示したもので、これを見ても最近の損失ぶりは際立っている。全体では特に2005年の損失が大きく、利益よりも損失となった銘柄のほうが多かった。こうした事実を踏まえて、次のようなフィルターを加えてみた。すなわち、「少なくとも10日間ポジションを保有し、11日目になっても最高値の更新と新高値の終値が出現しないときは、翌日の寄り付きで手仕舞う（売りはこの逆）」。**表38.3**は元の20日ブレイクアウト手法とこのフィルターを加えたときのパフォーマンスを比較したものである。

表38.3　11日目に手仕舞うというフィルターの有無によるパフォーマンスの比較（2001/1/2～2005/11/19）

	損益	トレード回数	勝率（％）	1トレード当たりの損益	最大ドローダウン	NP/WD
S&P500						
フィルターなし	$31,725	40	32.50%	$793.17	$73,875	42.9
フィルターあり	$74,800	52	40.38%	$1,438.46	$77,725	96.2
ナスダック						
フィルターなし	$43,100	35	40.00%	$1,231.43	$82,200	52.4
フィルターあり	$36,300	48	43.75%	$756.25	$63,700	57.0
ラッセル						
フィルターなし	$67,975	36	44.44%	$1,888.19	$80,875	84.1
フィルターあり	$109,500	50	50.00%	$2,190.00	$91,075	120.2
Tボンド						
フィルターなし	$4,813	35	37.14%	$137.50	$18,969	25.4
フィルターあり	$18,156	44	45.45%	$412.64	$13,375	135.7
10年債						
フィルターなし	$18,359	31	45.16%	$592.24	$9,125	201.2
フィルターあり	$20,969	42	47.62%	$499.26	$8,969	233.8
5年債						
フィルターなし	$19,375	29	55.17%	$668.10	$5,266	367.9
フィルターあり	$16,047	41	46.34%	$391.39	$4,750	337.8
日本円						
フィルターなし	($17,013)	40	30.00%	($425.31)	$25,400	NA
フィルターあり	($9,588)	54	37.04%	($177.55)	$18,800	NA
ユーロ						
フィルターなし	$17,400	33	33.33%	$527.27	$15,663	111.1
フィルターあり	$4,113	51	35.29%	$80.64	$19,613	21.0
スイスフラン						
フィルターなし	$4,513	33	42.42%	$136.74	$14,550	31.0
フィルターあり	$2,513	49	42.86%	$51.28	$14,300	17.6

第39章
Taking on the Axioms Part One -- The RSI Indicator

よく知られたトレード指標1
──RSI

　ウエルズ・ワイルダーが開発し、『ワイルダーのテクニカル分析入門』（パンローリング）で発表されたRSI（相対力指数）は、主に買われ過ぎ・売られ過ぎを見るオシレーターである。一般に日足では14日RSI、5分足では9本RSIを使う。14日RSIの算式は、直近14日間の上昇幅の平均÷（直近14日間の上昇幅の平均＋直近14日間の下落幅の平均）×100（％）で表される。一般的なトレーディングルールではRSIが80％以上のときは買われ過ぎ、20％以下のときは売られ過ぎとなるが、私はこうした逆張りルールとは反対の次のような5分足の順張りトレーディングルールを作り、検証してみた。「直近45分間（9本の5分足）のRSIが85％以上のとき次の足の始値で買う（15％以下になったら売る）。引けまでに30分を切れば仕掛けない。大引け5分前にすべてのポジションを手仕舞う」。**表39.1**はそのパフォーマンス結果である。ベテラントレーダーであればRSIのこうした順張り手法はよくご存じであろう。高値を買い、安値を売って悪いということはない。私は数年前の砂糖のトレードで安値だと思って買いを入れたところ、それからさらに数カ月間も低迷相場が続いたという経験がある。こうした苦い経験を踏まえて、逆張りから再び順張りトレードに戻ったのである。

表39.1　5分足のRSIによる順張りトレード（株価指数は2001/1/2〜2005/11/19、その他の銘柄は2001/5/15〜2005/11/19）

	損益	トレード回数	勝率（%）	1トレード当たりの損益	最大ドローダウン	NP/WD
ミニS&P500	$8,813	218	58.72%	$40.42	$2,575	342.3
ミニナスダック	$14,920	248	57.26%	$60.16	$2,410	619.0
ミニラッセル	$4,140	323	57.28%	$12.82	$5,580	74.2
Tボンド	$8,688	276	51.45%	$31.48	$4,531	191.7
10年債	$9,234	235	56.17%	$39.30	$2,672	345.6
5年債	$1,250	277	49.82%	$4.51	$4,891	25.6
日本円	$2,050	191	45.03%	$10.73	$2,663	77.0
ユーロ	$22,138	189	59.26%	$117.13	$2,150	1,029.7
スイスフラン	$7,838	214	52.80%	$36.62	$2,750	285.0

第40章
Taking on the Axioms Part Two -- The Reversal Day Indicator
よく知られたトレード指標2 ——リバーサルデイ

　テクニカル指標が今ほど一般投資家にも急速に普及していなかったときは、「その日の安値が前日の安値よりも安く、かつ終値が前日の終値よりも高いときは買い、またはその日の高値が前日の高値よりも高く、かつ終値が前日の終値よりも安いときは売り」といったよく知られたリバーサルデイのトレード手法が大きな威力を発揮したものだった（今でもこの手法を使っているトレーダーも少なくない）。こうしたリバーサルデイのトレード指標にはいろいろなフィルターを加えて応用することができる（最も一般的なリバーサルデイの買い条件としては、前日の安値の代わりに過去ｎ日間の安値平均を使う——など）。
　ここで紹介するリバーサルデイのルールとは、「前日の高値が前々日の高値よりも高く、かつ終値が前日の終値よりも安いときは、翌日の寄り付きに成り行きで買う、または前日の安値が前々日の安値よりも安く、かつ終値が前日の終値よりも高いときは、翌日の寄り付きに成り行きで売る」というもので、従来のリバーサルデイの条件とは逆になっている。「買い（売り）の利益目標は前々日の高値（安値）水準で、前々日の安値の1ティック下（前々日の高値の1ティック上）に損切り注文を置く」。**表40.1**はそのパフォーマンス結果である。

表40.1 リバーサルデイの逆張りトレード (2001/1/1〜2005/11/19)

	損益	トレード回数	勝率（%）	1トレード当たりの損益	最大ドローダウン	NP/WD
S&P500	$62,550	325	58.15%	$192.46	$76,525	81.7
ナスダック	$86,500	317	63.72%	$272.87	$40,100	215.7
ラッセル	$16,675	304	60.86%	$54.85	$104,700	15.9
Tボンド	$6,219	287	64.46%	$21.67	$19,844	31.3
10年債	$7,281	300	64.33%	$24.27	$10,172	71.6
5年債	$11,421	265	63.77%	$43.10	$4,859	235.0
日本円	($8,063)	161	63.98%	($50.08)	$13,263	NA
ユーロ	($2,763)	218	61.47%	($12.67)	$14,950	NA
スイスフラン	($6,350)	202	60.40%	($31.44)	$13,838	NA

第41章
Potpourri -- Systems as I Discover and/or Rediscover Them
いろいろなトレード手法

３日間の200％レンジブレイクアウト手法

　まず最初に紹介するのは単純なレンジブレイクアウト手法で、モメンタムトレーダーは比較的トレンドのある局面では大きな利益を手にできるだろう。そのトレーディングルールとは、「翌日の始値±過去３日間の平均レンジの200％の水準を買い（売り）、仕掛け日を含めた４日後に手仕舞う。買い（売り）の利益目標は前日の高値（安値）水準で、前日の安値（高値）水準に損切り注文を置く。このどちらの価格にもヒットしないときは、４日後の大引けで手仕舞う」。**表41.1**は９銘柄の20年間のパフォーマンス結果を示したもので、総じてトレード数は少ないが、ハイテク株バブルに沸いたナスダックでは2000年に７万1600ドルの利益となり、また日本円でもアジア通貨危機が起こった1998年に１万3063ドルの利益を上げている。また、**表41.2**はこのトレード手法によるその他の銘柄のパフォーマンスであるが、ポークベリーとオレンジジュースのパフォーマンスが際立っている。

表41.1　3日間の200％レンジブレイクアウト手法のパフォーマンス結果（1986/1/2～2005/11/19）

	損益	トレード回数	勝率（％）	1トレード当たりの損益	最大ドローダウン	NP/WD
S&P500	$5,388	153	49.02%	$35.21	$67,225	8.0
ナスダック	$54,610	32	59.38%	$1,707.00	$50,700	107.7
ラッセル	$34,750	144	54.86%	$241.32	$42,075	82.6
Tボンド	$25,813	214	56.07%	$120.62	$9,406	274.4
10年債	$12,484	244	58.61%	$51.17	$6,188	201.7
5年債	($1,172)	281	53.74%	($4.17)	$10,141	NA
日本円	$15,750	270	45.19%	$58.33	$15,713	100.2
ユーロ	$9,813	67	50.75%	$146.46	$6,875	142.7
スイスフラン	$14,100	214	53.34%	$65.89	$16,288	86.6

表41.2　3日間の200％レンジブレイクアウト手法によるその他の銘柄のパフォーマンス結果（1986/1/8～2005/11/19）

	損益	トレード回数	勝率（％）	1トレード当たりの損益	最大ドローダウン	NP/WD
大豆	$4,794	177	51.98%	$27.08	$7,688	62.4
トウモロコシ	$3,963	224	48.21%	$17.69	$3,450	114.9
小麦	($7,406)	148	47.97%	($50.04)	$10,531	NA
生牛	$9,778	175	58.86%	$55.87	$4,231	231.1
						196.0
生豚	($2,973)	125	45.60%	($23.79)	$5,614	NA
ポークベリー	$13,605	126	54.76%	$107.97	$6,183	220.0
金	$8,788	278	52.52%	$31.61	$6,176	142.3
銀	$10,155	260	45.38%	$39.06	$13,130	77.3
コーヒー	($13,868)	225	49.78%	($61.63)	($73,035)	NA
ココア	$7,090	298	45.64%	$23.79	$7,730	91.7
オレンジジュース	$29,124	329	55.62%	$88.52	$4,083	713.3

9日間の高値・安値に基づく66％モメンタム手法

　次に紹介するトレード手法は主に株価指数向けのもので、そのルールは次のとおりである。「過去9日間の最高値－終値＝XH、終値－過去9日間の最安値＝XL、この2つのうちの大きい値幅＝XXとする。①XH＞XLのとき、翌日の始値＋XLの66％の水準をストップ注文で

表41.3 9日間の高値・安値に基づく66%モメンタム手法による S&P500のパフォーマンス結果（2001/1/2～2005/11/19）

総損益	$179,125.00	総利益÷総損失比	1.46
総利益	$566,775.00	総損失	($387,650.00)
総トレード数	188	勝率	62.77%
勝ちトレード数	118	負けトレード数	70
引き分けトレード数	0		
1トレード当たりの平均利益	$952.79	平均利益÷平均損失比	0.87
勝ちトレードの平均利益	$4,803.18	負けトレードの平均損失	($5,537.86)
勝ちトレードの最大利益	$23,250.00	負けトレードの最大損失	($28,500.00)
最大連勝トレード数	10	最大連敗トレード数	4
勝ちトレードの平均日数	6.19	負けトレードの平均日数	9.16
全トレードの平均日数	7.30		
最大建玉枚数	1	口座に最低限必要な金額	$30,775.00
当初資金利益率	179.13%	年利益率	21.00%
リターン・リトレイスメント・レシオ	0.43	RINAインデックス	36.05
トレード期間	4年10カ月19日	トレード率	96.08%
最大資産額	$193,225.00		
最大ドローダウン（未実現損益を含む）	($51,325.00)	最大ドローダウン（実現ベース）	($30,775.00)

出所＝トレードステーション・テクノロジーズ

表41.4 9日間の高値・安値に基づく66%モメンタム手法による S&P500のパフォーマンス推移

	損益	運用成績（%）	総利益÷総損失比	トレード回数	勝率（%）
2001	$82,925	82.92%	1.71	37	70.27%
2002	$38,025	20.79%	1.34	43	58.14%
2003	$19,375	8.77%	1.29	37	62.16%
2004	$23,025	9.58%	1.43	38	57.89%
2005	$15,500	5.89%	1.36	38	57.89%

表41.5　9日間の高値・安値に基づく66％モメンタム手法によるその他の銘柄のパフォーマンス結果（2001/1/2～2005/11/19）

	損益	トレード回数	勝率（％）	1トレード当たりの損益	最大ドローダウン	NP/WD
ナスダック	$83,550	180	56.11%	$464.17	$119,400	70.0
ラッセル	$186,950	202	64.36%	$925.50	$45,300	412.7
Tボンド	$22,375	175	59.43%	$127.86	$26,719	83.7
10年債	$5,172	166	60.24%	$31.16	$15,609	33.1
5年債	($6,953)	166	53.61%	($41.89)	$16,359	NA
日本円	$8,338	167	59.88%	$49.93	$13,725	60.8
ユーロ	($7,625)	180	54.44%	($42.36)	$36,188	NA
スイスフラン	$13,213	174	59.77%	$75.93	$24,863	53.1

買う。損切り注文は仕掛け値－XX×1.32（0.66×2）の水準。②XH＜XLのとき、翌日の始値－XHの66％の水準をストップ注文で売る。損切り注文は仕掛け値＋XX×1.32の水準」。このルールによるS&P500のパフォーマンスを示した**表41.3**を見ると、純利益と1トレード当たりの平均利益がかなり大きい。**表41.4**はS&P500の各年のパフォーマンス推移、**表41.5**はその他の銘柄のパフォーマンス結果である。それを見ると、株価指数以外の銘柄では損益がまちまちとなっている。

レンジが狭まった安値（高値）圏での逆張りトレード

「終値が前日の終値と5日間移動平均よりも安く、かつ過去10日間の平均レンジが過去25日間の平均レンジよりも小さいときは、翌日の始値＋前日レンジの20％の水準にストップ注文を置いて買う。無条件の損切り注文――仕掛け値－過去25日間の平均レンジの水準。条件付き損切り注文――終値が前日の終値と5日間移動平均よりも高いときは、翌日の始値－前日レンジの20％の水準で手仕舞う（売りはこの

表41.6 レンジが狭まった安値(高値)圏での逆張りトレード
(2001/1/2〜2005/11/19)

	損益	トレード回数	勝率(%)	1トレード当たりの損益	最大ドローダウン	NP/WD
S&P500	$138,875	257	46.69%	$540.37	$38,800	357.9
ナスダック	$66,150	287	44.25%	$230.49	$43,750	151.2
ラッセル	$113,475	272	50.00%	$417.19	$49,900	227.4
Tボンド	$37,969	271	46.13%	$140.11	$5,469	694.3
10年債	$24,141	267	45.69%	$90.41	$3,078	784.3
5年債	$6,479	254	39.76%	$25.47	$4,079	158.8
日本円	$17,213	284	36.97%	$60.61	$13,238	130.0
ユーロ	$27,575	267	38.95%	$103.28	$17,987	153.3
スイスフラン	($950)	247	38.46%	$38.46	$17,188	NA

逆)」。これまでのトレーディングルールよりも複雑に見えるが、その基本コンセプトはいたって単純である。安値（高値）圏で日足のレンジが狭まってきたら買う（売る）という逆張りトレードであり、いくらかのモメンタム手法も取り入れられている。**表41.6**は9銘柄のそのパフォーマンス結果である。

5日と15日間移動平均に基づくトレード

そのトレーディングルールは「5日間移動平均が15日間移動平均よりも3日連続して高い（安い）ときは、翌日の寄り付きに成り行きで買う（売る）。損切り注文は置かない」というもので、**表41.7**はそのパフォーマンス結果である。

**表41.7　5日と15日の移動平均に基づくトレード
（2001/1/2～2005/11/19）**

	損益	トレード回数	勝率（％）	1トレード当たりの損益	最大ドローダウン	NP/WD
S&P500	$49,500	76	40.79%	$651.97	$117,300	42.2
ナスダック	$22,900	78	30.77%	$293.59	$117,900	19.4
ラッセル	$134,975	68	42.65%	$1,984.93	$137,450	98.2
Tボンド	$6,563	67	37.31%	$97.95	$15,625	42.0
10年債	$5,125	62	40.32%	$82.66	$13,984	36.7
5年債	$4,672	64	40.63%	$73.00	$8,688	53.8
日本円	($12,088)	79	43.04%	($153.01)	$32,163	NA
ユーロ	$17,275	78	33.33%	$221.47	$13,813	125.1
スイスフラン	($4,888)	78	35.90%	($62.66)	$15,163	NA

3月初めの大豆買い、7月初めの大豆売り

　ここではこれまで検証してきた株式・金融商品のトレーディングルールとは少し趣を異にした大豆の買い手法を紹介しよう（売り手法についてもあとで述べる）。どのようなマーケットにも買い有利のバイアスは存在するが、それらの多くはかなりランダムなものである。例えば、コインを20回投げてその70～90％で表が出ても、それだけで表のバイアスがかかっているとは言えない。しかし、私は自らの実体験から大豆には年間を通して明らかな買いバイアスがあることを見つけた。

　大豆は典型的な需給商品で、私はかつて夏に葉枯れ病や干ばつなどが起これば、大豆は金にも匹敵する高額商品になるだろうと考えていた。しかし、実際にはそうしたことはめったに起こらない。それは大豆がかなり耐久性のある穀物であるからで、知り合いのあるトレーダーは「大豆は草ぼうぼうの熱帯雨林でもよく育つよ」と嘆いていた。こうしたことから「夏に大豆を買ってはならない」という教訓が引き

表41.8　3月初めに買う大豆の季節性のパフォーマンス結果（1965～2005）

総損益	$31,725.00	総利益÷総損失比	2.47
総利益	$53,325.00	総損失	($21,600.00)
総トレード数	40	勝率	70.00%
勝ちトレード数	28	負けトレード数	12
引き分けトレード数	0		
1トレード当たりの平均利益	$793.13	平均利益÷平均損失比	1.06
勝ちトレードの平均利益	$1,904.46	負けトレードの平均損失	($1,800.00)
勝ちトレードの最大利益	$2,450.00	負けトレードの最大損失	($4,250.00)
最大連勝トレード数	7	最大連敗トレード数	3
勝ちトレードの平均日数	40.93	負けトレードの平均日数	69.25
全トレードの平均日数	49.42		
最大建玉枚数	1	口座に最低限必要な金額	$8,312.50
当初資金利益率	31.72%	年利益率	0.69%
リターン・リトレイスメント・レシオ	0.08	RINAインデックス	138.03
トレード期間	39年9カ月15日	トレード率	19.10%
最大資産額	$36,687.50		
最大ドローダウン（未実現損益を含む）	($9,800.00)	最大ドローダウン（実現ベース）	($8,312.50)

出所＝トレードステーション・テクノロジーズ

出されるが、1987年には私にとって生涯忘れられないことが起こった。大干ばつが起こるほぼ1年前のその年の春、私は大豆のアウト・オブ・ザ・マネーのコールオプション10枚を1000ドルで買った。大豆トレードにはほぼ素人だった私は、それが5万ドルになるという大ホームランを狙っていた。今では人々はこの話を信じられないかもしれないが、それからしばらくしてこのコールオプションは実際に3万ドルになっ

表41.9　3月初めに買う大豆の季節性のパフォーマンス推移

	損益	年間成績（%）	総利益÷総損失比	トレード回数	勝率（%）
1966	$2,000	2.00%	100	1	100.00%
1967	($494)	−0.48%	0	1	0.00%
1968	($675)	−0.66%	0	1	0.00%
1969	($206)	−0.20%	0	1	0.00%
1970	$1,181	1.17%	100	1	100.00%
1971	$825	0.81%	100	1	100.00%
1972	$919	0.90%	100	1	100.00%
1973	($4,063)	−3.92%	0	1	0.00%
1974	($4,250)	−4.27%	0	1	0.00%
1975	$2,250	2.36%	100	1	100.00%
1976	$2,006	2.06%	100	1	100.00%
1977	$2,006	2.02%	100	1	100.00%
1978	$2,006	1.98%	100	1	100.00%
1979	$2,006	1.94%	100	1	100.00%
1980	($4,006)	−3.80%	0	1	0.00%
1981	$2,006	1.98%	100	1	100.00%
1982	($1,663)	−1.61%	0	1	0.00%
1983	$2,275	2.23%	100	1	100.00%
1984	$2,006	1.93%	100	1	100.00%
1985	$2,006	1.89%	100	1	100.00%
1986	($988)	−0.91%	0	1	0.00%
1987	$2,006	1.87%	100	1	100.00%
1988	$2,006	1.84%	100	1	100.00%
1989	($138)	−0.12%	0	1	0.00%
1990	$2,006	1.81%	100	1	100.00%
1991	($4,006)	−3.54%	0	1	0.00%
1992	$88	−0.08%	0	1	0.00%
1993	$2,006	1.84%	100	1	100.00%
1994	$2,006	1.81%	100	1	100.00%
1995	$2,000	1.77%	100	1	100.00%
1996	$2,000	1.74%	100	1	100.00%
1997	$2,000	1.71%	100	1	100.00%
1998	($1,025)	−0.86%	0	1	100.00%
1999	$2,050	1.74%	100	1	100.00%
2000	$2,000	1.67%	100	1	100.00%
2001	$1,300	1.07%	100	1	100.00%
2002	$2,000	1.62%	100	1	100.00%
2003	$2,000	1.60%	100	1	100.00%
2004	$2,000	1.57%	100	1	100.00%
2005	$2,450	1.90%	100	1	100.00%

表41.10　7月初めに売る大豆の季節性のパフォーマンス結果（1965～2005）

項目	値	項目	値
総損益	$31,675.00	総利益÷総損失比	1.69
総利益	$77,262.50	総損失	($45,587.50)
総トレード数	40	勝率	60.00%
勝ちトレード数	24	負けトレード数	16
引き分けトレード数	0		
1トレード当たりの平均利益	$791.88	平均利益÷平均損失比	1.13
勝ちトレードの平均利益	$3,219.27	負けトレードの平均損失	($2,849.22)
勝ちトレードの最大利益	$6,000.00	負けトレードの最大損失	($5,700.00)
最大連勝トレード数	3	最大連敗トレード数	3
勝ちトレードの平均日数	52.71	負けトレードの平均日数	59.50
全トレードの平均日数	55.42		
最大建玉枚数	1	口座に最低限必要な金額	$10,706.25
当初資金利益率	31.67%	年利益率	0.69%
リターン・リトレイスメント・レシオ	0.07	RINAインデックス	67.21
トレード期間	39年9カ月15日	トレード率	21.52%
最大資産額	$39,262.50		
最大ドローダウン（未実現損益を含む）	($13,406.25)	最大ドローダウン（実現ベース）	($10,706.25)

出所＝トレードステーション・テクノロジーズ

たのである（瞬間的だったが）。その翌日にこの半分の利益でも確定していればウハウハだったが、何とその次の日にはこれがゼロになってしまった。つまり、7月までに宴はすべて終わってしまったのである。

　私はこの経験を踏まえて、7月初めに大豆をけっして買ってはならないという教訓を学んだ。そして次のようなトレーディングルールを作り、検証してみた。そのルールとは「3月初めの第1営業日に大豆11月限を買う。利益目標は2000ドル（ブッシェル当たり40セント）、損切り注文は－4000ドル（80セント）の水準に置き、このどちらの価格にもヒットしないときは7月の第2営業日に手仕舞う」。**表41.8**は

表41.11　3日間と30日間移動平均の交差
　　　　（2001/1/2～2005/11/19）

	損益	トレード回数	勝率（％）	1トレード当たりの損益	最大ドローダウン	NP/WD
S&P500	$89,475	52	36.54%	$1,720.67	$39,150	228.5
ナスダック	$25,350	55	34.55%	$460.91	$43,900	57.7
ラッセル	$33,475	57	31.58%	$587.28	$94,250	35.5
Tボンド	$18,125	53	35.85%	$341.98	$14,531	124.7
10年債	$14,890	54	38.89%	$275.75	$6,938	214.6
5年債	$13,828	50	46.00%	$276.56	$4,906	281.9
日本円	($13,588)	67	28.36%	($202.80)	$20,813	NA
ユーロ	$26,063	64	40.63%	$407.23	$8,725	298.7
スイスフラン	$5,075	66	37.88%	$76.89	$13,875	36.58

　1965～2005年のそのパフォーマンス結果、**表41.9**は3月初日の大豆買いの40年にわたるパフォーマンス推移であるが、それを見ると4000ドルの損切り注文にヒットしたのは4回だった（最後は1991年）。

　一方、大豆の売りルールは「7月初めの第1営業日に大豆を売る。利益目標は4000ドル（80セント）、損切り注文は－5000ドル（100セント）の水準に置き、このどちらの価格にもヒットしないときは11月の第2営業日に手仕舞う」というもので、**表41.10**はそのパフォーマンス結果である。この4000ドルの利益目標は直近3年間に連続して実現している。ここでもう一度繰り返すが、くれぐれも夏には大豆を買わないように。

3日と30日間移動平均の交差

　「3日間移動平均が30日間移動平均よりも3日連続して高いときは、翌日の寄り付きで買い、3日間移動平均が30日間移動平均よりも安くなったときに手仕舞う（売りはこの逆）」。**表41.11**はそのパフォー

表41.12　15日前と30日前の価格を比較したトレード
　　　　（2001/1/2～2005/11/19）

	損益	トレード回数	勝率（％）	1トレード当たりの損益	最大ドローダウン	NP/WD
S&P500	$45,225	114	44.74%	$396.71	$77,700	58.2
ナスダック	$73,250	109	44.95%	$672.02	$55,700	131.5
ラッセル	$153,125	100	38.00%	$1,531.25	$64,000	239.3
Tボンド	$20,344	98	39.80%	$207.59	$10,094	201.5
10年債	$25,547	94	44.68%	$271.78	$5,891	433.7
5年債	$17,563	100	48.00%	$175.63	$4,672	375.9
日本円	($600)	109	44.95%	($5.50)	$21,175	NA
ユーロ	$25,125	112	40.18%	$224.33	$12,150	206.8
スイスフラン	$7,213	104	34.62%	$69.35	$9,825	73.4

マンス結果である。

15日前と30日前の価格と比較したトレード

　現在の価格がn日前の価格よりも高い（安い）ときは上方（下方）バイアスがかかっているといえるだろう。こうしたバイアスを利用したトレーディングルールが、「終値が15日前と30日前のいずれの終値よりも高いときは、翌日の寄り付きに成り行きで買い、そのどちらかの価格よりも安くなったときに手仕舞う（売りはこの逆）」というものである。表41.12はそのパフォーマンス結果である。

「債券は株式に先行する」に基づくトレード

　「S&P500はダウ平均に先行する」という性質を利用したトレーディングルールについては先に言及したが、ここでは「債券（主にTボンド）は株式に先行する」というバイアスに基づくトレード手法を紹介

図41.1　債券相場（下側）の動向によってミニS&P500をトレードした例

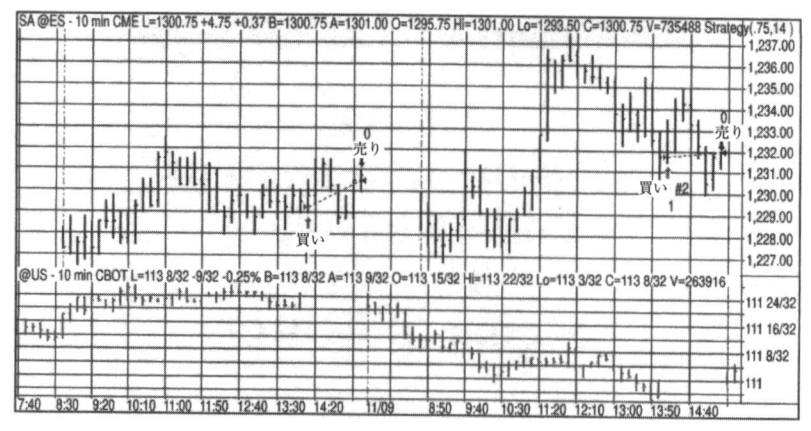

出所＝トレードステーション・テクノロジーズ

表41.13　ミニS&P500の仕掛け時間別のパフォーマンス比較（10分足、2001/5/15～2005/11/19）

時間	損益	トレード回数	勝率（％）	1トレード当たりの損益	最大ドローダウン	NP/WD
9:00	$18,288	394	57	$46.41	$7,950	230.0
10:00	$13,563	348	55	$38.97	$4,288	316.3
11:00	$5,713	385	57	$14.84	$6,663	85.7
12:00	$8,163	416	55	$19.62	$5,713	142.9
1:00	$7,800	408	58	$19.12	$6,850	113.9
2:00	$9,063	439	56	$20.64	$3,550	255.3

表41.14　午前10時に仕掛けたときの株価指数のパフォーマンス結果（10分足、2001/1/2～2005/11/19）

	損益	トレード回数	勝率（％）	1トレード当たりの損益	最大ドローダウン	NP/WD
ミニS&P500	$13,563	348	55.46%	$38.97	$4,088	331.8
ミニナスダック	$12,300	362	55.80%	$33.98	$4,630	265.7
ミニラッセル	$14,880	322	54.66%	$46.21	$3,620	411.0
ミニダウ平均	$5,300	282	54.61%	$18.79	$4,100	129.3

する。一般に好景気の成長経済下では債券と株式は同じ歩調をたどるが、不安定な減速経済になるとこの2つは乖離した動きを見せる。そうした状況下では、例えば株式が上昇すると確定利付き証券としての債券は相対利回りが低下するので価格は下落する。しかし、通常の経済状況の下では債券がある方向に大きく動くと、まもなく株式もそれに追随する傾向がある。

こうした債券と株式の相関関係を利用したのが次のトレーディングルールである。すなわち、「S&P500と債券がともに始値よりも高く、債券がその日のレンジの25％以内の高値圏内にあれば、S&P500を成り行きで買い、大引けで手仕舞う。また、S&P500が始値よりも高いが、債券は始値よりも安く、その日のレンジの25％以内の安値圏内にあれば、これもダイバージェンスの強気シグナルなので、同じくS&P500を成り行きで買い、大引けで手仕舞う」。この2つのルールのポイントは「債券がその日のレンジの75％以上の高値圏にある、または25％以下の安値圏にある」という点で、いずれの場合も上昇する株式にとっては支援材料となる。

図41.1はこのトレーディングルールによるミニS&P500の10分足トレードの一例で、いずれも午後2時の仕掛け、大引けの手仕舞いとなっている。左側は債券がその日の高値圏内にあるとき、右側は安値圏内にあるときのミニS&P500の買いである。一方、**表41.13**は上記の条件が整ったときのミニS&P500の仕掛け時間別のパフォーマンスを示したもので、午前10時の買いのNP/WDが最も良い（午後2時の仕掛けのNP/WDもかなり立派である）。**表41.14**は午前10時に仕掛け（買い）、大引けで手仕舞ったときの各株価指数のパフォーマンス結果である。

第42章
A Final Step-by-Step System Construction -- The Six Signal Indicator

6番目のルールとそれらの統合

　ここで紹介するのは第12章までに検証した5つのデイトレードルールに続く6番目のデイトレード手法で、そのルールは「過去3日間のうち2日以上が陰線（陽線）のときは、翌日の寄り付きで買い（売り）、大引けで手仕舞う」。**表42.1**はそのパフォーマンス結果である。一方、このルールの買いシグナルを＋1、売りシグナルを－1とし、先の5つのデイトレード指標との合計値（単純多数）による統合したパフォーマンス結果が**表42.2**である。また、**表42.3**は「買い（売り）のときは仕掛け値∓過去3日間の平均レンジの66％の水準に損切り注文を置き、この価格にヒットしないときは大引けで手仕舞う」というフィルターを加えたときのパフォーマンス結果である。

第42章　6番目のルールとそれらの統合

表42.1　過去3日間のうち2日以上の陽線か陰線かで逆張りトレード（2001/1/2～2005/11/19）

	損益	トレード回数	勝率（％）	1トレード当たりの損益	最大ドローダウン	NP/WD
S&P500	$203,213	1,228	53.75%	$165.48	$47,400	428.7
ナスダック	$4,250	1,226	50.16%	$3.47	$92,950	4.6
ラッセル	$58,050	1,226	50.41%	$47.35	$88,325	65.7
Tボンド	$18,813	1,220	49.43%	$15.42	$12,906	145.8
10年債	$9,531	1,221	50.20%	$7.81	$10,094	94.4
5年債	$16,656	1,223	50.78%	$13.62	$5,578	298.6
日本円	$863	1,222	48.20%	$0.71	$10,075	8.6
ユーロ	$23,988	1,220	52.38%	$19.66	$25,463	94.2
スイスフラン	$913	1,222	50.16%	$0.75	$20,638	4.4

表42.2　6つのルールの単純累計によるパフォーマンス結果（2001/1/2～2005/11/19）

	損益	トレード回数	勝率（％）	1トレード当たりの損益	最大ドローダウン	NP/WD
S&P500	$259,238	666	57.81%	$389.25	$23,275	1,114.0
ナスダック	$98,550	669	51.72%	$147.31	$74,050	133.1
ラッセル	$106,625	632	51.27%	$168.71	$50,775	210.0
Tボンド	$56,063	685	54.60%	$81.84	$6,906	811.8
10年債	$34,688	665	53.23%	$52.16	$5,063	685.1
5年債	$27,641	675	55.26%	$40.95	$3,359	822.9
日本円	($500)	712	50.14%	($0.70)	$9,513	NA
ユーロ	$14,700	701	52.07%	$20.97	$18,025	81.6
スイスフラン	$10,050	703	51.64%	$14.30	$14,950	67.2

表42.3　6つのルールに過去3日間レンジの66％に損切り注文を置いたときのパフォーマンス結果（2001/1/2～2005/11/19）

	損益	トレード回数	勝率（％）	1トレード当たりの損益	最大ドローダウン	NP/WD
S&P500	$242,263	666	57.81%	$363.76	$27,450	882.6
ナスダック	$141,800	669	48.88%	$211.96	$43,550	325.6
ラッセル	$130,500	632	48.73%	$206.49	$44,200	295.2
Tボンド	$51,656	685	51.68%	$75.41	$5,000	1,033.0
10年債	$30,516	665	50.08%	$45.89	$4,484	680.5
5年債	$24,172	675	52.15%	$35.81	$2,906	831.8
日本円	$13	712	47.33%	$0.02	$9,013	0.1
ユーロ	$13,263	701	48.93%	$18.92	$12,963	102.3
スイスフラン	$15,400	703	49.22%	$21.91	$8,263	214.8

第43章
Combining the Non-Either-Or Indicators

5本の日足による
トレードルールの統合

　これまでに検証した5本の日足によるトレードのルールとは次のようなものだった。

1. 5日連続して下げて引け、6日目に上昇に転じたときは翌日に買い、大引けで手仕舞う。
2. 5日連続して上げて引け、6日目に下降に転じたときは翌日に売り、大引けで手仕舞う。
3. カップ（キャップ）が形成された翌日の寄り付きで買い（売り）、大引けで手仕舞う。
4. 過去3日間の最高値日の安値（高値）と最安値日の安値（高値）の値幅がその3日間のレンジの20％以下のときは、翌日の寄り付きで買い（売り）、大引けで手仕舞う。
5. 過去2日間が連続して陰線（陽線）のときは、翌日の寄り付きで買い（売り）、大引けで手仕舞う。

　それぞれのルールの買い・売りシグナルに±1を付与し、その単純多数に従ってトレードしたときのパフォーマンス結果が**表43.1**である。

表43.1　5本の日足によるルールの統合によるパフォーマンス結果（2001/1/2～2005/11/19）

	損益	トレード回数	勝率（%）	1トレード当たりの損益	最大ドローダウン	NP/WD
S&P500	$190,775	767	54.37%	$248.73	$34,600	551.4
ナスダック	$219,400	775	50.71%	$283.10	$41,800	524.9
ラッセル	$132,825	817	52.51%	$162.58	$53,650	247.6
Tボンド	$14,063	798	50.25%	$17.62	$10,875	129.3
10年債	$18,609	751	53.00%	$24.78	$8,297	224.3
5年債	$14,203	733	50.48%	$19.38	$3,766	377.1
日本円	$2,725	745	47.92%	$3.66	$9,088	30.0
ユーロ	$13,075	745	50.74%	$17.55	$12,163	107.5
スイスフラン	$16,888	769	52.15%	$21.96	$9,925	170.2

第44章
Six Signals Plus Non-Either-Or Putting It All Together

6つのルールと5本の日足によるルールの統合

　前章にリストアップした5本の日足によるトレードルールとは少し行きすぎた相場の平均回帰を利用した手法で、この流れに逆行するようなトレードをすれば損失になる可能性が高い。ここでは第42章で検証した6つのルールと5本の日足によるトレードルールを加えた計11のルールを統合したパフォーマンスを比較してみよう。**表44.1**はそのパフォーマンス比較であり、11のルールを統合したトレード数が減少しているが、Tボンドを除いて勝率は向上し、またTボンドと5年債を除いてNP/WDも大きく改善している。

　表44.2はこの11のルールに「仕掛け値∓過去3日間の平均レンジの66％の水準に損切り注文を置く」というフィルターを加えたときのパフォーマンスである。一方、**表44.3**は6つのトレードシグナルがゼロのとき、5本の日足によるトレードルールの売買シグナルに従ってトレードし、それに上記と同じ損切り注文のフィルターを加えたときのパフォーマンス結果である。

表44.1 6つのルールと5本の日足によるフィルターを加えた計11のルールの統合のパフォーマンス比較（2001/1/2～2005/11/19）

	損益	トレード回数	勝率（％）	1トレード当たりの損益	最大ドローダウン	NP/WD
S&P500						
6つのルール	$259,237	666	57.81%	$389.25	$23,275	1114.0
5つのフィルターをかけたあと	$286,688	522	60.73%	$549.21	$23,275	1232.0
ナスダック						
6つのルール	$98,550	669	51.72%	$147.31	$74,050	133.1
5つのフィルターをかけたあと	$121,100	513	52.05%	$236.06	$37,850	319.9
ラッセル						
6つのルール	$106,625	632	51.27%	$168.71	$50,775	210.0
5つのフィルターをかけたあと	$115,975	492	53.04%	$234.77	$44,175	262.5
Tボンド						
6つのルール	$56,062	685	54.60%	$81.84	$6,906	811.8
5つのフィルターをかけたあと	$40,063	517	53.58%	$77.49	$5,875	681.9
10年債						
6つのルール	$34,688	665	53.23%	$52.16	$5,063	685.1
5つのフィルターをかけたあと	$33,797	519	55.49%	$65.12	$3,891	868.6
5年債						
6つのルール	$27,641	675	55.26%	$40.95	$3,359	822.9
5つのフィルターをかけたあと	$22,625	533	55.35%	$42.45	$2,828	800.0
日本円						
6つのルール	($500)	712	50.14%	($0.70)	$9,513	NA
5つのフィルターをかけたあと	$2,725	588	51.19%	$4.63	$9,875	27.6
ユーロ						
6つのルール	$14,700	701	52.07%	$20.97	$18,025	81.6
5つのフィルターをかけたあと	$27,025	570	53.33%	$47.41	$11,775	229.5
スイスフラン						
6つのルール	$10,050	703	51.64%	$14.30	$14,950	67.2
5つのフィルターをかけたあと	$10,188	575	52.52%	$17.72	$12,563	81.1

表44.2 11のルールに過去3日間レンジの66％に損切り注文を置いたときのパフォーマンス結果（2001/1/2〜2005/11/19）

	損益	トレード回数	勝率（％）	1トレード当たりの損益	最大ドローダウン	NP/WD
S&P500	$277,188	522	57.66%	$531.01	$18,975	1461.0
ナスダック	$160,000	513	48.93%	$311.89	$27,800	575.5
ラッセル	$131,225	494	50.20%	$265.64	$35,450	370.2
Tボンド	$41,531	517	51.26%	$80.33	$5,250	791.1
10年債	$30,125	519	52.22%	$58.04	$5,813	518.2
5年債	$19,516	533	52.16%	$36.61	$3,016	647.1
日本円	$2,550	588	48.30%	$4.34	$8,213	31.1
ユーロ	$21,325	570	49.65%	$37.41	$8,800	242.3
スイスフラン	$15,725	575	49.57%	$27.35	$7,375	213.2

表44.3 5つのルールに過去3日間レンジの66％に損切り注文を置いたときのパフォーマンス結果（2001/1/2〜2005/11/19）

	損益	トレード回数	勝率（％）	1トレード当たりの損益	最大ドローダウン	NP/WD
S&P500	$303,538	897	54.07%	$338.39	$25,750	1,179.0
ナスダック	$241,300	882	48.75%	$273.58	$29,950	805.7
ラッセル	$249,800	904	49.67%	$276.33	$48,250	517.7
Tボンド	$46,031	889	49.49%	$51.78	$9,438	487.7
10年債	$27,688	879	49.72%	$31.50	$6,953	398.2
5年債	$22,016	883	49.26%	$24.93	$3,219	683.9
日本円	$4,638	896	47.43%	$5.18	$8,325	55.7
ユーロ	$21,963	891	48.26%	$24.65	$10,813	203.1
スイスフラン	$20,100	907	49.06%	$22.16	$11,838	169.8

第45章
Know It When You See It -- What Is Mechanical, What Isn't

何がメカニカルなトレード なのだろうか

1. 終値が20日間移動平均よりも高いときは、翌日の始値＋前日レンジの75％の水準にストップ注文を置いて買う（売りはこの逆）。損切り注文と利益目標は置かずに、この売買シグナルに従ってドテンしていく――これはメカニカルなトレードである。

2. 過去25日間の最高値を買い、最安値を売るという25日ブレイクアウト手法を実行していたが、FRB（連邦準備制度理事会）が金利政策を発表するというこの2日間はポジションを手仕舞い、トレードを中止していた。FRBの決定が自分のトレーディングシステムにどのような影響を及ぼすのかは分からないが、こうした不確実な状況のときはトレードしないのが賢明だと判断した――メカニカルなトレードシステムを持っているが、今はメカニカルトレードをしていない。

3. 上記と同じ状況の下で、今度はFRBが金利政策を発表するときはトレードしないことをトレーディングルールとして取り入れた。FRBによる金利政策発表日は事前に分かっているからである。このルールによってNP/WDは13％低下したが、パフォーマンスの足を引っ張っていた2つの異常値を除去できたし、引き続

き満足すべきパフォーマンスを維持している――FRBの金利政策発表日にはトレードしないというフィルターはひとつのトレーディングルールであり、メカニカルなトレードが崩れる条件とはならない。2と3の違いは、FRBの金利政策発表日にはトレードしないことをルール化するかどうかである。2ではその判断が完全に裁量的であるのに対し、3ではひとつのトレーディングルールとなっている。

4．メカニカルトレードの支持線・抵抗線のルールに従って、大豆の買いポジションを7.23 1/2ドルで手仕舞って利益を確定した。その直後に仲間のトレーダーが、「利益目標に届かないその価格で利益を確定したのは賢明じゃなかったね」と言った。確かに彼の言うとおりで、もう少し頑張っていれば利益目標は達成できたのにと思えてくる――これはまったくメカニカルなトレードではない。そんなことをしていれば、それはトレーディングルールに新しいフィルターを加えたのと同じである。それはヒストリカルなデータで検証済みの信頼できるフィルターなのか。メカニカルなトレードではトレードのたびごとにその場かぎりのルールを加えてはならず、長期のデータに照らしてその有効性を確認したうえで採用の有無を決定すべきである。

5．母がそわそわして電話をかけてきた。彼女は私が多額の株式を買ったことを知っており、テレビでテロ事件について報道していたからである――母の心配に耳を傾けるようではメカニカルなトレードとはけっして言えない。マーケットが開いているときはそうした電話に出てはならない。

メカニカルなトレードと裁量トレードのどちらがよいのかは一概に

は言えない。しかし、シビアなメカニカルトレードを中途半端な気持ちで実行できないことだけははっきりしている。あなたがそうした人間のひとりであるならば、メカニカルなトレードはしないことである。

第46章
Embrace Mechanical Trading in Your Gut on a 100 Percent All-or-Nothing Basis
メカニカルなトレードを100％実行しなさい

　私はこれまでメカニカルなトレードを100％実行しなさいと繰り返し強調してきた。換言すれば、これはメカニカルトレードのルールに違反しないということである。とりわけ大きな損益に対する恐怖心から1回でもこのルールの順守を怠れば、取り返しのつかないほどの損失を被るだろう。それを防ぐには実際のトレードに臨む前の冷静なときに、想定されるあらゆる事態をトレーディングシステムのルールとして取り入れるべきだ。こうした周到な準備をしておかないと、砲弾が飛び交う実際のマーケットではただ狼狽するばかりである。

　私は1987年10月のブラックマンデーのさなかにトレーディングシステムを閉じた。すでに空売りで2万ドルという1日では最大級の利益を手にしており、このツキが去っていく前に利益を確定したのである。しかし、結果的にはさらに5万ドルの儲けを取り損なった。一方、2002年に私とトレードパートナーは大きな含み損を抱えていたS&P500の買いポジションを裁量的な判断で手仕舞った。それ以降に相場は大きく反転し、含み損の4分の3を取り戻す水準まで回復した。トレーダーはだれでもこうした経験を何度も味わっているはずだ。取り損なった利益は実際の損失よりも悔しいものである。この2回の経験も私にとっては本当に悔しい思い出である。最初のとき（ブラックマンデー）に私は嫌いな仕事に就いており、あの5万ドルを手にして

いたらこの嫌な仕事から解放され、１年間は遊んで暮らせたはずだ。二回目の2002年の失敗は私とパートナーを仲たがいさせてしまった。それ以降もわれわれの関係は修復されていない。

メカニカルなトレードの大きなメリットは、規律のあるトレーダーであれば自分のすべきことがはっきりしていることである。客観的で議論の余地のない行動プランは目の前にある。私はこうしたメカニカルなアプローチの重要性を繰り返し訴えてきたが、真面目に耳を傾けてくれる人はほとんどいなかった。多くのトレーダーは、メカニカルトレードのひとつの足掛かりとなる本書についても、おそらく私の望むようには解釈・利用してはくれないだろう。本書には私が個人的に開発・検証してきたトレーディングアイデアがたくさん盛り込まれているが、それでも皆さんはそれらをただ受け入れるのではなく、自分流にうまく活用してほしい。また、専門家の意見をうのみにすることなく、自分のトレーディングアプローチを一歩ずつ構築していっていただきたい。

メカニカルなトレードでも十分な当初資金は絶対条件である。ほかのビジネスと同じように、トレーディングでも資金不足は失敗の最大原因となる。当初資金が少ないと最大ドローダウンによってトレードそのものができなくなってしまう。メカニカルなトレードはそのときの感情ではなく、ヒストリカルなデータに基づくべきであり、「これ以上損失が膨らまないように、ここでトレードをやめてしまおう」などということはあり得ない。こんなことは当たり前のことであるが、メカニカルトレードのコンセプトを知り尽くしているはずのトレーダー（私の友人や私自身も含めて）でも、しょっちゅう心が動揺している。メカニカルトレードの道は本当に厳しく、また孤独なものである。トレーディングシステムのシグナルに完全に従って３回以上のトレードができるトレーダーはほんの数えるほどしかおらず、またシステムの前にジッと座ってその売買シグナルを100％実行できるトレーダー

に至ってはいくらもいない。実生活でも自分のエゴ、恐怖心、欲望などをうまくコントロールして規律ある生活を送るのは至難の業である。私はときどき人間というものが本当に分からなくなる。

　トレーディングシステムが指示する指値では注文が通らないときもある。帳入値がなかなか決まらないこともそれほど珍しいことではなく、理論と現実の違いは毎日経験しているだろう。2000年のナスダック株バブルの崩壊はわれわれに大きな警告を発した。ヒストリカルデータや有効な売買シグナルといったものをよく理解し、トレーディングシステムを適正に最適化しなければならない（しかし、過剰最適化はダメだ）。これがうまくできれば、賢明にシステムを使いこなせるだろう。そしてトレーディングの基本原則は何回も見直すべきだ。生活に必要な資金でトレードしてはならず、トレードで十分な利益を上げ続けることができなければ、今の仕事をやめてはならない。忍耐力がなければこのマネーゲームの世界では生き残れないが、トレーディングシステムがもたらす合理的な利益を享受できるようになれば、もう一段のハイレベルに進めるだろう。

　トレーディングで飯が食えるようになれば、優れたメカニカルトレーダーが生き残っている方法も分かるようになるはずだ。仕掛けや手仕舞いのルールと同じように、それを自分のトータルなトレーディングアプローチに取り込むべきである。彼らはいろいろなシステムをどのように利用するのかを熟知しており、期待利益も合理的な確率の基準に照らしてかなり保守的に見込んでいる。また、分散投資対象としてときにユニークな銘柄（乾繭先物やバルチック海運指数など）にも目を向けている。一見するとまったく相関性のないシステムが予想以上の補完性があるというケースもよく見られ、『**マーケットの魔術師【システムトレーダー編】**』に登場するトレーダーの多くもそうしたメリットを利用していた。

　実際のメカニカルなトレードは決まったルールに基づいており、そ

れほど難しいものではない。それを難しくしているのはわれわれ人間の心理である。したがって第二の天性のようにメカニカルなトレードができるようになれば、楽しいゴルフのコースに自然と足が向くのと同じようにマーケットに臨めるようになるだろう。成功できるトレーディングシステムの開発とわれわれの心理が最終的にそれを受け入れられるかどうかの大きなハードルは、まさにここにある。このハードルを乗り越えることができれば、メカニカルなトレードもそれほど苦にならなくなるだろう。

第47章
Final Observations

最後に

1. メカニカルなトレードを100％実行しなければ、平均的なトレーダーがトレーディングで成功することはできない。われわれのほとんどはマーケットが語っていることを聞くことはできないが、それは実際にはマーケットは何も語りかけてはくれないからである。
2. 人間の心理とトレーディングの成功に必要とされるものはかなりかけ離れている。
3. マーケットは多くのノイズと少ないトレンドで構成されている。メカニカルトレーダーはその少ないトレンドをとらえようとしているが、それは１回の試みでは不可能である。数字のゲームというトレーディングの世界では、何回もトレードしてやっと利益につながる優位性が見つかる。
4. 裁量のトレーダーにはマーケットのノイズしか目に入らない。そうしたトレーダーがレベルアップするのは難しく、その具体的な方法も分からない。
5. ごくまれに例外的なトレーダーも存在する。彼・彼女らは生まれつきトレーディングの才能があり、この世界に足を踏み入れた途端にその才能を発揮する。もしもあなたが何カ月も損ばかりしているならば、自分はそうした人間ではないと悟るべきだ。

6. メカニカルトレードと裁量トレードの両方を採用すれば、双方の悪いところが増幅されて最悪の結果となる。
7. シンプルがベスト。
8. 小さな基本が積み上がって大きな全体となる。
9. デイトレードをやるなとは言わないが、ほかのトレード手法とは違う内在的な問題がある。そのひとつは取引コストに比べて利益がかなり限定されることである。
10. トレーディングアイデアの有効性を確認するには、広範なマーケットといろいろな相場環境で十分に検証しなければならない。
11. トレードしているときに興奮しているようではまだまだ半人前だ。優れたトレードとは退屈なものである。
12. 自分がよく理解できないことを実行してはならない。リサーチのすべてのステップと領域を完全に理解すべきだ。
13. 魔法の情報源などありはしない。最も成功しているトレーダーでさえも、半分は間違ったトレードをしている。だれも当てにしてはならないし、耳寄り情報をうのみにしてはならない。
14. トレードしているときに神頼みしてはダメだ。神はトレーディングシステムの違反者を罰するからである。
15. 感情的にトレードして良いことは何もない。
16. 「トレーディングシステムの指示することは正しいが、今回だけは間違っている」と考えるならば、それはあなたが間違っている証拠だ。

　以上のポイントを何回も読み直し、絶対に忘れないようにしてください。もう一度繰り返すが、「もしもトレーディングシステムに100％従わないとすれば、あなたはメカニカルトレーダーではない」。

付録
TradeStation Formulas

トレードステーションの参考コード

　以下は本書に掲載された表の参考コードである。5分足や10分足を使ったデイトレードのルールを日足のルールに当てはめるときは、手作業によるコード調整が必要である。そうしないとトレードステーションの「大引けで手仕舞う」機能は実際には機能しないだろう。ヒストリカルなデータの検証では終値と手仕舞いのトリガーは一致しているが、実際のトレードではそうでないこともある。そうしたことを避けるためにもコードの調整は必要である（例えば、日足ルールをデイトレードのルールに適用するときは、大引けで手仕舞う→大引けの1～2分前に成り行きで手仕舞う――など）。

表5.2

```
inputs: n(40);
if c > average(c,n) then buy next bar at market;
if c < average(c,n) then sell short next bar at market;
setexitonclose;
```

表6.1

```
inputs: P(37);
if c < lowest(c,p)[1] then buy next bar at l limit;
setprofittarget (1250);
```

表7.1

if average(c,2) < average(c,5) then buy next bar at market;
if average(c,2) > average(c,5) then sell short next bar at market;
setexitonclose;

表7.4

if c < c[1] and c[1] < c[2] then buy next bar at market;
if c > c[1] and c[1] > c[2] then sell short next bar at market;
setexitonclose;

表8.2

Input: m(50);
if highestbar(c,m) > lowestbar(c,m) then buy next bar at market;
if highestbar(c,m) < lowestbar(c,m) then sell short next bar at market;
setexitonclose;

表9.1

inputs:e(40),n(2),p(5),q(50);
variables: x(0),y(0),z(0);
if c > average(c,e) then x=1;
if c < average(c,e) then x=-1;
IF average(c,n) < average(c,p)then y=1;
if average(c,n) > average(c,p)then y=-1;
if highestbar(c,q) > lowestbar(c,q) then z=1;
if highestbar(c,q) < lowestbar(c,q) then z=-1;
if x+y+z > 0 then buy next bar at market;
if x+y+z < 0 then sell short next bar at market;
setexitonclose;

表10.5

(Delete appropriate sides of the "or" equations to individually test each half of formula.)
inputs:n(10);
if (range < average(range,n) and c > c[1])or (range > average(range,n) and c < c[1])
    then buy next bar at market;
if (range < average(range,n) and c < c[1]) or (range > average(range,n) and c > c[1])then sell short next bar at market;
setexitonclose;

表11.1

if c > (average(h,15)+average(l,15))/2 then buy next bar at market;
if c < (average(h,15)+average(l,15))/2 then sell short next bar at market;
setexitonclose;

表12.1

inputs:e(40),f(2),g(5),j(50),m(10),n(15);
variables: q(0),u(0),x(0),y(0),z(0);
if c > average(c,e) then q=1;
if c < average(c,e) then q=-1;
if average(c,f) < average(c,g) then u=1;
if average(c,f) > average(c,g) then u=-1;
if highestbar(c,j) > lowestbar(c,j) then x=1;
if highestbar(c,j) < lowestbar(c,j) then x=-1;
if (range < average(range,m) and c > c[1]) or (range > average(range,m) and c <
    c[1]) then y=1;
if (range < average(range,m) and c < c[1]) or (range > average(range,m) and c >
    c[1])then y=-1;
if c > (average(h,n)+average(l,n))/2 then z=1;
if c < (average(h,n)+average(l,n))/2 then z=-1;
if q+u+x+y+z > 0 then buy next bar at market;
if q+u+x+y+z < 0 then sell short next bar at market;
setexitonclose;

表12.2

(Substitute following for last three lines in 12.1.)
if q+u+x+y+z > =3 then buy next bar at market;
if q+u+x+y+z < =-3 then sell short next bar at market;
setexitonclose;

表13.1

To test various three out of five combos, select appropriate three variables to plug
    into buy/sell command lines of Table 12.1 . q=1. u=2. x=3. y=4. z=5.

表14.1

if c < o then buy next bar at market;
if c > o then sell short next bar at market;
setexitonclose;

表14.2

if c < o and c[1] < o[1] then buy next bar at market;
if c > o and c[1] > o[1] then sell short next bar at market;
setexitonclose;

表15.1

if l > l[1] and l[1] < lowest(l,3)[2] and c > c[1] and c[1] < c[2] then buy next bar at market;
if h < h[1] and h[1] > highest(h,3)[2] and c < c[1] and c[1] > c[2] then sell short next bar at market;
setexitonclose;

表15.2

if l > l[1] and l[1] < lowest(l,3)[2] and c > c[1] and c[1] < c[2] then buy this bar on close;
sell next bar at market;
if h < h[1] and h[1] > highest(h,3)[2] and c < c[1] and c[1] > c[2] then sell short this bar on close;
buy to cover next bar at market;

表15.3

if l > l[1] and l[1] < lowest(l,3)[2] and c > c[1] and c[1] < c[2] then buy this bar on close;
if marketposition=1 and barssinceentry=1 then sell next bar at market;
sell next bar at highest(h,3)+.25*average(range,3) limit;
sell next bar at lowest(l,3)-(minmove/pricescale) stop;
if h < h[1] and h[1] > highest(h,3)[2] and c < c[1] and c[1] > c[2] then sell short this bar on close;
if marketposition=-1 and barssinceentry=1 then buy to cover next bar at market;
buy to cover next bar at lowest(l,3)-.25*average(range,3) limit;
buy to cover next bar at highest(h,3)+(minmove/pricescale) stop;

表16.1

inputs: n(.2);
if highest(l,3)-lowest(l,3) < =n*(highest(h,3)-lowest(l,3)) then buy next bar at market;
if highest(h,3)-lowest(h,3) < =n* (highest(h,3)-lowest(l,3))then sell short next bar at market;
setexitonclose;

表17.1

```
variables: aa(0),bb(0),cc(0),dd(0),ee(0),ff(0),gg(0),hh(0);
if average(c,2) < average(c,5)then aa=1;
if average(c,2) > average(c,5)then aa=-1;
if c > average(c,40) then bb=1;
if c < average(c,40) then bb=-1;
if highestbar(c,50) > lowestbar(c,50) then cc=1;
if highestbar(c,50) < lowestbar(c,50) then cc=-1;
if (range < average(range,10)) and c > c[1] or (range > average(range,10)) and c <
    c[1] then dd=1;
if (range < average(range,10)) and c < c[1] or (range > average(range,10)) and c >
    c[1] then dd=-1;
if c > (average(h,15)+average(l,15))/2 then ee=1;
if c < (average(h,15)+average(l,15))/2 then ee=-1;
if c < o and c[1] < o[1] then ff=1 else ff=0;
if c > o and c[1] > o[1] then ff=-1;
if l > l[1] and l[1] < lowest(l,3)[2] and c > c[1] and c[1] < c[2] then gg=1 else
    gg=0;
if h < h[1] and h[1] > highest(h,3)[2] and c < c[1] and c[1] > c[2] then gg=-1;
if highest(l,3)-lowest(l,3) < =.2*(highest(h,3)-lowest(l,3)) then hh=1 else hh=0;
if highest(h,3)-lowest(h,3) < =.2* (highest(h,3)-lowest(l,3)) then hh=-1;
if aa+bb+cc+dd+ee+ff+gg+hh > 0 then buy next bar at market;
if aa+bb+cc+dd+ee+ff+gg+hh < 0 then sell short next bar at market;
setexitonclose;
```

表17.7

```
(Substitute following for last three lines in 17.4.)
if aa+bb+cc+dd+ee+ff+gg+hh > =3 then buy next bar at market;
if aa+bb+cc+dd+ee+ff+gg+hh < =-3 then sell short next bar at market;
setexitonclose;
```

表18.4

```
(Substitute following for final command lines in 17.4.)
if aa+bb+cc+dd+ee+ff+gg+hh > 0 then buy next bar at o of
    tomorrow+.33*average(range,3) stop;
if aa+bb+cc+dd+ee+ff+gg+hh < 0 then sell short next bar at o of tomorrow-
    .33*average(range,3) stop;
setexitonclose;
```

表18.5

(Substitute following for final command lines in 17.4.)
if aa+bb+cc+dd+ee+ff+gg+hh > =3 then buy next bar at o of
    tomorrow+.33*average(range,3) stop;
if aa+bb+cc+dd+ee+ff+gg+hh < =-3 then sell short next bar at o of tomorrow-
    .33*average(range,3) stop;
setexitonclose;

表19.2

(Substitute following for final command lines in 17.4.)
if aa+bb+cc+dd+ee+ff+gg+hh > 0 then buy next bar at o of tomorrow-
    .25*average(range,3) limit;
if aa+bb+cc+dd+ee+ff+gg+hh < 0 then sell short next bar at o of
    tomorrow+.25*average(range,3) limit;
setexitonclose;

表19.3

(Substitute following for final command lines in 17.4.)
if aa+bb+cc+dd+ee+ff+gg+hh > =3 then buy next bar at o of tomorrow-
    .25*average(range,3) limit;
if aa+bb+cc+dd+ee+ff+gg+hh < =-3 then sell short next bar at o of
    tomorrow+.25*average(range,3) limit;
setexitonclose;

表20.3

(Substitute following for final command lines in 17.4.)
if aa+bb+cc+dd+ee+ff+gg+hh > 0 then buy next bar at market;
sell next bar at o of tomorrow-.66*average(range,3) stop;
if aa+bb+cc+dd+ee+ff+gg+hh < 0 then sell short next bar at market;
buy to cover next bar at o of tomorrow+.66*average(range,3) stop;
setexitonclose;

表21.1

```
variables: hh(0),ll(0),q(0),u(0),x(0),y(0),z(0);
if marketposition=1 and barssinceentry=0 then hh=h;
if marketposition=-1 and barssinceentry=0 then ll=l;
if c > average(c,40) then q=1;
if c < average(c,40) then q=-1;
if average(c,2) < average(c,5) then u=1;
if average(c,2) > average(c,5) then u=-1;
if highestbar(c,50) > lowestbar(c,50) then x=1;
if highestbar(c,50) < lowestbar(c,50) then x=-1;
if (range < average(range,10) and c > c[1]) or (range > average(range,10) and c <
    c[1]) then y=1;
if (range < average(range,10) and c < c[1]) or (range > average(range,10) and c >
    c[1]) then y=-1;
if c > (average(h,15)+average(l,15))/2 then z=1;
if c < (average(h,15)+average(l,15))/2 then z=-1;
if q+u+x+y+z > 0 and c > average(c,20) then buy next bar at o of tomorrow-
    .33*average(range,3) limit;
if barssinceentry=2 and marketposition=1 and highest(h,2) > hh and
    nthhighest(2,h,2) > hh then sell next bar at highest(h,2) limit;
if barssinceentry=3 and marketposition=1 and highest(h,3) > hh and
    nthhighest(2,h,3) > hh then sell next bar at highest(h,3) limit;
if barssinceentry=4 and marketposition=1 and highest(h,4) > hh and
    nthhighest(2,h,4) > hh then sell next bar at highest(h,4) limit;
if barssinceentry=5 and marketposition=1 and highest(h,5) > hh and
    nthhighest(2,h,5) > hh then sell
next bar at highest(h,5) limit;
if barssinceentry=6 and marketposition=1 and highest(h,6) > hh and
    nthhighest(2,h,6) > hh then sell next bar at highest(h,6) limit;
if barssinceentry=7 and marketposition=1 and highest(h,7) > hh and
    nthhighest(2,h,7) > hh then sell next bar at highest(h,7) limit;
if barssinceentry=8 and marketposition=1 and highest(h,8) > hh and
    nthhighest(2,h,8) > hh then sell next bar at highest(h,8) limit;
if barssinceentry=9 and marketposition=1 and highest(h,9) > hh and
    nthhighest(2,h,9) > hh then sell next bar at highest(h,9) limit;
if barssinceentry=10 and marketposition=1 and highest(h,10) > hh and
    nthhighest(2,h,10) > hh then sell next bar at highest(h,10) limit;
if barssinceentry=11 and marketposition=1 and highest(h,11) > hh and
    nthhighest(2,h,11) > hh then sell next bar at highest(h,11) limit;
if barssinceentry=12 and marketposition=1 and highest(h,12) > hh and
    nthhighest(2,h,12) > hh then sell next bar at highest(h,12) limit;
if barssinceentry=13 and marketposition=1 and highest(h,13) > hh and
    nthhighest(2,h,13) > hh then sell next bar at highest(h,13) limit;
if barssinceentry=14 and marketposition=1 and highest(h,14) > hh and
    nthhighest(2,h,14) > hh then sell next bar at highest(h,14) limit;
```

if c < average(c,20) then sell next bar at market;
if q+u+x+y+z < 0 and c < average(c,20) then sell short next bar at o of tomorrow+.33*average(range,3) limit;
if barssinceentry=2 and marketposition=-1 and lowest(l,2) < ll and nthlowest(2,l,2) < ll then buy to
cover next bar at lowest(l,2) limit;
if barssinceentry=3 and marketposition=-1 and lowest(l,3) < ll and nthlowest(2,l,3) < ll then buy to cover next bar at lowest(l,3) limit;
if barssinceentry=4 and marketposition=-1 and lowest(l,4) < ll and nthlowest(2,l,4) < ll then buy to cover next bar at lowest(l,4) limit;
if barssinceentry=5 and marketposition=-1 and lowest(l,5) < ll and nthlowest(2,l,5) < ll then buy to cover next bar at lowest(l,5) limit;
if barssinceentry=6 and marketposition=-1 and lowest(l,6) < ll and nthlowest(2,l,6) < ll then buy to cover next bar at lowest(l,6) limit;
if barssinceentry=7 and marketposition=-1 and lowest(l,7) < ll and nthlowest(2,l,7) < ll then buy to cover next bar at lowest(l,7) limit;
if barssinceentry=8 and marketposition=-1 and lowest(l,8) < ll and nthlowest(2,l,8) < ll then buy to cover next bar at lowest(l,8) limit;
if barssinceentry=9 and marketposition=-1 and lowest(l,9) < ll and nthlowest(2,l,9) < ll then buy to cover next bar at lowest(l,9) limit;
if barssinceentry=10 and marketposition=-1 and lowest(l,10) < ll and nthlowest(2,l,10) < ll then buy to cover next bar at lowest(l,10) limit;
if barssinceentry=11 and marketposition=-1 and lowest(l,11) < ll and nthlowest(2,l,11) < ll then buy to cover next bar at lowest(l,11) limit;
if barssinceentry=12 and marketposition=-1 and lowest(l,12) < ll and nthlowest(2,l,12) < ll then buy to cover next bar at lowest(l,12) limit;
if barssinceentry=13 and marketposition=-1 and lowest(l,13) < ll and nthlowest(2,l,13) < ll then buy
to cover next bar at lowest(l,13) limit;
if barssinceentry=14 and marketposition=-1 and lowest(l,14) < ll and nthlowest(2,l,14) < ll then buy to cover next bar at lowest(l,14) limit;
if c > average(c,20) then buy to cover next bar at market;

表21.2

variables: hh(0),ll(0),q(0),u(0),x(0),y(0),z(0);
if marketposition=1 and barssinceentry=0 then hh=h;
if marketposition=-1 and barssinceentry=0 then ll=l;
if c > average(c,40) then q=1;
if c < average(c,40) then q=-1;
if average(c,2) < average(c,5)then u=1;
if average(c,2) > average(c,5)then u=-1;
if highestbar(c,50) > lowestbar(c,50) then x=1;

if highestbar(c,50) < lowestbar(c,50) then x=-1;
if (range < average(range,10) and c > c[1])or (range > average(range,10) and c < c[1]) then y=1;
if (range < average(range,10) and c < c[1]) or (range > average(range,10) and c > c[1]) then y=-1;
if c > (average(h,15)+average(l,15))/2 then z=1;
if c < (average(h,15)+average(l,15))/2 then z=-1;
if q+u+x+y+z > 0 and c > average(c,20) then buy next bar at (o of tomorrow-
   (.33*average(range,3)))-
(minmove/pricescale) limit;
if barssinceentry=2 and marketposition=1 and highest(h,2) > hh and
   nthhighest(2,h,2) > hh then sell next bar at
   (highest(h,2))+(minmove/pricescale) limit;
if barssinceentry=3 and marketposition=1 and highest(h,3) > hh and
   nthhighest(2,h,3) > hh then sell next bar at (highest(h,3))
   +(minmove/pricescale) limit;
if barssinceentry=4 and marketposition=1 and highest(h,4) > hh and
   nthhighest(2,h,4) > hh then sell next bar at (highest(h,4))
   +(minmove/pricescale) limit;
if barssinceentry=5 and marketposition=1 and highest(h,5) > hh and
   nthhighest(2,h,5) > hh then sell next bar at (highest(h,5))
   +(minmove/pricescale) limit;
if barssinceentry=6 and marketposition=1 and highest(h,6) > hh and
   nthhighest(2,h,6) > hh then sell next bar at (highest(h,6))
   +(minmove/pricescale) limit;
if barssinceentry=7 and marketposition=1 and highest(h,7) > hh and
   nthhighest(2,h,7) > hh then sell next bar at (highest(h,7))
   +(minmove/pricescale) limit;
if barssinceentry=8 and marketposition=1 and highest(h,8) > hh and
   nthhighest(2,h,8) > hh then sell next bar at (highest(h,8))
   +(minmove/pricescale) limit;
if barssinceentry=9 and marketposition=1 and highest(h,9) > hh and
   nthhighest(2,h,9) > hh then sell next bar at (highest(h,9))
   +(minmove/pricescale) limit;
if barssinceentry=10 and marketposition=1 and highest(h,10) > hh and
   nthhighest(2,h,10) > hh then sell next bar at (highest(h,10))
   +(minmove/pricescale) limit;
if barssinceentry=11 and marketposition=1 and highest(h,11) > hh and
   nthhighest(2,h,11) > hh then sell next bar at (highest(h,11))
   +(minmove/pricescale) limit;
if barssinceentry=12 and marketposition=1 and highest(h,12) > hh and
   nthhighest(2,h,12) > hh then sell next bar at (highest(h,12))
   +(minmove/pricescale) limit;

if barssinceentry=13 and marketposition=1 and highest(h,13) > hh and
    nthhighest(2,h,13) > hh then sell next bar at (highest(h,13))
    +(minmove/pricescale) limit;
if barssinceentry=14 and marketposition=1 and highest(h,14) > hh and
    nthhighest(2,h,14) > hh then sell next bar at (highest(h,14))
    +(minmove/pricescale) limit;
if c < average(c,20) then sell next bar at market;
if q+u+x+y+z < 0 and c < average(c,20)then sell short next bar at (o of
    tomorrow+.33*average(range,3))+(minmove/pricescale) limit;
if barssinceentry=2 and marketposition=-1 and lowest(l,2) < ll and nthlowest(2,l,2)
    < ll then buy to cover next bar at lowest(l,2)-(minmove/pricescale) limit;
if barssinceentry=3 and marketposition=-1 and lowest(l,3) < ll and nthlowest(2,l,3)
    < ll then buy to cover next bar at lowest(l,3) -(minmove/pricescale) limit;
if barssinceentry=4 and marketposition=-1 and lowest(l,4) < ll and nthlowest(2,l,4)
    < ll then buy to cover next bar at lowest(l,4) -(minmove/pricescale) limit;
if barssinceentry=5 and marketposition=-1 and lowest(l,5) < ll and nthlowest(2,l,5)
    < ll then buy to cover next bar at lowest(l,5) -(minmove/pricescale) limit;
if barssinceentry=6 and marketposition=-1 and lowest(l,6) < ll and nthlowest(2,l,6)
    < ll then buy to cover next bar at lowest(l,6) -(minmove/pricescale) limit;
if barssinceentry=7 and marketposition=-1 and lowest(l,7) < ll and nthlowest(2,l,7)
    < ll then buy to cover next bar at lowest(l,7) -(minmove/pricescale) limit;
if barssinceentry=8 and marketposition=-1 and lowest(l,8) < ll and nthlowest(2,l,8)
    < ll then buy to cover next bar at lowest(l,8) -(minmove/pricescale) limit;
if barssinceentry=9 and marketposition=-1 and lowest(l,9) < ll and nthlowest(2,l,9)
    < ll then buy to
cover next bar at lowest(l,9) -(minmove/pricescale) limit;
if barssinceentry=10 and marketposition=-1 and lowest(l,10) < ll and
    nthlowest(2,l,10) < ll then buy to cover next bar at lowest(l,10) -
    (minmove/pricescale) limit;
if barssinceentry=11 and marketposition=-1 and lowest(l,11) < ll and
    nthlowest(2,l,11) < ll then buy to cover next bar at lowest(l,11) -
    (minmove/pricescale) limit;
if barssinceentry=12 and marketposition=-1 and lowest(l,12) < ll and
    nthlowest(2,l,12) < ll then buy to cover next bar at lowest(l,12) -
    (minmove/pricescale) limit;
if barssinceentry=13 and marketposition=-1 and lowest(l,13) < ll and
    nthlowest(2,l,13) < ll then buy to cover next bar at lowest(l,13) -
    (minmove/pricescale) limit;
if barssinceentry=14 and marketposition=-1 and lowest(l,14) < ll and
    nthlowest(2,l,14) < ll then buy to cover next bar at lowest(l,14) -
    (minmove/pricescale) limit;
if c > average(c,20) then buy to cover next bar at market;

表22.1

```
variables: hh(0),ll(0),q(0),u(0),x(0),y(0),z(0);
if marketposition=1 and barssinceentry=0 then hh=h;
if marketposition=-1 and barssinceentry=0 then ll=l;
if c > average(c,25) then buy next bar at o of tomorrow+.5*average(range,3) stop;
if barssinceentry=2 and marketposition=1 and highest(h,2) > hh and
    nthhighest(2,h,2) > hh then sell next bar at highest(h,2) limit;
if barssinceentry=3 and marketposition=1 and highest(h,3) > hh and
    nthhighest(2,h,3) > hh then sell
next bar at highest(h,3) limit;
if barssinceentry=4 and marketposition=1 and highest(h,4) > hh and
    nthhighest(2,h,4) > hh then sell next bar at highest(h,4) limit;
if barssinceentry=5 and marketposition=1 and highest(h,5) > hh and
    nthhighest(2,h,5) > hh then sell next bar at highest(h,5) limit;
if barssinceentry=6 and marketposition=1 and highest(h,6) > hh and
    nthhighest(2,h,6) > hh then sell next bar at highest(h,6) limit;
if barssinceentry=7 and marketposition=1 and highest(h,7) > hh and
    nthhighest(2,h,7) > hh then sell next bar at highest(h,7) limit;
if barssinceentry=8 and marketposition=1 and highest(h,8) > hh and
    nthhighest(2,h,8) > hh then sell next bar at highest(h,8) limit;
if barssinceentry=9 and marketposition=1 and highest(h,9) > hh and
    nthhighest(2,h,9) > hh then sell next bar at highest(h,9) limit;
if barssinceentry=10 and marketposition=1 and highest(h,10) > hh and
    nthhighest(2,h,10) > hh then sell next bar at highest(h,10) limit;
if barssinceentry=11 and marketposition=1 and highest(h,11) > hh and
    nthhighest(2,h,11) > hh then sell next bar at highest(h,11) limit;
if barssinceentry=12 and marketposition=1 and highest(h,12) > hh and
    nthhighest(2,h,12) > hh then sell next bar at highest(h,12) limit;
if barssinceentry=13 and marketposition=1 and highest(h,13) > hh and
    nthhighest(2,h,13) > hh then sell next bar at highest(h,13) limit;
if barssinceentry=14 and marketposition=1 and highest(h,14) > hh and
    nthhighest(2,h,14) > hh then sell next bar at highest(h,14) limit;
if c < average(c,25) then sell next bar at market;
if c < average(c,25) then sell short next bar at o of tomorrow-(.5*average(range,3))
    stop;
if barssinceentry=2 and marketposition=-1 and lowest(l,2) < ll and nthlowest(2,l,2)
    < ll then buy to cover next bar at lowest(l,2) limit;
if barssinceentry=3 and marketposition=-1 and lowest(l,3) < ll and nthlowest(2,l,3)
    < ll then buy to cover next bar at lowest(l,3) limit;
if barssinceentry=4 and marketposition=-1 and lowest(l,4) < ll and nthlowest(2,l,4)
    < ll then buy to cover next bar at lowest(l,4) limit;
if barssinceentry=5 and marketposition=-1 and lowest(l,5) < ll and nthlowest(2,l,5)
    < ll then buy to cover next bar at lowest(l,5) limit;
if barssinceentry=6 and marketposition=-1 and lowest(l,6) < ll and nthlowest(2,l,6)
    < ll then buy to cover next bar at lowest(l,6) limit;
```

if barssinceentry=7 and marketposition=-1 and lowest(l,7) < ll and nthlowest(2,l,7)
    < ll then buy to cover next bar at lowest(l,7) limit;
if barssinceentry=8 and marketposition=-1 and lowest(l,8) < ll and nthlowest(2,l,8)
    < ll then buy to cover next bar at lowest(l,8) limit;
if barssinceentry=9 and marketposition=-1 and lowest(l,9) < ll and nthlowest(2,l,9)
    < ll then buy to cover next bar at lowest(l,9) limit;
if barssinceentry=10 and marketposition=-1 and lowest(l,10) < ll and
    nthlowest(2,l,10) < ll then buy to cover next bar at lowest(l,10) limit;
if barssinceentry=11 and marketposition=-1 and lowest(l,11) < ll and
    nthlowest(2,l,11) < ll then buy to cover next bar at lowest(l,11) limit;
if barssinceentry=12 and marketposition=-1 and lowest(l,12) < ll and
    nthlowest(2,l,12) < ll then buy to cover next bar at lowest(l,12) limit;
if barssinceentry=13 and marketposition=-1 and lowest(l,13) < ll and
    nthlowest(2,l,13) < ll then buy to cover next bar at lowest(l,13) limit;
if barssinceentry=14 and marketposition=-1 and lowest(l,14) < ll and
    nthlowest(2,l,14) < ll then buy to cover next bar at lowest(l,14) limit;
if c > average(c,25) then buy to cover next bar at market;

表22.2

variables: hh(0),ll(0),q(0),u(0),x(0),y(0),z(0);
if marketposition=1 and barssinceentry=0 then hh=h;
if marketposition=-1 and barssinceentry=0 then ll=l;
if c > h[1] and c > average(c,40) then buy next bar at o of
    tomorrow+.5*average(range,3) stop;
if barssinceentry=2 and marketposition=1 and highest(h,2) > hh and
    nthhighest(2,h,2) > hh then sell next bar at highest(h,2) limit;
if barssinceentry=3 and marketposition=1 and highest(h,3) > hh and
    nthhighest(2,h,3) > hh then sell next bar at highest(h,3) limit;
if barssinceentry=4 and marketposition=1 and highest(h,4) > hh and
    nthhighest(2,h,4) > hh then sell next bar at highest(h,4) limit;
if barssinceentry=5 and marketposition=1 and highest(h,5) > hh and
    nthhighest(2,h,5) > hh then sell next bar at highest(h,5) limit;
if barssinceentry=6 and marketposition=1 and highest(h,6) > hh and
    nthhighest(2,h,6) > hh then sell
next bar at highest(h,6) limit;
if barssinceentry=7 and marketposition=1 and highest(h,7) > hh and
    nthhighest(2,h,7) > hh then sell next bar at highest(h,7) limit;
if barssinceentry=8 and marketposition=1 and highest(h,8) > hh and
    nthhighest(2,h,8) > hh then sell next bar at highest(h,8) limit;
if barssinceentry=9 and marketposition=1 and highest(h,9) > hh and
    nthhighest(2,h,9) > hh then sell next bar at highest(h,9) limit;
if barssinceentry=10 and marketposition=1 and highest(h,10) > hh and
    nthhighest(2,h,10) > hh then sell next bar at highest(h,10) limit;

if barssinceentry=11 and marketposition=1 and highest(h,11) > hh and
    nthhighest(2,h,11) > hh then sell next bar at highest(h,11) limit;
if barssinceentry=12 and marketposition=1 and highest(h,12) > hh and
    nthhighest(2,h,12) > hh then sell next bar at highest(h,12) limit;
if barssinceentry=13 and marketposition=1 and highest(h,13) > hh and
    nthhighest(2,h,13) > hh then sell next bar at highest(h,13) limit;
if barssinceentry=14 and marketposition=1 and highest(h,14) > hh and
    nthhighest(2,h,14) > hh then sell next bar at highest(h,14) limit;
if c < average(c,40) then sell next bar at market;
if c < l[1] and c < average(c,40) then sell short next bar at o of tomorrow-
    (.5*average(range,3)) stop;
if barssinceentry=2 and marketposition=-1 and lowest(l,2) < ll and nthlowest(2,l,2)
    < ll then buy to cover next bar at lowest(l,2) limit;
if barssinceentry=3 and marketposition=-1 and lowest(l,3) < ll and nthlowest(2,l,3)
    < ll then buy to
cover next bar at lowest(l,3) limit;
if barssinceentry=4 and marketposition=-1 and lowest(l,4) < ll and nthlowest(2,l,4)
    < ll then buy to cover next bar at lowest(l,4) limit;
if barssinceentry=5 and marketposition=-1 and lowest(l,5) < ll and nthlowest(2,l,5)
    < ll then buy to cover next bar at lowest(l,5) limit;
if barssinceentry=6 and marketposition=-1 and lowest(l,6) < ll and nthlowest(2,l,6)
    < ll then buy to cover next bar at lowest(l,6) limit;
if barssinceentry=7 and marketposition=-1 and lowest(l,7) < ll and nthlowest(2,l,7)
    < ll then buy to cover next bar at lowest(l,7) limit;
if barssinceentry=8 and marketposition=-1 and lowest(l,8) < ll and nthlowest(2,l,8)
    < ll then buy to cover next bar at lowest(l,8) limit;
if barssinceentry=9 and marketposition=-1 and lowest(l,9) < ll and nthlowest(2,l,9)
    < ll then buy to cover next bar at lowest(l,9) limit;
if barssinceentry=10 and marketposition=-1 and lowest(l,10) < ll and
    nthlowest(2,l,10) < ll then buy to cover next bar at lowest(l,10) limit;
if barssinceentry=11 and marketposition=-1 and lowest(l,11) < ll and
    nthlowest(2,l,11) < ll then buy to cover next bar at lowest(l,11) limit;
if barssinceentry=12 and marketposition=-1 and lowest(l,12) < ll and
    nthlowest(2,l,12) < ll then buy to cover next bar at lowest(l,12) limit;
if barssinceentry=13 and marketposition=-1 and lowest(l,13) < ll and
    nthlowest(2,l,13) < ll then buy to cover next bar at lowest(l,13) limit;
if barssinceentry=14 and marketposition=-1 and lowest(l,14) < ll and
    nthlowest(2,l,14) < ll then buy
to cover next bar at lowest(l,14) limit;
if c > average(c,40) then buy to cover next bar at market;

表22.3

```
variables: hh(0),ll(0),q(0),u(0),x(0),y(0),z(0);
if marketposition=1 and barssinceentry=0 then hh=h;
if marketposition=-1 and barssinceentry=0 then ll=l;
if c > h[1] and c > average(c,40) then buy next bar at o of tomorrow-
    .5*average(range,3) limit;
if barssinceentry=2 and marketposition=1 and highest(h,2) > hh and
    nthhighest(2,h,2) > hh then sell next bar at highest(h,2) limit;
if barssinceentry=3 and marketposition=1 and highest(h,3) > hh and
    nthhighest(2,h,3) > hh then sell next bar at highest(h,3) limit;
if barssinceentry=4 and marketposition=1 and highest(h,4) > hh and
    nthhighest(2,h,4) > hh then sell next bar at highest(h,4) limit;
if barssinceentry=5 and marketposition=1 and highest(h,5) > hh and
    nthhighest(2,h,5) > hh then sell next bar at highest(h,5) limit;
if barssinceentry=6 and marketposition=1 and highest(h,6) > hh and
    nthhighest(2,h,6) > hh then sell next bar at highest(h,6) limit;
if barssinceentry=7 and marketposition=1 and highest(h,7) > hh and
    nthhighest(2,h,7) > hh then sell next bar at highest(h,7) limit;
if barssinceentry=8 and marketposition=1 and highest(h,8) > hh and
    nthhighest(2,h,8) > hh then sell next bar at highest(h,8) limit;
if barssinceentry=9 and marketposition=1 and highest(h,9) > hh and
    nthhighest(2,h,9) > hh then sell next bar at highest(h,9) limit;
if barssinceentry=10 and marketposition=1 and highest(h,10) > hh and
    nthhighest(2,h,10) > hh then sell next bar at highest(h,10) limit;
if barssinceentry=11 and marketposition=1 and highest(h,11) > hh and
    nthhighest(2,h,11) > hh then sell next bar at highest(h,11) limit;
if barssinceentry=12 and marketposition=1 and highest(h,12) > hh and
    nthhighest(2,h,12) > hh then sell next bar at highest(h,12) limit;
if barssinceentry=13 and marketposition=1 and highest(h,13) > hh and
    nthhighest(2,h,13) > hh then sell next bar at highest(h,13) limit;
if barssinceentry=14 and marketposition=1 and highest(h,14) > hh and
    nthhighest(2,h,14) > hh then sell next bar at highest(h,14) limit;
if c < average(c,40) then sell next bar at market;
if c < l[1] and c < average(c,40) then sell short next bar at o of
    tomorrow+(.5*average(range,3)) limit;
if barssinceentry=2 and marketposition=-1 and lowest(l,2) < ll and nthlowest(2,l,2)
    < ll then buy to cover next bar at lowest(l,2) limit;
if barssinceentry=3 and marketposition=-1 and lowest(l,3) < ll and nthlowest(2,l,3)
    < ll then buy to cover next bar at lowest(l,3) limit;
if barssinceentry=4 and marketposition=-1 and lowest(l,4) < ll and nthlowest(2,l,4)
    < ll then buy to cover next bar at lowest(l,4) limit;
if barssinceentry=5 and marketposition=-1 and lowest(l,5) < ll and nthlowest(2,l,5)
    < ll then buy to cover next bar at lowest(l,5) limit;
if barssinceentry=6 and marketposition=-1 and lowest(l,6) < ll and nthlowest(2,l,6)
    < ll then buy to cover next bar at lowest(l,6) limit;
```

if barssinceentry=7 and marketposition=-1 and lowest(l,7) < ll and nthlowest(2,l,7)
    < ll then buy to cover next bar at lowest(l,7) limit;
if barssinceentry=8 and marketposition=-1 and lowest(l,8) < ll and nthlowest(2,l,8)
    < ll then buy to cover next bar at lowest(l,8) limit;
if barssinceentry=9 and marketposition=-1 and lowest(l,9) < ll and nthlowest(2,l,9)
    < ll then buy to cover next bar at lowest(l,9) limit;
if barssinceentry=10 and marketposition=-1 and lowest(l,10) < ll and
    nthlowest(2,l,10) < ll then buy to cover next bar at lowest(l,10) limit;
if barssinceentry=11 and marketposition=-1 and lowest(l,11) < ll and
    nthlowest(2,l,11) < ll then buy to cover next bar at lowest(l,11) limit;
if barssinceentry=12 and marketposition=-1 and lowest(l,12) < ll and
    nthlowest(2,l,12) < ll then buy to cover next bar at lowest(l,12) limit;
if barssinceentry=13 and marketposition=-1 and lowest(l,13) < ll and
    nthlowest(2,l,13) < ll then buy to cover next bar at lowest(l,13) limit;
if barssinceentry=14 and marketposition=-1 and lowest(l,14) < ll and
    nthlowest(2,l,14) < ll then buy to cover next bar at lowest(l,14) limit;
if c > average(c,40) then buy to cover next bar at market;

表23.1

表9.1を使用

表24.1

variables:e(0),f(0),g(0),j(0);
e=(h-o);
f=(o-l);
g=average(e,5);
j=average(f,5);
if time > =845 and time < 1455 then buy next bar at o of tomorrow-j limit;
if time=1500 then sell next bar at market;
if time > =845 and time < 1455 then sell short next bar at o of tomorrow+g limit;
if time=1500 then buy to cover next bar at market;

表25.1

buy next bar at o of tomorrow+range stop;
sell short next bar at o of tomorrow-range stop;

表25.4

```
inputs: q(1.5),n(25);
if c > average(c,n) then buy next bar at o of tomorrow+(q*range) stop;
sell next bar at o of tomorrow-(q*range) stop;
if c < average(c,n) then sell short next bar at o of tomorrow-(q*range) stop;
buy to cover next bar at o of tomorrow+(q*range) stop;
```

表26.5

```
(Delete appropriate lines to test individual days of week.)
variables: e(0),f(0),j(0);
if c > o then e=c-o;
if c < o then f=o-c;
if c > o then j=1;
if c < o then j=-1;
if dayofweek(date)=5 and c > c[1] then buy next bar at market;
if dayofweek(date)=1 and c < c[1] then buy next bar at market;
if dayofweek(date)=2 and highest(e,2) < highest(f,2) then buy next bar at
    market;
if dayofweek(date)=3 and highest(e,3) < highest(f,3) then buy next bar at
    market;
if dayofweek(date)=4 and highest(e,4) < highest(f,4) then buy next bar at
    market;
if dayofweek(date)=5 and c < c[1] then sell short next bar at market;
if dayofweek(date)=1 and c > c[1] then sell short next bar at market;
if dayofweek(date)=2 and highest(e,2) > highest(f,2) then sell short next bar at
    market;
if dayofweek(date)=3 and highest(e,3) > highest(f,3) then sell short next bar at
    market;
if dayofweek(date)=4 and highest(e,4) > highest(f,4) then sell short next bar at
    market;
setexitonclose;
```

表27.1

```
inputs:n(21),p(6);
if dayofmonth(date) > =p and dayofmonth(date) < =(p+3) then sell short next bar
    at market;
if dayofmonth(date) > =n and dayofmonth(date) < =(n+3) then buy to cover next
    bar at market;
```

表27.3

inputs:n(21),p(6);
if dayofmonth(date) > =n and dayofmonth(date) < =(n+3) then buy next bar at market;
if dayofmonth(date) > =p and dayofmonth(date) < =(p+3) then sell short next bar at market;

表27.4

inputs:n(21),p(6);
if dayofmonth(date) > =n or dayofmonth(date) < p then buy next bar at market;
if dayofmonth(date) > =p and dayofmonth(date) < n then sell short next bar at market;
setexitonclose;

表27.5

inputs:n(21),p(6);
if c < c[1] and dayofmonth(date) > =n or dayofmonth(date) < p then buy next bar at market;
if c > c[1] and dayofmonth(date) > =p and dayofmonth(date) < n then sell short next bar at market;
setexitonclose;

表28.1

inputs:n(10),p(4);
variables: e(0),m(0);
m=month(date);
if m < > m[1] and m[1]=n then e=1;
if m < > m[1] and m[1]=p then e=-1;
if e=1 then buy next bar at market;
if e=-1 then sell short next bar at market;

表28.3

```
inputs:n(10),p(4);
variables: e(0),f(0),m(0);
m=month(date);
if m < > m[1] and m[1]=n then e=1;
if m < > m[1] and m[1]=p then e=-1;
if (dayofmonth(date) > =21 or dayofmonth(date) < 6) then f=1;
if (dayofmonth(date) > =6 and dayofmonth(date) < 21) then f=-1;
if e+f=2 then buy next bar at market;
if e+f < 2 then sell next bar at market;
if e+f=-2 then sell short next bar at market;
if e+f > -2 then buy to cover next bar at market;
```

表28.4

(Substitute following for final command lines in Table 28.3.)
```
if o of tomorrow < c and e+f=2 then buy next bar at market;
if o of tomorrow > c and e+f=-2 then sell short next bar at market;
setexitonclose;
```

表28.5

```
inputs:n(10),p(4);
variables: e(0),f(0),x(0),u(0),g(0),m(0);
if c > o then e=c-o;
if c < o then f=o-c;
if (dayofweek(date)=5 and c > c[1]) or
(dayofweek(date)=1 and c < c[1]) or
(dayofweek(date)=2 and highest(e,2) < highest(f,2)) or
(dayofweek(date)=3 and highest(e,3) < highest(f,3)) or
(dayofweek(date)=4 and highest(e,4) < highest(f,4)) then g=1;
if (dayofweek(date)=5 and c < c[1]) or
(dayofweek(date)=1 and c > c[1]) or
(dayofweek(date)=2 and highest(e,2) > highest(f,2)) or
(dayofweek(date)=3 and highest(e,3) > highest(f,3)) or
(dayofweek(date)=4 and highest(e,4) > highest(f,4)) then g=-1;
m=month(date);
if m < > m[1] and m[1]=n then x=1;
if m < > m[1] and m[1]=p then x=-1;
if (dayofmonth(date) > =21 or dayofmonth(date) < 6) then u=1;
if (dayofmonth(date) > =6 and dayofmonth(date) < 21) then u=-1;
if x+u+g=3 then buy next bar at market;
if x+u+g < 3 then sell next bar at market;
if x+u+g=-3 then sell short next bar at market;
if x+u+g > -3 then buy to cover next bar at market;
```

表28.6

(Substitute following for final command lines in Table 28.5.)
if o of tomorrow < c and x+u+g > 0 then buy next bar at market;
if o of tomorrow > c and x+u+g < 0 then sell short next bar at market;
setexitonclose;

表29.1

variables: aaa(0),bbb(0),ccc(0),e(0),f(0),g(0),xx(0),j(0),x(0),uuu(0);
if c > o then e=c-o else e=0;
if c < o then f=o-c else f=0;
if (dayofweek(date)=5 and c > c[1]) or
(dayofweek(date)=1 and c < c[1]) or
(dayofweek(date)=2 and highest(e,2) < highest(f,2)) or
(dayofweek(date)=3 and highest(e,3) < highest(f,3)) or
(dayofweek(date)=4 and highest(e,4) < highest(f,4)) then aaa=1;
if (dayofweek(date)=5 and c < c[1]) or
(dayofweek(date)=1 and c > c[1]) or
(dayofweek(date)=2 and highest(e,2) > highest(f,2)) or
(dayofweek(date)=3 and highest(e,3) > highest(f,3)) or
(dayofweek(date)=4 and highest(e,4) > highest(f,4)) then aaa=-1;
if (dayofmonth(date) > =21 or dayofmonth(date) < 6) then bbb=1;
if (dayofmonth(date) > =6 and dayofmonth(date) < 21) then bbb=-1;
if average(c,2) < average(c,5)then g=1;
if average(c,2) > average(c,5)then g=-1;
if c > average(c,40) then xx=1;
if c < average(c,40) then xx=-1;
if highestbar(c,50) > lowestbar(c,50) then j=1;
if highestbar(c,50) < lowestbar(c,50) then j=-1;
if (range < average(range,10)) and c > c[1] or (range > average(range,10)) and c <
    c[1] then x=1;
if (range < average(range,10)) and c < c[1] or (range > average(range,10)) and c >
    c[1] then x=-1;
if c > (average(h,15)+average(l,15))/2 then uuu=1;
if c < (average(h,15)+average(l,15))/2 then uuu=-1;
if g+xx+j+x+uuu > 0 then ccc=1;
if g+xx+j+x+uuu < 0 then ccc=-1;
if aaa+bbb+ccc > 0 then buy next bar at market;
if aaa+bbb+ccc < 0 then sell short next bar at market;

表30.1

```
variables: g(0);
if c/closed(1) > (c of data(2)/(closed(1) of data(2)))then g=1;
if c/closed(1) < (c of data(2)/(closed(1) of data(2)))then g=-1;
if g > 0 then buy next bar at market;
if g < 0 then sell short next bar at market;
```

表30.2

```
variables: g(0);
if c/closed(1) > (c of data(2)/(closed(1) of data(2)))then g=1;
if c/closed(1) < (c of data(2)/(closed(1) of data(2)))then g=-1;
if time > =845 and time < =1445 and g > 0 then buy next bar at market;
if time=1500 then sell next bar at market;
if time > =845 and time < =1445 and g < 0 then sell short next bar at market;
if time=1500 then buy to cover next bar at market;
```

表30.5

```
inputs:u(3);
variables: g(0);
if c/closed(1) > (c of data(2)/(closed(1) of data(2)))then g=1;
if c/closed(1) < (c of data(2)/(closed(1) of data(2)))then g=-1;
if time > =930 and time < =1445 and lowest(g,u) > 0 then buy next bar at market;
if time=1500 then sell next bar at market;
if time > =930 and time < =1445 and highest(g,u) < 0 then sell short next bar at
    market;
if time=1500 then buy to cover next bar at market;
```

表30.8

```
inputs:e(50);
variables: g(0);
if c/closed(1) > (c of data(2)/(closed(1) of data(2)))then g=1;
if c/closed(1) < (c of data(2)/(closed(1) of data(2)))then g=-1;
if time > =900 and time < =1445 and c > average(c,e) and c[1] < =average(c,e)[1]
    and g > 0 then buy next bar at market;
if time > =900 and time < =1445 and c < average(c,e) and c[1] > =average(c,e)[1]
    and g < 0 then sell short next bar at market;
```

表30.10

inputs:n(.5),u(6);
variables: g(0);
if c/closed(1) > c of data(2)/(closed(1) of data(2))then g=1;
if c/closed(1) < c of data(2)/(closed(1) of data(2))then g=-1;
if time > =900 and time < =1430 and lowest(g,u) > 0 then buy next bar at
　　highest(h,6) stop;
if time=1500 then sell next bar at market;
if time > =900 and time < =1430 and highest(g,u) < 0 then sell short next bar at
　　lowest(l,6) stop;
if time=1500 then buy to cover next bar at market;

表30.11

variables: g(0);
if c/closed(1) > (c of data(2)/(closed(1) of data(2))) then g=1;
if c/closed(1) < (c of data(2)/(closed(1) of data(2))) then g=-1;
if time > =845 and time < =1445 and c > average(h,6) and g > 0 then buy next bar
　　at c-.5*range limit;
if time=1500 then sell next bar at market;
if time > =845 and time < =1445 and c < average(l,6) and g < 0 then sell short
　　next bar at c+.5*range limit;
if time=1500 then buy to cover next bar at market;

表30.12

variables: g(0);
if c/(closed(1)) > c of data(2)/(closed(1) of data(2))then g=1;
if c/(closed(1)) < c of data(2)/(closed(1) of data(2))then g=-1;
if ((time > =930 and time < 1000 and average(g,12) > 0) or
(time > =1000 and time < 1030 and average(g,18) > 0) or
(time > =1030 and time < 1100 and average(g,24) > 0) or
(time > =1100 and time < 1130 and average(g,30) > 0) or
(time > =1130 and time < 1200 and average(g,36) > 0) or
(time > =1200 and time < 1230 and average(g,42) > 0) or
(time > =1230 and time < 1300 and average(g,48) > 0)) then buy next bar at market;
if time=1500 then sell next bar at market;
if ((time > =930 and time < 1000 and average(g,12) < 0) or
(time > =1000 and time < 1030 and average(g,18) < 0) or
(time > =1030 and time < 1100 and average(g,24) < 0) or
(time > =1100 and time < 1130 and average(g,30) < 0) or
(time > =1130 and time < 1200 and average(g,36) < 0) or
(time > =1200 and time < 1230 and average(g,42) < 0) or
(time > =1230 and time < 1300 and average(g,48) < 0)) then sell short next bar at
　　market;
if time=1500 then buy to cover next bar at market;

表31.2

(For bond-currency versions, substitute following for first line—
    inputs:x(8.2),y(14.00);)
inputs:x(9.3),y(15.15);
if time=(x*100) and c > opend(0) then buy next bar at market;
if time=(y*100) then sell this bar on close;
if time=(x*100) and c < opend(0) then sell short next bar at market;
if time=(y*100) then buy to cover this bar on close;

表31.3

(For bond-currency versions, substitute following for first line—
    inputs:b(9.2),x(13.20);)
inputs:b(10.3),x(14.3);
if time > =(b*100) and time < (x*100) and c > opend(0) and c[1] > opend(0) and c
    > c[1] then buy next bar at market;
if time=(x*100) then sell next bar at market;
if time > =(b*100) and time < (x*100)and c < opend(0) and c[1] < opend(0) and c <
    c[1] then sell short next bar at market;
if time=(x*100) then buy to cover next bar at market;

表31.4

(For bond-currency versions, substitute following for first line—
    inputs:x(11.5),y(14.00);)
inputs:x(13),y(15.15);
if time=(x*100) and c > opend(0) and c[1] > opend(0) then buy next bar at market;
if time=(y*100) then sell this bar on close;
if time=(x*100) and c < opend(0) and c[1] < opend(0) then sell short next bar at
    market;
if time=(y*100) then buy to cover this bar on close;

表32.1

```
inputs:q(2),n(20),y(.5),z(.4),u(.1);
variables:x(0),mp(0),rr(0),xx(0);
if average(range,5) > =q*average(range,n)[5] then x=1 else x=0;
mp=marketposition;
rr=highest(h,n)-lowest(l,n);
if highest(h,n)-c < =u*rr then xx=1 else xx=0;
if x+xx > =1 then buy next bar at o of tomorrow+range stop;
if mp=1 then sell next bar at o of tomorrow+y*rr limit;
if mp=1 then sell next bar at o of tomorrow-z*rr stop;
if mp=1 then sell next bar at l-range stop;
if x+xx > =1 then sell short next bar at o of tomorrow-range stop;
if mp=-1 then buy to cover next bar at o of tomorrow-y*rr limit;
if mp=-1 then buy to cover next bar at o of tomorrow+z*rr stop;
```

表33.1

```
inputs:u(.6),n(20);
variables: x(0);
if (c > c[1] and c[1] > c[2])or (c < c[1] and c[1] < c[2]) then x=1 else x=0;
if average(x,n) > =u then buy next bar at o of tomorrow+(.5*average(range,3))
    stop;
sell next bar at o of tomorrow-(.5*average(range,3)) stop;
if average(x,n) > =u then sell short next bar at o of tomorrow-
    (.5*average(range,3)) stop;
buy to cover next bar at o of tomorrow+(.5*average(range,3)) stop;
```

表34.1

```
(For bond-currency versions, substitute following for first line— inputs:x(13.5);
inputs: x(15.05);
variables:hh(0),ll(0),hhh(0),lll(0);
if time=930 then hh=highd(0);
if time=930 then ll=lowd(0);
if time=1130 then hhh=highd(0);
if time=1130 then lll=lowd(0);
if time=1230 and opend(0)-lowd(0) < =.25*(highd(0)-lowd(0))and highd(0) > hhh
    and hhh > hh then buy next bar at market;
if time=(x*100) then sell next bar at market;
if time=1230 and highd(0)-opend(0) < =.25*(highd(0)-lowd(0))and lowd(0) < lll and
    lll < ll then sell short next bar at market;
if time=(x*100) then buy to cover next bar at market;
```

表35.1

```
variables:e(0);
if c > o then e=1 else e=0;
if c < o then e=-1;
if time > =915 and time < =1445 and average(e,9) > 0 then buy next bar at
    market;
if time=1500 then sell next bar at market;
if time > =915 and time < =1445 and average(e,9) < 0 then sell short next bar at
    market;
if time=1500 then buy to cover next bar at market;
```

表35.2

```
if time > =915 and time < =1445 and c > (highd(0)+lowd(0))/2 then buy next bar
    at market;
if time=1500 then sell next bar at market;
if time > =915 and time < =1445 and c < (highd(0)+lowd(0))/2 then sell short next
    bar at market;
if time=1500 then buy to cover next bar at market;
```

表35.3

```
inputs:n(9);
variables:aa(0),bb(0),cc(0),dd(0),x(0);
if c > o then x=1 else x=0;
if c < o then x=-1;
if c/closed(1) > (c of data(2)/(closed(1) of data(2)))then aa=1;
if c/closed(1) < (c of data(2)/(closed(1) of data(2)))then aa=-1;
if c > opend(0) then bb=1;
if c < opend(0) then bb=-1;
if average(x,n) > 0 then cc=1;
if average(x,n) < 0 then cc=-1;
if c > (highd(0)+lowd(0))/2 then dd=1;
if c < (highd(0)+lowd(0))/2 then dd=-1;
if time > =915 and time < =1445 and aa+bb+cc+dd=4 then buy next bar at
    market;
if time=1500 then sell next bar at market;
if time > =915 and time < =1445 and aa+bb+cc+dd=-4 then sell short next bar at
    market;
if time=1500 then buy to cover next bar at market;
```

表35.6

```
inputs:n(9);
variables:aa(0),bb(0),cc(0),dd(0),x(0),u(0);
if c > o then x=1 else x=0;
if c < o then x=-1;
u=aa+bb+cc+dd;
if c/closed(1) > (c of data(2)/(closed(1) of data(2))) then aa=1;
if c/closed(1) < (c of data(2)/(closed(1) of data(2))) then aa=-1;
if c > opend(0) then bb=1;
if c < opend(0) then bb=-1;
if average(x,n) > 0 then cc=1;
if average(x,n) < 0 then cc=-1;
if c > (highd(0)+lowd(0))/2 then dd=1;
if c < (highd(0)+lowd(0))/2 then dd=-1;
if time > =915 and time < =1445 and aa+bb+cc+dd=4 then buy next bar at
    market;
if u < 0 and u[1] < 0 then sell next bar at market;
if time=1500 then sell next bar at market;
if time > =915 and time < =1445 and aa+bb+cc+dd=-4 then sell short next bar at
    market;
if u > 0 and u[1] > 0 then buy to cover next bar at market;
```

表36.1

```
if c > c[1] and c[1] < c[2] and c[2] < c[3] and c[3] < c[4] and c[4] < c[5] and c[5] <
    c[6] then buy next bar
at market;
if c < c[1] and c[1] > c[2] and c[2] > c[3] and c[3] > c[4] and c[4] > c[5] and c[5] >
    c[6] then sell short next bar at market;
setexitonclose;
```

表36.2

```
if c < c[1] and c[1] > c[2] and c[2] > c[3] and c[3] > c[4] and c[4] > c[5] and c[5] >
    c[6] then buy next bar at market;
if c > c[1] and c[1] < c[2]and c[2] < c[3] and c[3] < c[4] and c[4] < c[5] and c[5] <
    c[6] then sell short next bar at market;
```

表36.3

(Type "setexitonclose" at the end for day version.)
if c[1] < c[2] and c[2] > c[3] and c[3] > c[4] and c[4] > c[5] and c[5] > c[6] and c[6] > c[7] then buy next bar at market;
if c[1] > c[2] and c[2] < c[3] and c[3] < c[4] and c[4] < c[5] and c[5] < c[6] and c[6] < c[7] then sell short next bar at market;

表37.1

if marketposition < 1 and c < l[1] and c[1] < l[2] then buy next bar at o of tomorrow-.33*average(range,3) limit;
if marketposition=1 then sell next bar at h limit;
if marketposition=1 then sell next bar at l-(minmove/pricescale)stop;
if marketposition=1 then setexitonclose;
if marketposition > -1 and c > h[1] and c[1] > h[2] then sell short next bar at o of tomorrow+.33*average(range,3) limit;
if marketposition=-1 then buy to cover next bar at l limit;
if marketposition=-1 then buy to cover next bar at h+(minmove/pricescale)stop;
if marketposition=-1 then setexitonclose;

表37.2

variables:x(0),y(0);
inputs:n(5);
if c < average(l,5) then x=1 else x=0;
if c > average(h,5) then y=1 else y=0;
if marketposition < 1 and lowest(x,3)=1 and c < c[1] and c[1] < c[2] then buy next bar at market;
if marketposition=1 and barssinceentry > 0 then sell next bar at h limit;
if marketposition=1 and barssinceentry > 0 then sell next bar at l-(minmove/pricescale)stop;
if marketposition=1 and barssinceentry > 1 then setexitonclose;
if marketposition > -1 and lowest(y,3)=1 and c > c[1] and c[1] > c[2] then sell short next bar at market;
if marketposition=-1 and barssinceentry > 0 then buy to cover next bar at l limit;
if marketposition=-1 and barssinceentry > 0 then buy to cover next bar at h+(minmove/pricescale)stop;
if marketposition=-1 and barssinceentry > 1 then setexitonclose;

表38.1

buy next bar at highest(h,20) stop;
sell short next bar at lowest(l,20) stop;

表38.3

if marketposition < 1 then buy next bar at highest(h,20) stop;
if barssinceentry > =10 and (c[10] > highest(c,10) or h[10] > highest(h,10))
then sell next bar at market;
if marketposition > -1 then sell short next bar at lowest(l,20) stop;
if barssinceentry > =10 and (c[10] < lowest(c,10) or l[10] < lowest(l,10))
then buy to cover next bar at market;

表39.1

(For bond-currency versions, substitute following for first line—
inputs: Length(9),n(15),b(8.35),x(13.3),z(13.55);)
inputs: Length(9),n(15),b(9.15),x(14.45),z(15.1);
variables: e(0);
e = RSI(Close, Length);
if time > =(b*100) and time < =(x*100) and e > (100-n) then buy next bar at
    market;
if time=(z*100) then sell next bar at market;
if time > =(b*100) and time < =(x*100) and e < n then sell short next bar at
    market;
if time=(z*100) then buy to cover next bar at market;

表40.1

inputs:p(2);
variables:hh(0),ll(0);
if marketposition=1 and barssinceentry=0 then hh=h;
if marketposition=-1 and barssinceentry=0 then ll=l;
if marketposition < 1 and h > h[1] and c < c[1] then buy next bar at market;
if(h < =h[1] or c > =c[1]) then sell next bar at hh limit;
if barssinceentry > 0 then sell next bar at ll-minmove/pricescale stop;
if marketposition > -1 and l < l[1] and c > c[1] then sell short next bar at market;
if (l > =l[1] or c < =c[1]) then buy to cover next bar at ll limit;
if barssinceentry > 0 then buy to cover next bar at hh+minmove/pricescale stop;

表41.1

buy next bar at o of tomorrow+2*average(range,3) stop;
if barssinceentry=2 then sell next bar at h limit;
if barssinceentry=2 then sell next bar at l stop;
if barssinceentry=2 then setexitonclose;
sell short next bar at o of tomorrow-(2*average(range,3))stop;
if barssinceentry=2 then buy to cover next bar at l limit;
if barssinceentry=2 then buy to cover next bar at h stop;
if barssinceentry=2 then setexitonclose;

表41.3

variables:mp(0),hc(0),lc(0),xx(0);
hc=highest(h,9)-c;
lc=c-lowest(l,9);
if hc > lc then xx=hc;
if hc < lc then xx=lc;
mp=marketposition;
if mp < 1 and hc > lc then buy next bar at o of tomorrow+(.66*lc) stop;
if mp=1 and barssinceentry > 0 then sell next bar at entryprice-(1.32*xx) stop;
if mp > -1 and lc > hc then sell short next bar at o of tomorrow-(.66*hc) stop;
if mp=-1 and barssinceentry > 0 then buy to cover next bar at
    entryprice+(1.32*xx) stop;

表41.6

if (average(range,10) < average(range,25)) and (c < c[1] and c < average(c,5)) then
    buy next bar (o of tomorrow+(.2*range)) stop;
if (c > average(c,10) and c > average(c,25)) then sell next bar at (o of tomorrow-
    (.2*range)) stop;
if barssinceentry > 0 then sell next bar at entryprice-average(range,25) stop;
if (average(range,10) < average(range,25)) and (c > c[1] and c > average(c,5)) then
    sell short next bar (o of tomorrow-(.2*range)) stop;
if (c < average(c,10) and c < average(c,25)) then buy to cover next bar (o of
    tomorrow+(.2*range)) stop;
if barssinceentry > 0 then buy to cover next bar at entryprice+average(range,25)
    stop;

表41.7

if average(c,5) > average(c,15) and average(c,5)[1] > average(c,15)[1] and
　　average(c,5)[2] > average(c,15)[2]and average(c,5)[3] < average(c,15)[3] then
　　buy next bar at market;
if average(c,5) < average(c,15) and average(c,5)[1] < average(c,15)[1] and
　　average(c,5)[2] < average(c,15)[2] and average(c,5)[3] > average(c,15)[3] then
　　sell short next bar at market;

表41.8

variables: e(0);
e=month(date);
if e=3 and e < > e[1] then buy next bar at market;
if month(date)=7 then sell next bar at market;
setprofittarget(2000);
setstoploss (4000);

表41.10

variables: e(0);
e=month(date);
if e=7 and e < > e[1]then sell short next bar at market;
if month(date)=11 then buy to cover next bar at market;
setprofittarget(4000);
setstoploss (5000);

表41.11

if average(c,3)[3] < average(c,30)[3] and average(c,3)[2] > average(c,30)[2] and
　　average(c,3)[1] > average(c,30)[1] and average(c,3) > average(c,30) then buy
　　next bar at market;
if average(c,3) < average(c,30) then sell next bar at market;
if average(c,3)[3] > average(c,30)[3] and average(c,3)[2] < average(c,30)[2] and
　　average(c,3)[1] < average(c,30)[1] and average(c,3) < average(c,30)then sell
　　short next bar at market;
if average(c,3) > average(c,30) then buy to cover next bar at market;

表41.12

if c > c[15] and c > c[30] then buy next bar at market;
if c < c[15] or c < c[30] then sell next bar at market;
if c < c[15] and c < c[30] then sell short next bar at market;
if c > c[15] or c > c[30] then buy to cover next bar at market;

表41.14

if time=1000 and c > opend(0)and c of data2 > opend(0)of data2 and highd(0)of
    data2-c of data2 <=.25*(highd(0)of data2-lowd(0)of data2) then buy next bar
    at market;
if time=1000 and c > opend(0)and c of data2 < opend(0) and c of data2-lowd(0)of
    data2 <=.25*(highd(0)of data2-lowd(0)of data2) then buy next bar at market;
if time=1510 then sell next bar at market;
if time=1000 and c < opend(0)and c of data2 < opend(0) and c of data2-lowd(0)of
data2 <=.25*(highd(0)of data2-lowd(0)of data2) then sell short next bar at
    market;
if time=1000 and c < opend(0)and c of data2 > opend(0) and highd(0)of data2-c of
    data2 <=.25*(highd(0)of data2-lowd(0)of data2) then sell short next bar at
    market;
if time=1510 then buy to cover next bar at market;

表42.1

variables: e(0);
if c > o then e=1;
if c < o then e=-1;
if average(e,3) < 0 then buy next bar at market;
if average(e,3) > 0 then sell short next bar at market;
setexitonclose;

表42.2

variables: e(0),aa(0),bb(0),cc(0),dd(0),ee(0),ff(0),gg(0);
if c > o then e=1;
if c < o then e=-1;
if average(c,2) < average(c,5)then aa=1;
if average(c,2) > average(c,5)then aa=-1;
if c > average(c,40) then bb=1;
if c < average(c,40) then bb=-1;
if highestbar(c,50) > lowestbar(c,50) then cc=1;
if highestbar(c,50) < lowestbar(c,50) then cc=-1;

if (range < average(range,10)) and c > c[1] or (range > average(range,10)) and c < c[1] then dd=1;
if (range < average(range,10)) and c < c[1] or (range > average(range,10)) and c > c[1] then dd=-1;
if c > (average(h,15)+average(l,15))/2 then ee=1;
if c < (average(h,15)+average(l,15))/2 then ee=-1;
if average(e,3) < 0 then ff=1;
if average(e,3) > 0 then ff=-1;
if aa+bb+cc+dd+ee+ff > 0 then buy next bar at market;
if aa+bb+cc+dd+ee+ff < 0 then sell short next bar at market;
setexitonclose;

表42.3

(Substitute following for final command lines in Table 42.2.)
if aa+bb+cc+dd+ee+ff > 0 then buy next bar at market;
sell next bar at o of tomorrow-.66*average(range,3) stop;
if aa+bb+cc+dd+ee+ff < 0 then sell short next bar at market;
buy to cover next bar at o of tomorrow+.66*average(range,3) stop;

表43.1

variables:aa(0),bb(0),cc(0),dd(0),ee(0);
if c[1] < c[2] and c[2] > c[3] and c[3] > c[4] and c[4] > c[5] and c[5] > c[6] then aa=1 else aa=0;
if c[1] > c[2] and c[2] < c[3] and c[3] < c[4] and c[4] < c[5] and c[5] < c[6] then aa=-1;
if c[1] < c[2] and c[2] > c[3] and c[3] > c[4] and c[4] > c[5] and c[5] > c[6] and c[6] > c[7] then bb=1 else bb=0;
if c[1] > c[2] and c[2] < c[3] and c[3] < c[4] and c[4] < c[5] and c[5] < c[6] and c[6] < c[7] then bb=-1;
if l > l[1] and l[1] < lowest(l,3)[2] and c > c[1] and c[1] < c[2]then cc=1 else cc=0;
if h < h[1] and h[1] > highest(h,3)[2] and c < c[1] and c[1] > c[2]then cc=-1;
if highest(l,3)-lowest(l,3) < =.2*(highest(h,3)-lowest(l,3)) then dd=1 else dd=0;
if highest(h,3)-lowest(h,3) < =.2* (highest(h,3)-lowest(l,3))then dd=-1;
if c < o and c[1] < o[1] then ee=1 else ee=0;
if c > o and c[1] > o[1] then ee=-1;
if aa+bb+cc+dd+ee > 0 then buy next bar at market;
if aa+bb+cc+dd+ee < 0 then sell short next bar at market;
setexitonclose;

表44.1

```
variables:e(0),aa(0),bb(0),cc(0),dd(0),ee(0),ff(0),aaa(0),bbb(0),ccc(0),ddd(0),eee(0);
if c > o then e=1 else e=0;
if c < o then e=-1;
if c[1] < c[2] and c[2] > c[3] and c[3] > c[4] and c[4] > c[5] and c[5] > c[6] then
    aaa=1 else aaa=0;
if c[1] > c[2] and c[2] < c[3] and c[3] < c[4] and c[4] < c[5] and c[5] < c[6] then
    aaa=-1;
if c[1] < c[2] and c[2] > c[3] and c[3] > c[4] and c[4] > c[5] and c[5] > c[6] and c[6] >
    c[7] then bbb=1 else bbb=0;
if c[1] > c[2] and c[2] < c[3] and c[3] < c[4] and c[4] < c[5] and c[5] < c[6] and c[6] <
    c[7] then bbb=-1;
if l > l[1] and l[1] < lowest(l,3)[2] and c > c[1] and c[1] < c[2]then ccc=1 else ccc=0;
if h < h[1] and h[1] > highest(h,3)[2] and c < c[1] and c[1] > c[2]then ccc=-1;
if highest(l,3)-lowest(l,3) < =.2*(highest(h,3)-lowest(l,3)) then ddd=1 else ddd=0;
if highest(h,3)-lowest(h,3) < =.2* (highest(h,3)-lowest(l,3))then ddd=-1;
if c < o and c[1] < o[1] then eee=1 else eee=0;
if c > o and c[1] > o[1] then eee=-1;
if average(c,2) < average(c,5)then aa=1;
if average(c,2) > average(c,5)then aa=-1;
if c > average(c,40) then bb=1;
if c < average(c,40) then bb=-1;
if highestbar(c,50) > lowestbar(c,50) then cc=1;
if highestbar(c,50) < lowestbar(c,50) then cc=-1;
if (range < average(range,10)) and c > c[1] or (range > average(range,10)) and c <
    c[1] then dd=1;
if (range < average(range,10)) and c < c[1] or (range > average(range,10)) and c >
    c[1] then dd=-1;
if c > (average(h,15)+average(l,15))/2 then ee=1;
if c < (average(h,15)+average(l,15))/2 then ee=-1;
if average(e,3) < 0 then ff=1;
if average(e,3) > 0 then ff=-1;
if aa+bb+cc+dd+ee+ff > 0 and aaa+bbb+ccc+ddd+eee > =0 then buy next bar at
    market;
if aa+bb+cc+dd+ee+ff < 0 and aaa+bbb+ccc+ddd+eee < =0 then sell short next
    bar at market;
setexitonclose;
```

表44.2

(Substitute following for last three lines in 44.1.)
if aa+bb+cc+dd+ee+ff > 0 and aaa+bbb+ccc+ddd+eee > =0 then buy next bar at market;
sell next bar at o of tomorrow-.66*average(range,3) stop;
if aa+bb+cc+dd+ee+ff < 0 and aaa+bbb+ccc+ddd+eee < =0 then sell short next bar at market;
buy to cover next bar at o of tomorrow+.66*average(range,3) stop;
setexitonclose;

表44.3

(Substitute following for last three lines in 44.1.)
if (aa+bb+cc+dd+ee+ff > 0 and aaa+bbb+ccc+ddd+eee > =0) or
    (aa+bb+cc+dd+ee+ff=0 and aaa+bbb+ccc+ddd+eee > 0) then buy next bar at market;
sell next bar at o of tomorrow-.66*average(range,3) stop;
if (aa+bb+cc+dd+ee+ff < 0 and aaa+bbb+ccc+ddd+eee < =0) or
    (aa+bb+cc+dd+ee+ff=0 and aaa+bbb+ccc+ddd+eee < 0) then sell short next bar at market;
buy to cover next bar at o of tomorrow+.66*average(range,3) stop;
setexitonclose;

■著者紹介
アート・コリンズ（Art Collins）
1986年から数多くのメカニカルトレーディングシステムの開発を手掛け、またプロトレーダーとしても大きな成功を収めている。1975年にノースウエスタン大学を卒業し、1989年からシカゴ商品取引所（CBOT）の会員、また講演者・著述家でもある。著書には13人の著名なシステムトレーダーにインタビューした『マーケットの魔術師【システムトレーダー編】』や『マーケットの魔術師【大損失編】』（いずれもパンローリング）などがある。フューチャーズ誌に定期寄稿するほか、その他の投資刊行物にも数多く執筆している。メールアドレスは「artcollins@ameritech.net」。

■監修者
長尾慎太郎（ながお・しんたろう）
東京大学工学部原子力工学科卒。日米の銀行、投資顧問会社、ヘッジファンドなどを経て、現在は大手運用会社勤務。訳書に『魔術師リンダ・ラリーの短期売買入門』『タートルズの秘密』『新マーケットの魔術師』『マーケットの魔術師【株式編】』『デマークのチャート分析テクニック』（いずれもパンローリング、共訳）、監修に『ワイルダーのテクニカル分析入門』『ゲイリー・スミスの短期売買入門』『ロスフックトレーディング』『間違いだらけの投資法選び』『私は株で200万ドル儲けた』『バーンスタインのデイトレード入門』『究極のトレーディングガイド』『投資苑2』『投資苑2 Q&A』『ワイルダーのアダムセオリー』『マーケットのテクニカル秘録』『マーケットのテクニカル百科　入門編・実践編』『市場間分析入門』『投資家のためのリスクマネジメント』『投資家のためのマネーマネジメント』『アペル流テクニカル売買のコツ』『高勝率トレード学のススメ』『スペランデオのトレード実践講座』『株は6パターンで勝つ』『フルタイムトレーダー完全マニュアル』『投資苑3』『投資苑3　スタディガイド』『バーンスタインのトレーダー入門』『投資家のための投資信託入門』『新版　魔術師たちの心理学』『マーケットの魔術師【オーストラリア編】』（いずれもパンローリング）など、多数。

■訳者紹介
関本博英（せきもと・ひろひで）
上智大学外国語学部英語学科を卒業。時事通信社・外国経済部を経て翻訳業に入る。国際労働機関（ILO）など国連関連の翻訳をはじめ、労働、経済、証券など多分野の翻訳に従事。訳書に、『賢明なる投資家【財務諸表編】』『証券分析』『究極のトレーディングガイド』『コーポレート・リストラクチャリングによる企業価値の創出』『プロの銘柄選択法を盗め！』『アナリストデータの裏を読め！』『マーケットのテクニカル百科　入門編・実践編』『市場間分析入門』『初心者がすぐに勝ち組になるテクナメンタル投資法』『バイ・アンド・ホールド時代の終焉』『わが子と考えるオンリーワン投資法』『規律とトレーダー』『麗しのバフェット銘柄』『トレーダーの精神分析』『バーンスタインのトレーダー入門』『成長株投資の公理』（いずれもパンローリング）など。

2008年5月4日　初版第1刷発行

ウィザードブックシリーズ ⑬⑦

株価指数先物必勝システム
──ノイズとチャンスを見極め、優位性のあるバイアスを取り込め

著　者　　アート・コリンズ
監修者　　長尾慎太郎
訳　者　　関本博英
発行者　　後藤康徳
発行所　　パンローリング株式会社
　　　　　〒160-0023　東京都新宿区西新宿7-9-18-6F
　　　　　TEL 03-5386-7391　FAX 03-5386-7393
　　　　　http://www.panrolling.com/
　　　　　E-mail info@panrolling.com
編　集　　エフ・ジー・アイ（Factory of Gnomic Three Monkeys Investment）合資会社
装　丁　　パンローリング装丁室
組　版　　パンローリング制作室
印刷・製本　株式会社シナノ

ISBN978-4-7759-7104-8

落丁・乱丁本はお取り替えします。
また、本書の全部、または一部を複写・複製・転訳載、および磁気・光記録媒体に
入力することなどは、著作権法上の例外を除き禁じられています。

本文　©Hirohide Sekimoto／図表　© Panrolling　2008 Printed in Japan

アレキサンダー・エルダー博士の投資レクチャー

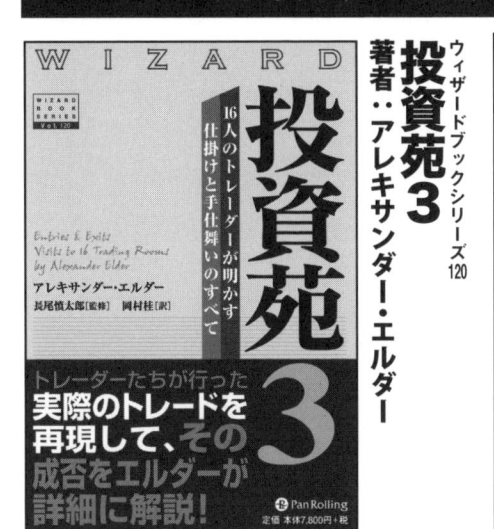

投資苑3
ウィザードブックシリーズ120
著者:アレキサンダー・エルダー

定価 本体 7,800円＋税　ISBN:9784775970867

【どこで仕掛け、どこで手仕舞う】
「成功しているトレーダーはどんな考えで仕掛け、なぜそこで手仕舞ったのか！」——16人のトレーダーたちの売買譜。住んでいる国も、取引する銘柄も、その手法もさまざまな16人のトレーダーが実際に行った、勝ちトレードと負けトレードの仕掛けから手仕舞いまでを実際に再現。その成否をエルダーが詳細に解説する。ベストセラー『投資苑』シリーズ、待望の第3弾！

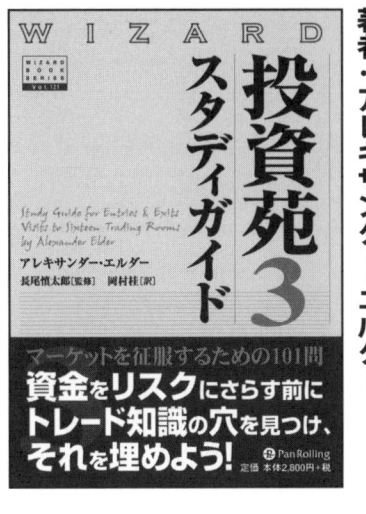

投資苑3 スタディガイド
ウィザードブックシリーズ121
著者:アレキサンダー・エルダー

定価 本体 2,800円＋税　ISBN:9784775970874

【マーケットを理解するための101問】
トレードで成功するために必須の条件をマスターするための『投資苑3』副読本。トレードの準備、心理、マーケット、トレード戦略、マネージメントと記録管理、とレーダーの教えといった7つの分野を、25のケーススタディを含む101問の問題でカバーする。資金をリスクにさらす前に本書に取り組み、『投資苑3』と併せて読むことでチャンスを最大限に活かすことができる。

DVD トレード成功への3つのM〜心理・手法・資金管理〜
講演：アレキサンダー・エルダー　　定価 本体 4,800円＋税　　ISBN:9784775961322

世界中で500万部超の大ベストセラーとなった『投資苑』の著者であり、実践家であるアレキサンダー・エルダー博士の来日講演の模様をあますところ無く収録。本公演に加え当日参加者の貴重な生の質問に答えた質疑応答の模様も収録。インタビュアー：林康史（はやしやすし）氏

DVD 投資苑〜アレキサンダー・エルダー博士の超テクニカル分析〜
講演：アレキサンダー・エルダー　　定価 本体 50,000円＋税　　ISBN:9784775961346

超ロングセラー『投資苑』の著者、エルダー博士のDVD登場！感情に流されないトレーディングの実践と、チャート、コンピューターを使ったテクニカル指標による優良トレードの探し方を解説、様々な分析手法の組み合わせによる強力なトレーディング・システム構築法を伝授する。

トレード基礎理論の決定版!!

ウィザードブックシリーズ9
投資苑
著者:アレキサンダー・エルダー

定価 本体5,800円+税　ISBN:9784939103285

【トレーダーの心技体とは?】
それは3つのM「Mind=心理」「Method=手法」「Money=資金管理」であると、著者のエルダー医学博士は説く。そして「ちょうど三脚のように、どのMも欠かすことはできない」と強調する。本書は、その3つのMをバランス良く、やさしく解説したトレード基本書の決定版だ。世界13カ国で翻訳され、各国で超ロングセラーを記録し続けるトレーダーを志望する者は必読の書である。

ウィザードブックシリーズ56
投資苑2
著者:アレキサンダー・エルダー

定価 本体5,800円+税　ISBN:9784775970171

【心技体をさらに極めるための応用書】
「優れたトレーダーになるために必要な時間と費用は?」「トレードすべき市場とその儲けは?」「トレードのルールと方法、資金の分割法は?」――『投資苑』の読者にさらに知識を広げてもらおうと、エルダー博士が自身のトレーディングルームを開放。自らの手法を惜しげもなく公開している。世界に絶賛された「3段式売買システム」の威力を堪能してほしい。

ウィザードブックシリーズ50
投資苑がわかる203問

著者:アレキサンダー・エルダー　　定価 本体2,800円+税　ISBN:9784775970119

分かった「つもり」の知識では知恵に昇華しない。テクニカルトレーダーとしての成功に欠かせない3つのM(心理・手法・資金管理)の能力をこの問題集で鍛えよう。何回もトライし、正解率を向上させることで、トレーダーとしての成長を自覚できるはずだ。

投資苑2 Q&A

著者:アレキサンダー・エルダー　　定価 本体2,800円+税　ISBN:9784775970188

『投資苑2』は数日で読める。しかし、同書で紹介した手法や技法のツボを習得するには、実際の売買で何回も試す必要があるだろう。そこで、この問題集が役に立つ。あらかじめ洞察を深めておけば、いたずらに資金を浪費することを避けられるからだ。

バリュー株投資の真髄!!

ウィザードブックシリーズ 4
バフェットからの手紙
著者：ローレンス・A・カニンガム

定価 本体 1,600円＋税　ISBN:9784939103216

【世界が理想とする投資家のすべて】
「ラリー・カニンガムは、私たちの哲学を体系化するという素晴らしい仕事を成し遂げてくれました。本書は、これまで私について書かれたすべての本のなかで最も優れています。もし私が読むべき一冊の本を選ぶとしたら、迷うことなく本書を選びます」
──ウォーレン・バフェット

ウィザードブックシリーズ 87・88
新 賢明なる投資家
著者：ベンジャミン・グレアム、ジェイソン・ツバイク

定価（各）本体 3,800円＋税　ISBN:（上）9784775970492
（下）9748775970508

【割安株の見つけ方とバリュー投資を成功させる方法】
古典的名著に新たな注解が加わり、グレアムの時代を超えた英知が今日の市場に再びよみがえる！　グレアムがその「バリュー投資」哲学を明らかにした『賢明なる投資家』は、1949年に初版が出版されて以来、株式投資のバイブルとなっている。

ウィザードブックシリーズ 10
賢明なる投資家
著者：ベンジャミン・グレアム
定価（各）本体 3,800円＋税
ISBN:9784939103292

ウォーレン・バフェットが師と仰ぎ、尊敬したベンジャミン・グレアムが残した「バリュー投資」の最高傑作！　「魅力のない二流企業株」や「割安株」の見つけ方を伝授する。

ウィザードブックシリーズ 116
麗しのバフェット銘柄
著者：メアリー・バフェット、デビッド・クラーク
定価 本体 1,800円＋税
ISBN:9784775970829

なぜバフェットは世界屈指の大富豪になるまで株で成功したのか？　本書は氏のバリュー投資術「選別的逆張り法」を徹底解剖したバフェット学の「解体新書」である。

ウィザードブックシリーズ 44
証券分析【1934年版】
著者：ベンジャミン・グレアム、デビッド・L・ドッド
定価 本体 9,800円＋税
ISBN:9784775970058

グレアムの名声をウォール街で不動かつ不滅なものとした一大傑作。ここで展開されている割安な株式や債券のすぐれた発掘法は、今も多くの投資家たちが実践して結果を残している。

ウィザードブックシリーズ 125
アラビアのバフェット
著者：リズ・カーン
定価 本体 1,890円＋税
ISBN:9784775970928

バフェットがリスペクトする米以外で最も成功した投資家、アルワリード本の決定版！　この1冊でアルワリードのすべてがわかる！　3万ドルを230億ドルにした「伸びる企業への投資」の極意

マーケットの魔術師 ウィリアム・オニールの本と関連書

ウィザードブックシリーズ12
オニールの成長株発掘法
著者：ウィリアム・オニール

定価 本体2,800円＋税　ISBN:9784939103339

【究極のグロース株選別法】
米国屈指の大投資家ウィリアム・オニールが開発した銘柄スクリーニング法「CAN-SLIM（キャンスリム）」は、過去40年間の大成長銘柄に共通する7つの要素を頭文字でとったもの。オニールの手法を実践して成功を収めた投資家は数多く、詳細を記した本書は全米で100万部を突破した。

ウィザードブックシリーズ71
オニールの相場師養成講座
著者：ウィリアム・オニール

定価 本体2,800円＋税　ISBN:9784775970331

【進化するCAN-SLIM】
CAN-SLIMの威力を最大限に発揮させる5つの方法を伝授。00年に米国でネットバブルが崩壊したとき、オニールの手法は投資家の支持を失うどころか、逆に人気を高めた。その理由は全米投資家協会が「98～03年にCAN-SLIMが最も優れた成績を残した」と発表したことからも明らかだ。

ウィザードブックシリーズ93
オニールの空売り練習帖
著者：ウィリアム・オニール、ギル・モラレス
定価 本体2,800円＋税　ISBN:9784775970577

氏いわく「売る能力もなく買うのは、攻撃だけで防御がないフットボールチームのようなものだ」。指値の設定からタイミングの決定まで、効果的な空売り戦略を明快にアドバイス。

DVDブック　大化けする成長株を発掘する方法
著者：鈴木一之　定価 本体3,800円＋税
DVD1枚 83分収録　ISBN:9784775961285

今も世界中の投資家から絶大な支持を得ているウィリアム・オニールの魅力を日本を代表する株式アナリストが紹介。日本株のスクリーニングにどう当てはめるかについても言及する。

ウィザードブックシリーズ19
マーケットの魔術師
著者：ジャック・D・シュワッガー
定価 本体2,800円＋税
ISBN:9784939103407

オーディオブックも絶賛発売中!!

トレーダー・投資家は、そのとき、その成長過程で、さまざまな悩みや問題意識を抱えているもの。本書はその答えの糸口を「常に」提示してくれる「トレーダーのバイブル」だ。

ウィザードブックシリーズ49
私は株で200万ドル儲けた
著者：ニコラス・ダーバス　訳者：長尾慎太郎、飯田恒夫
定価 本体2,200円＋税　ISBN:9784775970102

1960年の初版は、わずか8週間で20万部が売れたという伝説の書。絶望の淵に落とされた個人投資家が最終的に大成功を収めたのは、不屈の闘志と「ボックス理論」にあった。

マーケットの魔術師シリーズ

ウィザードブックシリーズ 19
マーケットの魔術師
著者：ジャック・D・シュワッガー
定価 本体 2,800 円＋税　ISBN:9784939103407

【いつ読んでも発見がある】
トレーダー・投資家は、そのとき、その成長過程で、さまざまな悩みや問題意識を抱えているもの。本書はその答えの糸口を「常に」提示してくれる「トレーダーのバイブル」だ。「本書を読まずして、投資をすることなかれ」とは世界的トレーダーたちが口をそろえて言う「投資業界の常識」だ！

ウィザードブックシリーズ 13
新マーケットの魔術師
著者：ジャック・D・シュワッガー
定価 本体 2,800 円＋税　ISBN:9784939103346

【世にこれほどすごいヤツらがいるのか!!】
株式、先物、為替、オプション、それぞれの市場で勝ち続けている魔術師たちが、成功の秘訣を語る。またトレード・投資の本質である「心理」をはじめ、勝者の条件について鋭い分析がなされている。関心のあるトレーダー・投資家から読み始めてかまわない。自分のスタイルづくりに役立ててほしい。

ウィザードブックシリーズ 14
マーケットの魔術師 株式編《増補版》
著者：ジャック・D・シュワッガー
定価 本体 2,800 円＋税　ISBN:9784775970232

投資家待望のシリーズ第三弾、フォローアップインタビューを加えて新登場!!　90年代の米株の上げ相場でとてつもないリターンをたたき出した新世代の「魔術師＝ウィザード」たち。彼らは、その後の下落局面でも、その称号にふさわしい成果を残しているのだろうか？

◎アート・コリンズ著 マーケットの魔術師シリーズ

ウィザードブックシリーズ 90
マーケットの魔術師 システムトレーダー編
著者：アート・コリンズ
定価 本体 2,800 円＋税　ISBN:9784775970522

システムトレードで市場に勝っている職人たちが明かす機械的売買のすべて。相場分析から発見した優位性を最大限に発揮するため、どのようなシステムを構築しているのだろうか？ 14人の傑出したトレーダーたちから、システムトレードに対する正しい姿勢を学ぼう！

ウィザードブックシリーズ 111
マーケットの魔術師 大損失編
著者：アート・コリンズ
定価 本体 2,800 円＋税　ISBN:9784775970775

スーパートレーダーたちはいかにして危機を脱したか？　局地的な損失はトレーダーならだれでも経験する不可避なもの。また人間のすることである以上、ミスはつきものだ。35人のスーパートレーダーたちは、窮地に立ったときどのように取り組み、対処したのだろうか？

トレーディングシステムで機械的売買!!

自動売買ロボット作成マニュアル
エクセルで理想のシステムトレード
著者：森田佳佑

定価 本体 2,800円＋税　ISBN:9784775990391

【パソコンのエクセルでシステム売買】
エクセルには「VBA」というプログラミング言語が搭載されている。さまざまな作業を自動化したり、ソフトウェア自体に機能を追加したりできる強力なツールだ。このVBAを活用してデータ取得やチャート描画、戦略設計、検証、売買シグナルを自動化してしまおう、というのが本書の方針である。

売買システム入門
ウィザードブックシリーズ 11
著者：トゥーシャー・シャンデ

定価 本体 7,800円＋税　ISBN:9784939103315

【システム構築の基本的流れが分かる】
世界的に高名なシステム開発者であるトゥーシャー・シャンデ博士が「現実的」な売買システムを構築するための有効なアプローチを的確に指南。システムの検証方法、資金管理、陥りやすい問題点と対処法を具体的に解説する。基本概念から実際の運用まで網羅したシステム売買の教科書。

操作手順と確認問題を収録したCD-ROM付き。エクセル超初心者の投資家でも、売買システムの構築に有効なエクセルの操作方法と自動処理の方法がよく分かる!!

現代の錬金術師シリーズ
自動売買ロボット作成マニュアル初級編
エクセルでシステムトレードの第一歩
著者：森田佳佑
定価 本体 2,000円＋税　ISBN:9784775990513

トレードステーション入門
やさしい売買プログラミング
著者：西村貴郁
定価 本体 2,800円＋税　ISBN:9784775990452

売買ソフトの定番「トレードステーション」。そのプログラミング言語の基本と可能性を紹介。チャート分析も売買戦略のデータ検証・最適化も売買シグナル表示もできるようになる！

ウィザードブックシリーズ 54
究極のトレーディングガイド
全米一の投資システム分析家が明かす「儲かるシステム」
著者：ジョン・R・ヒル／ジョージ・プルート／ランディ・ヒル
定価 本体 4,800円＋税　ISBN:9784775970157

売買システム分析の大家が、エリオット波動、値動きの各種パターン、資金管理といった、曖昧になりがちな理論を適切なルールで表現し、安定した売買システムにする方法を大公開！

ウィザードブックシリーズ 42
トレーディングシステム入門
仕掛ける前が勝負の分かれ目
著者：トーマス・ストリズマン
定価 本体 5,800円＋税　ISBN:9784775970034

売買タイミングと資金管理の融合を売買システムで実現。システムを発展させるために有効な運用成績の評価ポイントと工夫のコツが惜しみなく著された画期的な書！

心の鍛錬はトレード成功への大きなカギ！

ウィザードブックシリーズ 32
ゾーン 相場心理学入門
著者：マーク・ダグラス

「ゾーン」とは、恐怖心ゼロ、悩みゼロ、淡々と直感的に行動し、反応すること！

定価 本体2,800円＋税　ISBN:9784939103575

【己を知れば百戦危うからず】
恐怖心ゼロ、悩みゼロで、結果は気にせず、淡々と直感的に行動し、反応し、ただその瞬間に「するだけ」の境地、つまり「ゾーン」に達した者こそが勝つ投資家になる！ さて、その方法とは？ 世界中のトレード業界で一大センセーションを巻き起こした相場心理の名作が究極の相場心理を伝授する！

ウィザードブックシリーズ 114
規律とトレーダー 相場心理分析入門
著者：マーク・ダグラス

相場の世界での一般常識は百害あって一利なし！

定価 本体2,800円＋税　ISBN:9784775970805

【トレーダーとしての成功に不可欠】
「仏作って魂入れず」――どんなに努力して素晴らしい売買戦略をつくり上げても、心のあり方が「なっていなければ」成功は難しいだろう。つまり、心の世界をコントロールできるトレーダーこそ、相場の世界で勝者となれるのだ！ 『ゾーン』愛読者の熱心なリクエストにお応えして急遽刊行！

ウィザードブックシリーズ 107
トレーダーの心理学
トレーディングコーチが伝授する達人への道
著者：アリ・キエフ
定価 本体2,800円＋税　ISBN:9784775970737

高名な心理学者でもあるアリ・キエフ博士がトップトレーダーの心理的な法則と戦略を検証。トレーダーが自らの潜在能力を引き出し、目標を達成させるアプローチを紹介する。

ウィザードブックシリーズ 124
NLPトレーディング
投資心理を鍛える究極トレーニング
著者：エイドリアン・ラリス・トグライ
定価 本体3,200円＋税　ISBN:9784775970904

NLPは「神経言語プログラミング」の略。この最先端の心理学を利用して勝者の思考術をモデル化し、トレーダーとして成功を極めるために必要な「自己管理能力」を高めようというのが本書の趣旨である。

ウィザードブックシリーズ 126
トレーダーの精神分析
自分を理解し、自分だけのエッジを見つけた者だけが成功できる
著者：ブレット・N・スティーンバーガー
定価 本体1,800円＋税　ISBN:9784775970911

トレードとはパフォーマンスを競うスポーツのようなものである。トレーダーは自分の強み（エッジ）を見つけ、生かさなければならない。そのために求められるのが「強靭な精神力」なのだ。

相場で負けたときに読む本 ～真理編～
著者：山口祐介
定価 本体1,500円＋税　ISBN:9784775990469

なぜ勝者は「負けても」勝っているのか？ なぜ敗者は「勝っても」負けているのか？ 10年以上勝ち続けてきた現役トレーダーが相場の"真理"を詩的に表現。

※投資心理といえば『投資苑』も必見!!

日本のウィザードが語る株式トレードの奥義

生涯現役の株式トレード技術
著者：優利加
定価 本体 2,800円+税　ISBN:9784775990285

【ブルベア大賞2006-2007受賞!!】
生涯現役で有終の美を飾りたいと思うのであれば「自分の不動の型＝決まりごと」を作る必要がある。本書では、その「型」を具体化した「戦略＝銘柄の選び方」「戦術＝仕掛け・手仕舞いの型」「戦闘法＝建玉の仕方」をどのようにして決定するか、著者の経験に基づいて詳細に解説されている。

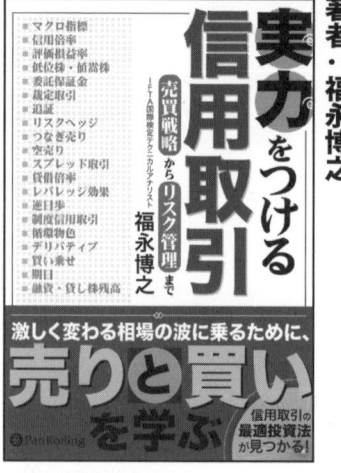

実力をつける信用取引 売買戦略からリスク管理まで
著者：福永博之
定価 本体 2,800円+税　ISBN:9784775990445

【転ばぬ先の杖】
「あなたがビギナーから脱皮したいと考えている投資家なら、信用取引を上手く活用できるようになるべきでしょう」と、筆者は語る。投資手法の選択肢が広がるので、投資で勝つ確率が高くなるからだ。「正しい考え方」から「具体的テクニック」までが紹介された信用取引の実践に最適な参考書だ。

生涯現役の株式トレード技術【生涯現役のための海図編】
著者：優利加
定価 本体 5,800円+税　ISBN:9784775990612

数パーセントから5％（多くても10％ぐらい）の利益を、1週間から2週間以内に着実に取りながら"生涯現役"を貫き通す。そのためにすべきこと、決まっていますか？　そのためにすべきこと、わかりますか？

DVD 生涯現役のトレード技術【銘柄選択の型と検証法編】
講師：優利加　定価 本体 3,800円+税
DVD1枚 95分収録 ISBN:9784775961582

ベストセラーの著者による、その要点確認とフォローアップを目的にしたセミナー。激変する相場環境に振り回されずに、生涯現役で生き残るにはどうすればよいのか？

DVD 生涯現役の株式トレード技術 実践編
講師：優利加　定価 本体 38,000円+税
DVD2枚組 356分収録　ISBN:9784775961421

著書では明かせなかった具体的な技術を大公開。4つの利（天、地、時、人）を活用した「相場の見方の型」と「スイングトレードのやり方の型」とは？　その全貌が明らかになる!!

DVD 生涯現役の株式トレード技術【海図編】
著者：優利加　定価 本体 4,800円+税
DVD1枚 56分収録　ISBN:9784775962374

多くの銘柄で長期間に渡り検証された、高い確率で勝てる、理に適った「型」を決め、更に、それを淡々と実行する決断力とそのやり方を継続する一貫性が必要なのである。

Pan Rolling オーディオブックシリーズ

売り上げ1位
相場で負けたときに読む本 真理編・実践編

山口祐介　パンローリング
[真] 約160分 [実] 約200分
各 1,575円 (税込)

負けたトレーダー破滅するのではない。負けたときの対応の悪いトレーダーが破滅するのだ。敗者は何故負けてしまうのか。勝者はどうして勝てるのか。10年以上勝ち続けてきた現役トレーダーが相場の"真理"を詩的に紹介。

売り上げ2位
生き残りのディーリング　投資で生活したい人への100のアドバイス

矢口新　著

――投資で生活したい人への100のアドバイス――

現役ディーラーの座右の書として、多くのディーリングルームに置かれている名著を全面的に見直し、個人投資家にもわかりやすい工夫をほどこして、新版として登場！現役ディーラーの座右の書。

矢口新　パンローリング
約510分　2,940円 (税込)

その他の売れ筋

マーケットの魔術師
ジャック・D・シュワッガー
パンローリング　約1075分
各章 2,800円 (税込)

――米トップトレーダーが語る成功の秘訣――
世界中から絶賛されたあの名著がオーディオブックで登場！

マーケットの魔術師 大損失編
アート・コリンズ、鈴木敏昭
パンローリング　約610分
DL版 5,040円 (税込)
CD-R版 6,090円 (税込)

「一体、どうしたらいいんだ」と、夜眠れぬ経験や神頼みをしたことのあるすべての人にとって必読書である！

規律とトレーダー
マーク・ダグラス、関本博英
パンローリング　約440分
DL版 3,990円 (税込)
CD-R版 5,040円 (税込)

常識を捨てろ！
手法や戦略よりも規律と心を磨け！
ロングセラー『ゾーン』の著者の名著がついにオーディオ化!!

NLPトレーディング
エイドリアン・ラリス・トグライ
パンローリング約590分
DL版 3,990円 (税込)
CD-R版 5,040円 (税込)

トレーダーとして成功を極めるため必要なもの……それは「自己管理能力」である。

私はこうして投資を学んだ
増田丞美
パンローリング　約450分
DL版 3,990円 (税込)
CD-R版 5,040円 (税込)

10年後に読んでも20年後に読んでも色褪せることのない一生使える内容です。実際に投資で利益を上げている著者が今現在、実際に利益を上げている考え方＆手法を大胆にも公開！

マーケットの魔術師 ～日出る国の勝者たち～ Vo.01
塩坂洋一、清水昭男
パンローリング　約100分
DL版 840円 (税込)
CD-R版 1,260円 (税込)

勝ち組のディーリング
トレード選手権で優勝し、国内外の相場師たちとの交流を経て、プロの投機家として活躍している塩坂氏。「商品市場の勝ちパターン、個人投資家の強味、必要な分だけ勝つ」こととは！？

マーケットの魔術師～日出る国の勝者たち～ 続々発売中!!

Vo.02
FX戦略：キャリートレード 次に来るもの
松田哲、清水昭男
パンローリング　約98分

Vo.03
理論の具体化と執行の完璧さで、最高のパフォーマンスを築け!!!!
西村貴郁、清水昭男
パンローリング　約103分

Vo.04
新興国市場――残された投資の王道
石田和靖、清水昭男
パンローリング　約91分

Vo.05
投資の多様化で安定収益／銀座ロジックの投資術
浅川夏樹、清水昭男
パンローリング　約98分

Vo.06
ヘッジファンドの奥の手拝見 その実態と戦略
青木俊郎、清水昭男
パンローリング　約98分

Vo.07
FX取引の確実性を摑み取れ／スワップ収益のインテリジェンス
空隼人、清水昭男
パンローリング　約100分

Audio Book 満員電車でも聞ける！オーディオブックシリーズ

本を読みたいけど時間がない。
効率的かつ気軽に勉強をしたい。
そんなあなたのための耳で聞く本。
それがオーディオブック!!

パソコンをお持ちの方はWindows Media Player、iTunes、Realplayerで簡単に聴取できます。また、iPodなどのMP3プレーヤーでも聴取可能です。

オーディオブックシリーズ12
規律とトレーダー　相場心理分析入門
著者：マーク・ダグラス

定価 本体 3,800円＋税（ダウンロード価格）
MP3 約440分 16ファイル 倍速版付き

ある程度の知識と技量を身に着けたトレーダーにとって、能力を最大限に発揮するため重要なもの。それが「精神力」だ。相場心理学の名著を「瞑想」しながら熟読してほしい。

オーディオブックシリーズ11
バフェットからの手紙
著者：L・A・カニンガム
バフェット本の決定版!!

定価 本体 4,800円＋税（ダウンロード価格）
MP3 約707分 26ファイル 倍速版付き

バフェット「直筆」の株主向け年次報告書を分析。世界的大投資家の哲学を知る。オーディオブックだから通勤・通学中でもジムで運動していても「読む」ことが可能だ!!

オーディオブックシリーズ1
先物の世界 相場の張り方

相場は徹底的な自己管理の世界。自ら「過酷な体験」をした著者の言葉は身に染みることだろう。

オーディオブックシリーズ2
格言で学ぶ相場の哲学

先人の残した格言は、これからを生きる投資家たちに常に発見と反省と成長をもたらすはずだ。

オーディオブックシリーズ5
生き残りのディーリング決定版

相場で生き残るための100の知恵。通勤電車が日々の投資活動を振り返る絶好の空間となる。

オーディオブックシリーズ8
相場で負けたときに読む本～真理編～

敗者が「敗者」になり、勝者が「勝者」になるのは必然的な理由がある。相場の"真理"を詩的に紹介。

ダウンロードで手軽に購入できます!!

パンローリングHP　http://www.panrolling.com/
（「パン発行書籍・DVD」のページをご覧ください）

電子書籍サイト「でじじ」　http://www.digigi.jp/

■CDでも販売しております。詳しくは上記HPで────

Chart Gallery 4.0 for Windows

パンローリング相場アプリケーション
チャートギャラリー
Established Methods for Every Speculation

成績検証機能が加わって**新発売！**

最強の投資環境

検索条件の成績検証機能 [New] [Expert]

指定した検索条件で売買した場合にどれくらいの利益が上がるか、全銘柄に対して成績を検証します。検索条件をそのまま検証できるので、よい売買法を思い付いたらその場でテスト、機能するものはそのまま毎日検索、というように作業にむだがありません。
表計算ソフトや面倒なプログラミングは不要です。マウスと数字キーだけであなただけの売買システムを作れます。利益額や合計だけでなく、最大引かされ幅や損益曲線なども表示するので、アイデアが長い間安定して使えそうかを見積もれます。

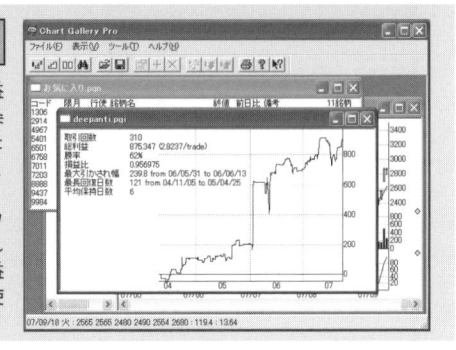

チャートギャラリープロに成績検証機能が加わって、無敵の投資環境がついに誕生!!
投資専門書の出版社として8年、数多くの売買法に触れてきた成果が凝縮されました。いつ仕掛け、いつ手仕舞うべきかを客観的に評価し、きれいで速いチャート表示があなたのアイデアを形にします。

●価格（税込）
チャートギャラリー 4.0
エキスパート **147,000 円** ／ プロ **84,000 円**／ スタンダード **29,400 円**

●アップグレード価格（税込）
以前のチャートギャラリーをお持ちのお客様は、ご優待価格で最新版へ切り替えられます。
お持ちの製品がご不明なお客様はご遠慮なくお問い合わせください。

プロ2、プロ3、プロ4からエキスパート4へ	105,000 円
2、3からエキスパート4へ	126,000 円
プロ2、プロ3からプロ4へ	42,000 円
2、3からプロ4へ	63,000 円
2、3からスタンダード4へ	10,500 円

ここでしか入手できない モノがある

Pan Rolling

相場データ・投資ノウハウ
実践資料…etc

今すぐトレーダーズショップに
アクセスしてみよう！

1 インターネットに接続して http://www.tradersshop.com/ にアクセスします。インターネットだから、24時間どこからでも OK です。

2 トップページが表示されます。画面の左側に便利な検索機能があります。タイトルはもちろん、キーワードや商品番号など、探している商品の手がかりがあれば、簡単に見つけることができます。

3 ほしい商品が見つかったら、お買い物かごに入れます。お買い物かごにほしい品物をすべて入れ終わったら、一覧表の下にあるお会計を押します。

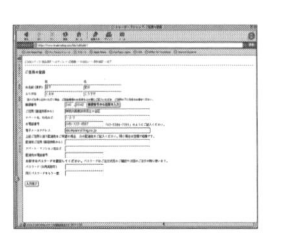

4 はじめてのお客さまは、配達先等を入力します。お支払い方法を入力して内容を確認後、ご注文を送信を押して完了（次回以降の注文はもっとカンタン。最短2クリックで注文が完了します）。送料はご注文1回につき、何点でも全国一律250円です（1回の注文が2800円以上なら無料！）。また、代引手数料も無料となっています。

5 あとは宅配便にて、あなたのお手元に商品が届きます。
そのほかにもトレーダーズショップには、投資業界の有名人による「私のオススメの一冊」コーナーや読者による書評など、投資に役立つ情報が満載です。さらに、投資に役立つ楽しいメールマガジンも無料で登録できます。ごゆっくりお楽しみください。

Traders Shop

http://www.tradersshop.com/

投資に役立つメールマガジンも無料で登録できます。 http://www.tradersshop.com/back/mailmag/

パンローリング株式会社
お問い合わせは
〒160-0023 東京都新宿区西新宿7-9-18-6F
Tel：03-5386-7391 Fax：03-5386-7393
http://www.panrolling.com/
E-Mail info@panrolling.com

携帯版